Reglamento de Construcciones para la Ciudad de México y normatividad complementaria

Reglamento de Construcciones para la Ciudad de México y normatividad complementaria

3ª edición

MIGUEL CARBONELL

tirant lo blanch
Ciudad de México, 2024

© EDITA: TIRANT LO BLANCH
DISTRIBUYE: TIRANT LO BLANCH MÉXICO
Av. Tamaulipas 150, Oficina 502
Hipódromo, Cuauhtémoc, 06100, Ciudad de México
Telf: +52 1 55 65502317
infomex@tirant.com
www.tirant.com/mex/
www.tirant.es
ISBN: 978-84-1197-654-1

Si tiene alguna queja o sugerencia, envíenos un mail a: *atencioncliente@tirant.com*. En caso de no ser atendida su sugerencia, por favor, lea en *www.tirant.net/index.php/empresa/politicas-de-empresa* nuestro Procedimiento de quejas.

Responsabilidad Social Corporativa: http://www.tirant.net/Docs/RSCTirant.pdf

Índice

REGLAMENTO DE CONSTRUCCIONES PARA LA CIUDAD DE MÉXICO

LEY DE OBRAS PÚBLICAS DE LA CIUDAD DE MÉXICO

REGLAMENTO DE LA LEY DE OBRAS PÚBLICAS DE LA CIUDAD DE MÉXICO

REGLAMENTO DE CONSTRUCCIONES PARA LA CIUDAD DE MÉXICO

ÚLTIMA REFORMA PUBLICADA EN LA GACETA OFICIAL DE LA CIUDAD DE MÉXICO: 22 DE ABRIL DE 2022.

Reglamento publicado en el Número Ter de la Gaceta Oficial del Distrito Federal, el jueves 29 de enero de 2004.

(Al margen superior izquierdo dos escudos que dicen: GOBIERNO DEL DISTRITO FEDERAL.– México - La Ciudad de la Esperanza)

Andrés Manuel López Obrador, Jefe de Gobierno del Distrito Federal, con fundamento en los artículos 122, Apartado C, Base Segunda, fracción II, inciso b) de la Constitución Política de los Estados Unidos Mexicanos, 8° fracción II, 67 fracción II y 90 del Estatuto de Gobierno del Distrito Federal; 5°, 14, 15, fracciones I, II, IV y V, 23, 24, 26, 27, 31, 39 de la Ley Orgánica del Distrito Federal; 10 fracción X, 29, 34 fracción I de la Ley de Desarrollo Urbano del Distrito Federal; 9 fracciones I y V, 44 y 45 de la Ley Ambiental del Distrito Federal, he tenido a bien expedir el siguiente:

REGLAMENTO DE CONSTRUCCIONES PARA EL DISTRITO FEDERAL

TÍTULO PRIMERO
DISPOSICIONES GENERALES

CAPÍTULO ÚNICO
DISPOSICIONES GENERALES

Artículo 1.– Las disposiciones del presente Reglamento y de sus Normas Técnicas Complementarias, son de orden público e interés social.

(REFORMADO, G.O. 17 DE JUNIO DE 2016)

Los proyectos ejecutivos de obra, las obras de construcción, modificación, ampliación, reparación, instalación y demolición, así como el uso de las edificaciones y los usos, destinos y reservas de los predios del territorio de la Ciudad de México, deben sujetarse a las disposiciones de la Ley de Desarrollo Urbano del Distrito Federal y su Reglamento; este Reglamento; las Normas

Técnicas Complementarias y demás disposiciones jurídicas y administrativas aplicables, incluyendo las de impacto ambiental, sustentabilidad, movilidad y protección civil.

Se aplicará de manera supletoria al presente Reglamento, la Ley de Procedimiento Administrativo del Distrito Federal, además de las disposiciones mencionadas en este ordenamiento.

Artículo 2.– Para los efectos del presente Reglamento, se entiende por:

I. Administración, a la Administración Pública del Distrito Federal;

II. Ley, a la Ley de Desarrollo Urbano del Distrito Federal;

III. Ley Orgánica, a la Ley Orgánica de la Administración Pública del Distrito Federal;

(REFORMADA, G.O. 19 DE ABRIL DE 2021)

IV. Alcaldía, a los órganos político administrativos de cada una de las demarcaciones territoriales;

V. Reglamento, al presente Reglamento de Construcciones para el Distrito Federal;

VI. Programa, al Programa General de Desarrollo del Distrito Federal;

VII. Predio, al terreno sin construcción;

VIII. Edificación, a la construcción sobre un predio;

IX. Inmueble, al terreno y construcciones que en él se encuentran;

(REFORMADA, G.O. 17 DE JUNIO DE 2016)

X. Comisión, a la Comisión de Admisión de Directores Responsables de Obra y Corresponsables;

XI. Normas, a las Normas Técnicas Complementarias del Reglamento de Construcciones para el Distrito Federal.

(ADICIONADA, G.O. 17 DE JUNIO DE 2016)

XII. Propietario o Poseedor, a la persona física o moral que tiene la propiedad o posesión jurídica de un bien inmueble, donde se pretende realizar alguna construcción, modificar la estructura de la construcción existente o construir una nueva estructura, o en su caso, hacer la revisión de las construcciones existentes;

(ADICIONADA, G.O. 17 DE JUNIO DE 2016)

XIII. Constructor, a la persona física o moral encargada de ejecutar la obra de conformidad con el proyecto ejecutivo autorizado conforme a este Reglamento;

(ADICIONADA, G.O. 17 DE JUNIO DE 2016)

XIV. Bases Generales, a las bases para la contratación de los Directores Responsables de Obra y Corresponsables;

(REFORMADA, G.O. 2 DE ABRIL DE 2019)

XV. Arancel, son las cuotas que determinaran los honorarios que cobrarán los Directores Responsables de Obra y Corresponsables por la prestación de sus servicios profesionales, establecidos por el Instituto y publicados en la Gaceta Oficial de la Ciudad de México;

(ADICIONADA, G.O. 17 DE JUNIO DE 2016)

XVI. Instituto, al Instituto para la Seguridad de las Construcciones en la Ciudad de México;

(ADICIONADA, G.O. 17 DE JUNIO DE 2016)

XVII. Proyecto ejecutivo de obra, al conjunto de planos, memorias descriptivas y de cálculo, catálogo de conceptos, normas y especificaciones que contiene la información y definen los aspectos para la construcción de una obra o instalación;

(ADICIONADA, G.O. 17 DE JUNIO DE 2016)

XVIII. Agencia, a la Agencia de Gestión Urbana de la Ciudad de México;

(ADICIONADA, G.O. 17 DE JUNIO DE 2016)

XIX. Registro de programación de obra, al sistema de datos de la Agencia, que contiene las obras programadas en la vía pública.

(ADICIONADA, G.O. 17 DE JUNIO DE 2016)

XX. Proyectista, a la persona física con cédula profesional encargada de realizar el proyecto arquitectónico, de estructura o de instalaciones, de conformidad con este Reglamento y sus Normas.

(ADICIONADA, G.O. 17 DE JUNIO DE 2016)

XXI. Comité de Usuarios del Subsuelo, órgano consultivo, de apoyo y de coordinación interinstitucional en materia de protección civil de la Ciudad de México.

(ADICIONADA, G.O. 17 DE JUNIO DE 2016)

XXII. Protección civil, las medidas para salvaguardar la vida, bienes y entorno de la población, así como mitigar los efectos destructivos que los fenómenos perturbadores pueden ocasionar y que deberán de cumplirse en los proyectos y ejecución de obra.

(ADICIONADA, G.O. 17 DE JUNIO DE 2016)

XXIII. Dictamen de Factibilidad de Instalación de Aparato Medidor, a la opinión técnica vinculante y obligatoria que emite el Sistema de Aguas de la Ciudad de México relativa a la posibilidad física de instalar aparatos medidores de volúmenes de agua en la toma y ramificaciones.

(ADICIONADA, G.O. 15 DE DICIEMBRE DE 2017)

XXIV. Evaluación de la seguridad estructural, al proceso de identificación de daños, jerarquización del nivel de vulnerabilidad de elementos estructurales y no estructurales y de determinación del nivel de seguridad de la edificación completa;

(ADICIONADA, G.O. 15 DE DICIEMBRE DE 2017)

XXV. Rehabilitación, al proceso de intervención estructural para recuperar las condiciones originales (reparación) o para mejorar el comportamiento de elementos y sistemas estructurales para que la edificación cumpla con los requisitos de seguridad contra colapso y de limitación de daños en el Reglamento; incluye la recimentación, reforzamiento, reparación y rigidización.

(ADICIONADA, G.O. 19 DE ABRIL DE 2021)

XXVI. Normas de Rehabilitación, a las Normas para la Rehabilitación Sísmica de Edificios de Concreto Dañados por el Sismo del 19 de septiembre de 2017.

(ADICIONADA, G.O. 19 DE ABRIL DE 2021)

XXVII. Demarcación Territorial, a la base de la división territorial y de la organización político administrativa de la Ciudad de México.

Artículo 3.- De conformidad con lo dispuesto por la Ley y la Ley Orgánica, la aplicación y vigilancia del cumplimiento de las disposiciones de este Reglamento corresponde a la Administración, para lo cual tiene las siguientes facultades:

(REFORMADA, G.O. 17 DE JUNIO DE 2016)

I. Fijar los requisitos técnicos a que deben sujetarse las construcciones e instalaciones en predios y vía pública, a fin de que se satisfagan las condiciones de habitabilidad, seguridad, higiene, protección civil, sustentabilidad, comodidad, accesibilidad y buen aspecto;

(REFORMADA, G.O. 17 DE JUNIO DE 2016)

II. Fijar las restricciones a que deben sujetarse las edificaciones y los elementos tales como fuentes, esculturas, arcos, columnas, monumentos y similares, localizados en Áreas de Conservación Patrimonial, incluyendo las Zonas de Monumentos Históricos, Artísticos y Arqueológicos de acuerdo a la Ley Federal sobre Monumentos y Zonas Arqueológicos, Artísticos e Históricos, la Ley de Desarrollo Urbano del Distrito Federal y su Reglamento, así como a las Normas de Ordenación de los Programas Generales y Delegacionales de Desarrollo Urbano;

III. Establecer de acuerdo con las disposiciones legales aplicables, los fines para los que se pueda autorizar el uso de los predios y determinar el tipo de construcciones que se pueden edificar en ellos, en los términos de lo dispuesto por la Ley;

IV. Registrar las manifestaciones de construcción, así como otorgar o negar licencias de construcción especial y permisos para la ejecución de las obras y el uso de edificaciones y predios a que se refiere el artículo 1 de este Reglamento;

(REFORMADA, G.O. 2 DE ABRIL DE 2019)

V. Llevar un padrón clasificado de Directores Responsables de Obra y Corresponsables, el cual deberá ser actualizado y publicado en los portales de internet de la Secretaría de Desarrollo Urbano y Vivienda o del Instituto según corresponda;

VI. Practicar visitas de verificación administrativa para que durante el proceso de ejecución y para que el uso que se haga o se haya hecho de un predio, estructura, instalación, edificación o construcción, se ajuste a las características previamente registradas;

VII. Acordar las medidas que fueren procedentes en relación con las edificaciones que pongan en peligro a las personas o sus bienes, o en aquéllas que causen molestias;

(REFORMADA, G.O. 17 DE JUNIO DE 2016)

VIII. Autorizar o negar, de acuerdo con este Reglamento, la ocupación total o parcial, o uso de una instalación, predio o edificación;

IX. Realizar, a través del Programa al que se refiere la Ley, los estudios para establecer o modificar las limitaciones respecto a los usos, destinos y reservas referentes a: construcciones, tierras, aguas y bosques, así como determinar las densidades de población permisibles;

X. Ejecutar con cargo al propietario o poseedor, las obras que se le hubiere ordenado realizar y que en rebeldía, el mismo no las haya llevado a cabo;

XI. Ordenar la suspensión temporal o la clausura de obras en ejecución o terminadas y la desocupación en los casos previstos por la Ley, su Reglamento y este Reglamento;

XII. Ordenar y ejecutar demoliciones de edificaciones en los casos previstos por este Reglamento;

XIII. Imponer las sanciones correspondientes por violaciones a este Reglamento;

XIV. Expedir y modificar, cuando lo considere necesario, las Normas de este Reglamento, los acuerdos, instructivos, circulares y demás disposiciones administrativas que procedan para el debido cumplimiento del presente Ordenamiento;

XV. Utilizar la fuerza pública cuando fuere necesario para hacer cumplir sus disposiciones, y

(REFORMADA, G.O. 17 DE JUNIO DE 2016)

XVI. Registrar las obras a efectuar en la vía pública, ya sean públicas o privadas, a efecto de evitar duplicidades, dispersión y/o desfase en su ejecución; y

(ADICIONADA, G.O. 17 DE JUNIO DE 2016)

XVII. Las demás que le confieren este Reglamento y las disposiciones jurídicas aplicables.

Artículo 4.- Para el estudio y propuesta de reformas al presente Reglamento, se integrará una comisión, cuyos miembros designará el Jefe de Gobierno del Distrito Federal.

La Comisión podrá ampliarse con representantes de asociaciones profesionales y otros organismos e instituciones que la Administración considere oportuno invitar. En este caso, la Administración contará con igual número de representantes.

(REFORMADO, G.O. 17 DE JUNIO DE 2016)

Artículo 5.- Las áreas competentes de las Delegaciones o de la Secretaría de Desarrollo Urbano y Vivienda para registrar manifestaciones de construcción, expedir licencias de construcción especial, permisos y/o autorizaciones, deben contar cuando menos con un profesional calificado con registro vigente de Director Responsable de Obra o Corresponsable, con objeto de que emita las opiniones especializadas que le sean requeridas.

Artículo 6.- Para efectos de este Reglamento, las edificaciones en el Distrito Federal se clasifican de acuerdo a su uso y destino, según se indica en los Programas General, Delegacionales y/o Parciales.

TÍTULO SEGUNDO
DE LA VÍA PÚBLICA Y OTROS BIENES DE USO COMÚN

CAPÍTULO I
GENERALIDADES

Artículo 7.- Vía pública es todo espacio de uso común que por disposición de la Secretaría de Desarrollo Urbano y Vivienda, se encuentre destinado al libre tránsito, de conformidad con la Ley y reglamentos de la materia, así como todo inmueble que de hecho se destine para ese fin.

(ADICIONADO, G.O. 17 DE JUNIO DE 2016)

Cuando exista duda o controversia en los casos que incidan en la funcionalidad de la vía pública, la prestación de servicios públicos urbanos, la movilidad urbana, incluyendo el uso y/o aprovechamiento del subsuelo y espacio aéreo, la Agencia convocará y coordinará a las dependencias involucradas con el fin de dirimirlas.

Artículo 8.- No se expedirá constancia de alineamiento y número oficial, licencia de construcción especial, orden, autorización, ni registro de manifestación de construcción, para instalación de servicios públicos en predios con frente a la vía pública de hecho o aquella que se presuma como tal.

CAPÍTULO II
DEL USO DE LA VÍA PÚBLICA

(REFORMADO PRIMER PÁRRAFO, G.O. 17 DE JUNIO DE 2016)

Artículo 9.- Las dependencias y entidades públicas, así como las personas físicas o morales cuyas actividades de planeación, diseño, construcción, operación y mantenimiento de instalaciones y de estructuras que tengan algún efecto en la vía pública, deben presentara (sic) la Secretaría de Obras y Servicios, 25 días hábiles antes del inicio de cada ejercicio anual, sus programas de obras para su revisión y, en su caso, aprobación, mediante el Formato de Programación de Obra.

(ADICIONADO, G.O. 17 DE JUNIO DE 2016)

Las dependencias y entidades podrán actualizar sus programas de obras conforme a la normatividad aplicable en la materia.

(ADICIONADO, G.O. 17 DE JUNIO DE 2016)

En el caso de personas físicas y/o morales, podrán actualizar sus programas de obras hasta el último día de febrero de cada año, en caso de ser día inhábil se recorrerá al día hábil siguiente.

(ADICIONADO, G.O. 17 DE JUNIO DE 2016)

Concluida una obra en la vía pública, la Agencia determinará un periodo de inactividad respecto a la misma, la cual, sólo podrá ser modificada por causa de interés general o social.

En el caso de obras, instalaciones o estructuras en el subsuelo o espacio aéreo, la Agencia podrá solicitar la información necesaria a los particulares o dependencias a efecto de la gestión urbana de la Ciudad.

Artículo 10.- Se requiere de autorización de la Administración para:

I. Realizar obras, modificaciones o reparaciones en la vía pública;

II. Ocupar la vía pública con instalaciones de servicio público, comercios semifijos, construcciones provisionales o mobiliario urbano;

(REFORMADO PRIMER PÁRRAFO, G.O. 17 DE JUNIO DE 2016)

III. Romper el pavimento o hacer cortes en las banquetas y guarniciones en la vía pública para la ejecución de obras no efectuadas por el Gobierno de la Ciudad de México.

(ADICIONADO, G.O. 17 DE JUNIO DE 2016)

En todos los casos deberá garantizarse que las banquetas, una vez reparadas en su totalidad, tengan el mismo espesor y nivel de la rasante que tenían originalmente.

IV. Construir instalaciones subterráneas o aéreas en la vía pública.

(REFORMADO, G.O. 17 DE JUNIO DE 2016)

La Administración, en correspondencia con los Programas de Desarrollo Urbano y Sectoriales de Vialidad, podrá otorgar autorización del proyecto para las obras anteriores, señalando para cada caso las condiciones bajo las cuales se conceda. El proyecto contemplará las medidas necesarias que deberán tomarse para la protección de las personas, los bienes, el medio ambiente y los servicios públicos existentes, así como el Patrimonio Urbano Arquitectónico indicado en los Programas de Desarrollo Urbano o por las autoridades federales competentes en la materia y las acciones de restitución y mejoramiento de las áreas verdes, zonas arboladas afectadas y los horarios en que deban efectuarse.

En caso de autorizaciones en vía pública el solicitante demostrará su interés legítimo. De igual forma deben acompañarse, en caso de que se requiera conforme a la normativa de la materia, las autorizaciones y demás documentos que correspondan.

Los responsables del deterioro de la vía pública, determinados por la autoridad competente, están obligados a efectuar las reparaciones correspondientes para restaurar o mejorar el estado original de la vía pública, o a pagar su importe cuando la Administración las realice.

(REFORMADO, G.O. 17 DE JUNIO DE 2016)

En ningún caso las obras, reparaciones u ocupación de la vía pública deben ser obstáculo para el desplazamiento accesible, seguro y continuo de las personas con discapacidad, de acuerdo a las especificaciones que establezcan las Normas y demás disposiciones aplicables.

(ADICIONADO, G.O. 17 DE JUNIO DE 2016)

El otorgamiento de autorización, concesión, permiso administrativo temporal revocable o de cualquier otra índole, emitido por alguna dependencia para ocupar la vía pública, en ningún caso exime al solicitante de tramitar la licencia de construcción especial, conforme al artículo 57 de este Reglamento.

Para la expedición de la licencia de construcción especial para realizar trabajos en la vía pública, la Secretaría de Obras y Servicios emitirá las disposiciones que amerite cada caso.

Artículo 11.- No se autorizará el uso de la vía pública en los siguientes casos:

I. Para aumentar el área de un predio o de una construcción;

II. Para obras destinadas a actividades o fines que ocasionen molestias a los vecinos tales como la producción de polvos, humos, malos olores, gases, ruidos y luces intensas;

III. Para conducir líquidos por su superficie;

IV. Para depósitos de basura y otros desechos, salvo autorización expresa de la Autoridad con base en lo establecido en la Ley de Residuos Sólidos del Distrito Federal y en las Normas Ambientales aplicables;

V. Para construir o instalar cualquier elemento, obra o establecimiento fijo o semifijo, que no observe las restricciones establecidas en este Reglamento y demás disposiciones aplicables;

VI. Para construir o instalar sin autorización de la Administración, obstáculos fijos o semifijos como lo son postes, puertas o cualquier elemento que modifique, limite o restrinja el libre tránsito tanto vehicular como de transeúntes, y

VII. Para aquellos otros fines que la Administración considere contrarios al interés público.

(ADICIONADO, G.O. 17 DE JUNIO DE 2016)

Las solicitudes de autorización de uso de la vía pública que sean rechazadas, serán comunicadas por la Autoridad que rechazó la solicitud a la Agencia, dentro de los 5 días hábiles siguientes, mediante oficio que contenga el nombre del solicitante, uso, ubicación y tiempo de ocupación.

Artículo 12.- Los permisos, licencias de construcción especial o autorizaciones que la Administración otorgue para la ocupación, uso y aprovechamiento de la vía pública o cualesquiera otro bien de uso común o destinado a un servicio público, no crean ningún derecho real o posesorio.

Los permisos, licencias de construcción especial o autorizaciones son siempre revocables y temporales y en ningún caso podrán otorgarse en perjuicio del libre, seguro y expedito tránsito, del acceso a los predios colindantes, de los servicios públicos instalados o se obstruya el servicio de una rampa para personas con discapacidad, así como el libre desplazamiento de éstas en las aceras, o en general, de cualesquiera de los fines a que esté destinada la vía pública y los bienes mencionados.

(REFORMADO PRIMER PÁRRAFO, G.O. 17 DE JUNIO DE 2016)

Artículo 13.- Toda persona física o moral que ocupe con obras o instalaciones la vía pública, está obligada a retirarlas por su cuenta cuando la Administración lo requiera, así como a mantener, de conformidad con la normatividad aplicable, las señales viales y cualesquiera otras necesarias para evitar accidentes y deterioro de la imagen urbana.

(REFORMADO, G.O. 17 DE JUNIO DE 2016)

En los permisos, licencias de construcción especial o autorizaciones que la propia Administración expida para la ocupación, uso y/o aprovechamiento de la vía pública, se indicará el plazo para retirar las obras o las instalaciones a que se ha hecho referencia.

(ADICIONADO, G.O. 17 DE JUNIO DE 2016)

Una vez emitido el permiso, licencia o autorización, se deberá informar a la Agencia, dentro de los 5 días hábiles siguientes, mediante oficio que contenga el nombre del solicitante, uso, ubicación y tiempo de ocupación.

(REFORMADO PRIMER PÁRRAFO, G.O. 17 DE JUNIO DE 2016)

Artículo 14.- En casos de fuerza mayor, las empresas concesionarias que prestan servicios públicos pueden ejecutar las obras de emergencia que se requieran, para lo cual:

I. Darán aviso de inmediato a la Delegación y a la Secretaría de Protección Civil, informando de la situación y de los trabajos que realizarán en consecuencia;

(ADICIONADA, G.O. 17 DE JUNIO DE 2016)

II. Dentro de los tres días hábiles siguientes al inicio de la obra, deberán entregar a las mismas dependencias la documentación técnica que respalda los trabajos que se realizan, los cuales deberán cumplir con las especificaciones de seguridad y de calidad de este Reglamento y sus Normas;

(ADICIONADA, G.O. 17 DE JUNIO DE 2016)

III. Informar a la Delegación y a la Agencia del término de la ejecución de la obra.

Cuando la Administración tenga necesidad de remover o retirar dichas obras, no estará obligada a pagar cantidad alguna y el costo del retiro será a cargo de la empresa concesionaria correspondiente.

Artículo 15.- La Administración dictará las medidas administrativas necesarias para mantener o recuperar la posesión de la vía pública y demás bienes de uso común o destinados a un servicio público por la propia Administración, así como para remover cualquier obstáculo, de acuerdo con la legislación vigente.

Las determinaciones que dicte la propia Administración en uso de las facultades que le confiere este artículo, podrán ser reclamadas mediante el procedimiento establecido en la Ley de Procedimiento Administrativo del Distrito Federal.

Artículo 16.- El que ocupe sin autorización la vía pública con construcciones o instalaciones superficiales, aéreas o subterráneas, está obligado a retirarlas o a demolerlas; de no hacerlo, la Administración las llevará a cabo con cargo al propietario o poseedor.

Artículo 17.- La Administración establecerá las restricciones para la ejecución de rampas en guarniciones y banquetas para la entrada de vehículos, así como las características, normas y tipos para las rampas de servicio a personas con discapacidad y ordenará el uso de rampas móviles cuando corresponda.

CAPÍTULO III
DE LAS INSTALACIONES PARA LAS CONDUCCIONES SUBTERRÁNEAS Y AÉREAS EN LA VÍA PÚBLICA

(REFORMADO PRIMER PÁRRAFO, G.O. 17 DE JUNIO DE 2016)

Artículo 18.- Las obras para la instalación, mantenimiento o retiro de ductos para la conducción de toda clase de fluidos, telecomunicaciones, energía eléctrica y cualesquiera otros en el subsuelo y espacio aéreo de la vía pública, así como de los bienes de uso común de la Ciudad de México, se sujetarán a las siguientes disposiciones:

(REFORMADA, G.O. 17 DE JUNIO DE 2016)

I. Previo a la expedición de la licencia de construcción especial, referida en el artículo 58 fracción II, por parte de la Administración, los interesados deberán presentar el proyecto ejecutivo de la obra desarrollado conforme a las Normas ante la Secretaría de Obras y Servicios para su estudio y en su caso, autorización, quien definirá las zonas que por razones técnicas tengan que realizarse con sistemas especiales y aprobará en su caso, el procedimiento constructivo presentado, siendo condición indispensable que el propietario, poseedor o representante legal, presente un levantamiento topográfico detallado de la ubicación de las obras inducidas en la vía pública.

(ADICIONADO, G.O. 17 DE JUNIO DE 2016)

La Secretaría de Obras y Servicios informará por escrito a la Agencia, dentro de los 5 días hábiles siguientes, el nombre del solicitante, uso, ubicación y tiempo de ocupación, así como una copia del expediente en archivo electrónico.

(ADICIONADO, G.O. 17 DE JUNIO DE 2016)

Para el caso de la operación de los servicios vitales y sistemas estratégicos que se alojan en el subsuelo, los interesados deberán solicitar la Opinión Técnica favorable del Comité de Usuarios del Subsuelo ante la Secretaría de Protección Civil, quien emitirá la opinión que corresponda.

(ADICIONADO, G.O. 17 DE JUNIO DE 2016)

Posteriormente, el solicitante deberá tramitar la licencia de construcción que se requiera.

II. Deben contar con las autorizaciones federales correspondientes, en zonas de monumentos arqueológicos.

Artículo 19.- Todas las instalaciones aéreas en la vía pública que estén sostenidas por estructuras o postes colocados para ese efecto deben satisfacer, además de los requisitos señalados en las fracciones I y II del artículo anterior, las siguientes disposiciones:

(REFORMADA, G.O. 17 DE JUNIO DE 2016)

I. Los cables de retenidas y las ménsulas, las alcayatas, así como cualquier otro apoyo para el ascenso a las estructuras, postes o a las instalaciones, deben colocarse a no menos de 2.50 m de altura sobre el nivel de banqueta;

(REFORMADA, G.O. 17 DE JUNIO DE 2016)

II. Las estructuras, postes e instalaciones deben ser identificadas por sus propietarios o poseedores con una señal que apruebe la Secretaría de Obras y Servicios y están obligados a conservarlos en buenas condiciones de servicio y a retirarlos cuando dejen de cumplir su función, informando sobre los retiros a dicha Secretaría, quien lo hará del conocimiento a las instancias competentes; y

(ADICIONADA, G.O. 17 DE JUNIO DE 2016)

III. En caso de existir afectación al arbolado urbano, deberá contar con los permisos correspondientes, así como el pago de derechos.

(REFORMADO PRIMER PÁRRAFO, G.O. 17 DE JUNIO DE 2016)

Artículo 20.- La Administración podrá ordenar el retiro o cambio de lugar de estructuras, postes o instalaciones con cargo a sus propietarios o poseedores, por razones de seguridad, funcionalidad de la vía pública, situaciones de alto riesgo o porque se modifique el ancho de las banquetas o se ejecute cualquier obra en la vía pública que lo requiera y establecerá el plazo para tal efecto

Si no lo hicieren dentro del plazo que se les haya fijado, la propia Administración lo ejecutará a costa de dichos propietarios o poseedores.

No se permitirá colocar estructuras, postes o instalaciones en banquetas, cuando con ellos se impida la entrada a un inmueble o se obstruya el servicio de una rampa para personas con discapacidad, así como el libre desplazamiento de éstas en las banquetas. Si el acceso al predio se construye estando ya colocados la estructura, el poste o la instalación, deberán ser cambiados de lugar por el propietario de los mismos, pero los gastos serán por cuenta del propietario del inmueble.

CAPÍTULO IV
DE LA NOMENCLATURA

Artículo 21.- La Secretaría de Desarrollo Urbano y Vivienda establecerá la nomenclatura oficial para la denominación de la vía pública, parques, jardines, plazas y predios en el Distrito Federal.

Las placas de nomenclatura constituyen mobiliario urbano, por lo que se rigen por el reglamento de la materia.

(REFORMADO PRIMER PÁRRAFO, G.O. 17 DE JUNIO DE 2016)

Artículo 22.- La Administración, previa solicitud del propietario y/oposeedor (sic), asignará para cada predio que tenga frente a la vía pública, un sólo número oficial que deberá colocarse en la parte visible de la entrada de cada predio y ser claramente legible a una distancia mínima de 20 metros.

(ADICIONADO, G.O. 17 DE JUNIO DE 2016)

Para el caso de aquellos predios que tengan más de un frente a la vía pública, se podrá optar por la asignación del número oficial sobre la vialidad de su interés.

(REFORMADO PRIMER PÁRRAFO, G.O. 17 DE JUNIO DE 2016)

Artículo 23.- La Administración podrá ordenar el cambio del número oficial para lo cual lo notificará al propietario, poseedor o representante legal, quedando éste obligado a colocar el nuevo número en el plazo que se le fije, pudiendo conservar el anterior 90 días naturales más.

La Delegación notificará dicho cambio al Servicio Postal Mexicano, a la Tesorería del Distrito Federal, al Registro de los Planes y Programas de Desarrollo Urbano y al Registro Público de la Propiedad y de Comercio, a fin de que se hagan las modificaciones necesarias en los registros correspondientes, con copia al propietario o poseedor.

CAPÍTULO V
DEL ALINEAMIENTO

(REFORMADO, G.O. 17 DE JUNIO DE 2016)

Artículo 24.- El alineamiento es la traza sobre el terreno que limita el predio respectivo con la vía pública en uso, determinada en los planos debidamente aprobados. El alineamiento contendrá las afectaciones y las restricciones de carácter urbano que señale la Ley y su Reglamento.

(REFORMADO PRIMER PÁRRAFO, G.O. 19 DE ABRIL DE 2021)

Artículo 25.- La Administración por conducto de las alcaldías expedirá, a solicitud del propietario o poseedor, constancias de alineamiento y número oficial que tendrán una vigencia de dos años contados a partir del día siguiente de su expedición. Cuando el predio pertenezca a dos o más demarcaciones, la Constancia de Alineamiento y número oficial será expedida por la Secretaría de Desarrollo Urbano y Vivienda.

(ADICIONADO, G.O. 19 DE ABRIL DE 2021)

La vigencia de la Constancia expedida se considerará prorrogada mediante el pago de derechos que establezca el Código Fiscal de la Ciudad de México, siempre y cuando no se hubieren modificado las condiciones del inmueble señaladas en la Constancia original. Dicha prórroga será anual y se podrá realizar de manera ilimitada, siempre que el pago se cubra de manera continua.

Si entre la expedición de la constancia a que se refiere este artículo y la presentación de la solicitud de licencia de construcción especial o el registro de manifestación de construcción, se hubiese modificado el alineamiento en los términos del artículo 24 de este Título, el proyecto de construcción deberá ajustarse a los nuevos requerimientos.

CAPÍTULO VI
DE LAS RESTRICCIONES A LAS CONSTRUCCIONES

Artículo 26.- Los proyectos para edificaciones que contengan dos o más de los usos a que se refiere este Reglamento se sujetarán en cada una de sus partes a las disposiciones y normas que establezcan los Programas General, Delegacionales y/o Parciales que correspondan.

Artículo 27.- La Administración hará constar en los permisos, licencias de construcción especial, autorizaciones, constancias de alineamiento, número oficial y certificados que expida, las restricciones para la construcción o para el uso de suelo de los bienes inmuebles, ya sea en forma general, en los conjuntos que indica la Ley y en lugares o en predios específicos que establecen los Programas General, Delegacionales y/o Parciales que correspondan. Los propietarios o poseedores de los inmuebles, tanto públicos como privados, deben respetar las restricciones establecidas.

(REFORMADO, G.O. 17 DE JUNIO DE 2016)

Artículo 28.- No podrán ejecutarse nuevas construcciones, obras o instalaciones de cualquier naturaleza, en los monumentos o en las zonas declaradas de monumentos a que se refiere la Ley Federal sobre Monumentos y Zonas Arqueológicos, Artísticos e Históricos o en aquellas que hayan sido determinadas como Áreas de Conservación Patrimonial por el Programa, o inmuebles afectos al patrimonio cultural urbano, de acuerdo con el catálogo publicado por la Secretaría de Desarrollo Urbano y Vivienda en la Gaceta Oficial de la Ciudad de México en los Programas de Desarrollo Urbano, sin recabar previamente la autorización de la Secretaría y la del Instituto Nacional de Antropología e Historia o del Instituto Nacional de Bellas Artes, respectivamente en los ámbitos de su competencia.

Artículo 29.- Las áreas adyacentes a los aeropuertos serán fijadas por la Secretaría de Comunicaciones y Transportes y en ellas regirán las limitaciones de altura, uso, destino, densidad e intensidad de las edificaciones que fije el Programa, previo dictamen de la mencionada Secretaría.

Artículo 30.- La Administración determinará las zonas de protección necesarias en los servicios subterráneos tales como viaductos, pasos a desnivel inferior e instalaciones similares, dentro de cuyos límites solamente podrán realizarse excavaciones, cimentaciones, demoliciones y otras obras previa autorización especial de la Administración, la que señalará las obras de protección que sea necesario realizar o ejecutar para salvaguardar los servicios e instalaciones antes mencionados.

La reparación de los daños que se ocasionen en esas zonas, correrán a cargo de la persona física o moral, pública o privada a quien se otorgue la autorización.

(REFORMADO, G.O. 17 DE JUNIO DE 2016)

Artículo 31.- Si las determinaciones de los Programas modificaran el alineamiento oficial de un predio, el propietario o poseedor no podrá efectuar obra nueva o ampliación a las edificaciones existentes que se contrapongan a las nuevas disposiciones, salvo en casos especiales y previa autorización expresa de la Secretaría de Desarrollo Urbano y Vivienda.

TÍTULO TERCERO
DE LOS DIRECTORES RESPONSABLES DE OBRA Y CORRESPONSABLES

CAPÍTULO I
DE LOS DIRECTORES RESPONSABLES DE OBRA

(REFORMADO, G.O. 2 DE ABRIL DE 2019)

Artículo 32.- Director Responsable de Obra es la persona física auxiliar de la Administración, con autorización y registro otorgado por la Secretaría de Obras y Servicios, a través del Instituto, quien tiene la atribución en todas aquellas actividades vinculadas con su responsiva, de ordenar y hacer valer en la obra, la observancia de la Ley, de este Reglamento y demás disposiciones aplicables, incluyendo las ambientales.

Artículo 33.- Para obtener el registro de Director Responsable de Obra, se deben satisfacer los siguientes requisitos:

I. Acreditar que posee cédula profesional correspondiente a alguna de las siguientes profesiones: Arquitecto, Ingeniero Arquitecto, Ingeniero Civil, Ingeniero Constructor Militar o Ingeniero Municipal;

(REFORMADA, G.O. 17 DE JUNIO DE 2016)

II. Acreditar ante la Comisión, que conoce la Ley y su Reglamento, el presente Reglamento y sus Normas, la Ley Ambiental y demás leyes y disposiciones relativas al diseño urbano, vivienda, construcción, sustentabilidad, movilidad, protección civil, imagen urbana, anuncios, equipamiento, mobiliario urbano y de conservación del Patrimonio Histórico, Artístico y Arqueológico de la Federación o del Patrimonio Urbano Arquitectónico dela (sic) Ciudad de México, los Programas y las Normas de Ordenación, para lo cual debe obtener el dictamen favorable a que se refiere la fracción III del artículo 46 de este Reglamento;

(REFORMADA, G.O. 17 DE JUNIO DE 2016)

III. Acreditar como mínimo cinco años de experiencia en proyectos y construcción de obras a las que se refiere este Reglamento, y

IV. Acreditar que es miembro activo del Colegio de Profesionales respectivo.

Artículo 34.- Se entiende que un Director Responsable de Obra otorga su responsiva cuando, con ese carácter:

(REFORMADA, G.O. 17 DE JUNIO DE 2016)

I. Suscriba una manifestación de construcción tipo B o C, una solicitud de licencia de construcción especial, una solicitud de registro de obra ejecutada o una solicitud de licencia para la instalación de anuncios;

(REFORMADA, G.O. 17 DE JUNIO DE 2016)

II. Tome a su cargo el cumplimiento normativo del proyecto y la dirección de la ejecución de una obra y/o instalación, aceptando la responsabilidad de la misma, de conformidad con este Reglamento;

(REFORMADA, G.O. 17 DE JUNIO DE 2016)

III. Suscriba un dictamen de estabilidad o seguridad estructural de una obra, edificación o instalación;

(REFORMADA, G.O. 10 DE DICIEMBRE DE 2021)

IV. Suscriba el Visto Bueno de Seguridad y Operación de las Instalaciones; y

V. Suscriba un documento relativo a cualquier otra modalidad que determinen las disposiciones legales y administrativas aplicables.

Artículo 35.- Para el ejercicio de su función, el Director Responsable de Obra tiene las siguientes obligaciones:

(REFORMADA, G.O. 17 DE JUNIO DE 2016)

I. Suscribir y presentar ante la autoridad una manifestación de construcción tipo B o C, o una solicitud de licencia de construcción especial o registro de obra ejecutada;

(REFORMADA PRIMER PÁRRAFO, G.O. 17 DE JUNIO DE 2016)

II. Dirigir, vigilar y asegurar que tanto en el proyecto como en la ejecución de la obra se cumpla con lo establecido en los ordenamientos aplicables.

(ADICIONADO, G.O. 17 DE JUNIO DE 2016)

En su caso, señalar en la bitácora el incumplimiento, así como las instrucciones para corregir las desviaciones, de conformidad con lo establecido en este Reglamento y realizar la revisión completa del proyecto ejecutivo y de toda la documentación necesaria.

(REFORMADO, G.O. 17 DE JUNIO DE 2016)

El Director Responsable de Obra debe contar con los Corresponsables a que se refiere el artículo 36 de este Reglamento, en los casos que en ese mismo artículo se numeran. En los casos no incluidos en dicho artículo, el Director Responsable de Obra podrá definir libremente la participación de los Corresponsables y demás especialistas que a su juicio considere.

(REFORMADO, G.O. 17 DE JUNIO DE 2016)

El Director Responsable de Obra debe comprobar que cada uno de los Corresponsables con que cuente, según sea el caso, cumpla con las obligaciones y observaciones asentadas en la bitácora y las señaladas en el artículo 39 de este Reglamento; de no ser así, deberá notificarlo a la Delegación correspondiente y a la Comisión;

(REFORMADA, G.O. 17 DE JUNIO DE 2016)

III. Ordenar en la obra, el cumplimiento de este Reglamento y de la normatividad aplicable, incluyendo en materia ambiental. De no ser atendida la orden por el propietario, poseedor y/o constructor, lo asentará en la bitácora, notificando de inmediato a la Delegación correspondiente, y a la Comisión, anexando una copia de la nota de bitácora, en la que conste lo ordenado;

(REFORMADA, G.O. 17 DE JUNIO DE 2016)

IV. Planear y supervisar el cumplimiento de las medidas de seguridad e higiene contempladas en la normatividad aplicables a la obra, relativas al personal, terceras personas, sus colindancias y la vía pública y en su caso, denunciar ante la Autoridad correspondiente su incumplimiento;

(REFORMADO PRIMER PÁRRAFO, G.O. 17 DE JUNIO DE 2016)

V. Llevar en la obra un libro de bitácora foliado y sellado por la Delegación o por la Secretaría, el cual deberá cumplir con los requisitos mínimos establecidos en las Bases Generales y quedará a resguardo y bajo responsabilidad del propietario o poseedor, pudiendo este último delegar dicha responsabilidad en su constructor o contratista, pero sin eximirse de la responsabilidad ante la Secretaría de Desarrollo Urbano y Vivienda. En caso de pérdida o robo de dicho libro de bitácora, las partes firmantes deberán guardar sus copias con firmas autógrafas.

(ADICIONADO PRIMER PÁRRAFO, G.O. 17 DE JUNIO DE 2016)

En la bitácora se anotarán, entre otros, los siguientes datos:

(REFORMADO, G.O. 17 DE JUNIO DE 2016)

a) Nombre y firma del propietario y/o poseedor, del Director Responsable de Obra, del constructor, así como de los Corresponsables, proyectistas, especialista en Mecánica de Suelos y del Perito en Desarrollo Urbano, si los hubiere;

b) Nombre o razón social de la persona física o moral que ejecute la obra;

c) Materiales empleados para fines estructurales o de seguridad;

d) Procedimientos generales de construcción y de control de calidad;

e) Descripción de los detalles definidos durante la ejecución de la obra;

f) Fecha de las visitas, observaciones e instrucciones del Director Responsable de Obra, así como de los Corresponsables y Perito en Desarrollo Urbano, en su caso;

g) Fecha de inicio de cada etapa de la obra, y

h) Incidentes y accidentes;

(REFORMADA, G.O. 17 DE JUNIO DE 2016)

VI. Ordenar al propietario y/o constructor la colocación en la obra, en lugar visible y legible desde la vía pública, un letrero con el nombre del Director Responsable de Obra y, en su caso, de los Corresponsables y su registro, además del número de registro de manifestación de construcción o de licencia de construcción especial, la vigencia, tipo y uso de la obra y ubicación de la misma, así como los datos del constructor;

(REFORMADA, G.O. 17 DE JUNIO DE 2016)

VII. Solicitar al propietario, poseedor o constructor el aviso de terminación de la obra ejecutada, debiendo anexarlo a la bitácora y conservar copias delos (sic) planos actualizados y registrados del proyecto completo, del libro de bitácora y de las memorias de cálculo;

(REFORMADA, G.O. 2 DE ABRIL DE 2019)

VIII. Resellar anualmente el carnet dentro de los cinco días hábiles anteriores al vencimiento y refrendar su registro de Director Responsable de Obra cada tres años o cuando lo determine la Administración, para lo cual deberá presentar los documentos que lo acrediten como miembro activo del Colegio de Profesionales respectivo, así como constancia de actualización profesional expedida por Instituciones de Educación Superior, Colegios o Sociedades Técnicas de los que sean miembros, con una duración mínima de treinta horas anuales, en los temas de normatividad y nuevas tecnologías previamente aprobados por la Secretaría de Obras y Servicios, a través del Instituto sin que sea necesario presentar la documentación que ya obra en poder de dichas autoridades.

(REFORMADA, G.O. 17 DE JUNIO DE 2016)

IX. Solicitar al propietario o poseedor y/o al constructor los manuales de operación y mantenimiento para las obras que requieran de dictamen de impacto urbano o impacto urbano ambiental, de acuerdo con lo dispuesto en el Artículo 232 de este Reglamento;

(REFORMADA, G.O. 10 DE DICIEMBRE DE 2021)

X. Observar conjuntamente con el Corresponsable en Instalaciones, las previsiones contra incendio contenidas en el presente Reglamento y demás normas que apliquen a la edificación, para la elaboración del Visto Bueno de Seguridad y Operación de las Instalaciones, así como requerir para su revisión o elaboración el manual de operación y mantenimiento de las instalaciones contra incendio, eléctricas, de combustibles, de obra civil y otras que representen un riesgo o pongan en peligro la vida de los usuarios y terceras personas, así como los dictámenes de verificación de la instalación eléctrica y de combustible;

(REFORMADA, G.O. 17 DE JUNIO DE 2016)

XI. Vigilar que, en los planos del proyecto ejecutivo, se encuentren las áreas de donación en los casos que corresponda;

(REFORMADA, G.O. 2 DE ABRIL DE 2019)

XII. Suscribir un contrato de prestación de servicios profesionales, en el cual se establezca el Arancel correspondiente por los servicios que le hayan sido solicitados;

(REFORMADA, G.O. 2 DE ABRIL DE 2019)

XIII. Verificar que los proyectistas hayan firmado los planos y memorias del proyecto, así como el especialista haya firmado el estudio de mecánica de suelos y/o en su caso, los estudios correspondientes, con base en lo dispuesto en el artículo 54 segundo párrafo de la Ley de Desarrollo Urbano del Distrito Federal, asumiendo la responsabilidad de su actuar en apego a la normatividad vigente;

(REFORMADA [N. DE E. ADICIONADA], G.O. 2 DE ABRIL DE 2019)

XIV. Emitir opinión técnica respecto de los avisos de ocupación y terminación de obra ante la Administración, antes de que ésta lo autorice o lo niegue de conformidad con lo establecido en este Reglamento, los Programas de Desarrollo Urbano vigentes, la ocupación total o parcial, o uso de instalación, predio o edificación; y

(ADICIONADA [N. DE E. REUBICADA], G.O. 2 DE ABRIL DE 2019)

XV. Las demás que establezcan las disposiciones legales y administrativas aplicables en la materia.

CAPÍTULO II
DE LOS CORRESPONSABLES

(REFORMADO PRIMER PÁRRAFO [N. DE E. CON SUS APARTADOS], G.O. 2 DE ABRIL DE 2019)

Artículo 36.- Corresponsable es la persona física auxiliar de la Administración con autorización, registro y conocimientos técnicos especializados en las siguientes materias:

A. Seguridad Estructural.

B. Diseño Urbano y Arquitectónico e.
C. Instalaciones.

(REFORMADO, G.O. 15 DE DICIEMBRE DE 2017)

Tratándose de Corresponsables en Seguridad Estructural, corresponderá al Instituto otorgar la autorización, el registro y el nivel al que pertenece, según los requisitos y proceso establecidos en las Normas Técnicas Complementarias para la Revisión de la Seguridad Estructural de las Edificaciones (NTC-RSEE).

(ADICIONADO [N. DE E. ESTE PÁRRAFO], G.O. 15 DE DICIEMBRE DE 2017)

Los Corresponsables en Seguridad Estructural se clasificarán en los dos niveles siguientes:

(ADICIONADO, G.O. 15 DE DICIEMBRE DE 2017)

Nivel 1, son aquellos Corresponsables con al menos 5 años de experiencia acreditada en diseño estructural y que aprueben el examen para Nivel 1.

(ADICIONADO, G.O. 15 DE DICIEMBRE DE 2017)

Nivel 2, son los Corresponsables con al menos 15 años de experiencia acreditada en diseño estructural y que aprueben los exámenes para Nivel 2.

(ADICIONADO, G.O. 15 DE DICIEMBRE DE 2017)

Las obligaciones y responsabilidades de los Corresponsables en Seguridad Estructural serán las indicadas en el artículo 39 y en las NTC-RSEE.

(ADICIONADO, G.O. 2 DE ABRIL DE 2019)

Tratándose de Corresponsables en Seguridad Estructural, corresponderá al Instituto otorgar su autorización y registro.

(ADICIONADO, G.O. 2 DE ABRIL DE 2019)

Tratándose de Corresponsables en Diseño Urbano y Arquitectónico y Corresponsables en Instalaciones corresponderá a la Secretaría de Desarrollo Urbano y Vivienda otorgar su autorización y registro.

(ADICIONADO, G.O. 2 DE ABRIL DE 2019)

Dicho profesional responderá, en forma conjunta con el Director Responsable de Obra o de manera autónoma, en los casos en que otorgue su responsiva en los aspectos técnicos relacionados al ámbito de su intervención profesional, debiendo cumplir con lo establecido en la Ley, en este Reglamento y en las demás disposiciones aplicables.

Se requiere responsiva de los Corresponsables para obtener el registro de manifestación de construcción o la licencia de construcción especial a que se refieren los artículos 53 y 58 de este Reglamento, en los siguientes casos:

I. Corresponsable en Seguridad Estructural, para:

(REFORMADO, G.O. 15 DE DICIEMBRE DE 2017)

a) Para los casos especificados en las NTC-RSEE.

(REFORMADO, G.O. 17 DE JUNIO DE 2016)

b) Las edificaciones ubicadas en zonas de Monumentos Históricos, Artísticos y Arqueológicos declaradas por la Federación o en Áreas de Conservación Patrimonial de la Ciudad de México indicadas en los Programas de Desarrollo Urbano.

II. Corresponsable en Diseño Urbano y Arquitectónico, para:

a) Habitación Plurifamiliar de más de 50 viviendas, hospitales, clínicas, centros de salud, edificaciones para exhibiciones, baños públicos, estaciones y terminales de transporte terrestre, aeropuertos, estudios cinematográficos y de televisión, estaciones de servicio para el expendio de combustible y carburantes, y pasos peatonales;

(REFORMADO, G.O. 17 DE JUNIO DE 2016)

b) Las edificaciones o demoliciones ubicadas en zonas de Monumentos Históricos, Artísticos y Arqueológicos declaradas por la Federación o en Áreas de Conservación Patrimonial de la Ciudad de México indicadas en los Programas de Desarrollo Urbano;

(REFORMADO, G.O. 17 DE JUNIO DE 2016)

c) El resto de las edificaciones que tengan más de 2,000 m2 cubiertos, o más de 20 m de altura, sobre nivel medio de banqueta, o con capacidad para más de 250 concurrentes en locales cerrados, o más de 1,000 concurrentes en locales abiertos;

d) Estaciones de comunicación celular y/o inalámbrica, chimeneas y/o cualquier otro tipo de instalación que rebase la altura de 15 m sobre su nivel de desplante.

III. Corresponsable en Instalaciones, para:

a) Habitación plurifamiliar de más de 50 viviendas, baños públicos, lavanderías, tintorerías, lavado y lubricación de vehículos, hospitales, clínicas y centros de salud, instalaciones para exhibiciones, crematorios, aeropuertos, centrales telegráficas, telefónicas y de comunicación, estaciones de radio y televisión, estaciones repetidoras de comunicación celular y/o inalámbrica, estudios cinematográficos, industria pesada y mediana; plantas, estaciones y subestaciones eléctricas; estaciones de bombeo, albercas con iluminación subacuática, circos, ferias de cualquier magnitud, estaciones de servicio para el expendio de combustible y carburantes, y estaciones de transferencia de basura;

(REFORMADO, G.O. 17 DE JUNIO DE 2016)

b) El resto de las edificaciones que tengan más de 2,000 m2 cubiertos, o más de 15 m de altura sobre nivel medio de banqueta o más de 250 concurrentes;

c) Toda edificación que cuente con elevadores de pasajeros, de carga, industriales, residenciales o escaleras o rampas electromecánicas.

(ADICIONADO, G.O. 17 DE JUNIO DE 2016)

d) Las edificaciones ubicadas en zonas de Patrimonio Histórico, Artístico y Arqueológico de la Federación o en áreas de conservación patrimonial de la Ciudad de México en las que se realicen instalaciones electromecánicas nuevas o se modifiquen.

Artículo 37.- Para obtener el registro como Corresponsable se requiere:

I. Acreditar que posee cédula profesional correspondiente a alguna de las siguientes profesiones:

(ADICIONADO, G.O. 17 DE JUNIO DE 2016)

Ingeniero Civil, Arquitecto, Ingeniero Arquitecto, Ingeniero Constructor Militar, Ingeniero Municipal, Ingeniero Mecánico Electricista, Ingeniero Mecánico, Ingeniero Electricista;

a) (DEROGADO, G.O. 17 DE JUNIO DE 2016)

b) (DEROGADO, G.O. 17 DE JUNIO DE 2016)

c) (DEROGADO, G.O. 17 DE JUNIO DE 2016)

Se podrá obtener otra corresponsabilidad distinta a las asignadas de las profesiones mencionadas, siempre y cuando el solicitante apruebe, ante la Comisión, una evaluación de conocimientos afines a la corresponsabilidad que aspire;

(REFORMADA, G.O. 17 DE JUNIO DE 2016)

II. Acreditar ante la Comisión o ante el Instituto, según sea el caso, que conoce este Reglamento, sus Normas, y demás normatividad aplicable en lo relativo a los aspectos correspondientes a su especialidad, para lo cual debe obtener el dictamen favorable a que se refiere la fracción III del artículo 46 de este Reglamento;

(REFORMADA, G.O. 17 DE JUNIO DE 2016)

III. Acreditar como mínimo cinco años de experiencia en su especialidad, así como su participación activa en proyectos y en obras, y

IV. Acreditar que es miembro activo del Colegio de Profesionales respectivo.

Artículo 38.- Los Corresponsables otorgarán su responsiva en los siguientes casos:

I. El Corresponsable en Seguridad Estructural, cuando:

a) Suscriba conjuntamente con el Director Responsable de Obra una manifestación de construcción o una solicitud de licencia de construcción especial;

b) Suscriba los planos del proyecto estructural, la memoria de diseño de la cimentación y la estructura;

c) Suscriba los procedimientos de construcción de las obras y los resultados de las pruebas de control de calidad de los materiales empleados;

(REFORMADO, G.O. 15 DE DICIEMBRE DE 2017)

d) Suscriba un dictamen técnico de estabilidad y de seguridad estructural de una edificación o instalación; o

e) Suscriba una constancia de seguridad estructural.

II. El Corresponsable en Diseño Urbano y Arquitectónico, cuando:

a) Suscriba conjuntamente con el Director Responsable de Obra una manifestación de construcción o una solicitud de licencia de construcción especial, o

b) Suscriba la memoria y los planos del proyecto urbano y/o arquitectónico

III. El Corresponsable en Instalaciones, cuando:

a) Suscriba conjuntamente con el Director Responsable de Obra una manifestación de construcción o una solicitud de licencia de construcción especial;

b) Suscriba la memoria de diseño y los planos del proyecto de instalaciones, o

(REFORMADO, G.O. 10 DE DICIEMBRE DE 2021)

c) Suscriba conjuntamente con el Director Responsable de Obra el Visto Bueno de Seguridad y Operación de las Instalaciones.

Artículo 39.- Para el ejercicio de su función, los Corresponsables tienen las siguientes obligaciones:

I. El Corresponsable en Seguridad Estructural:

(REFORMADO, G.O. 15 DE DICIEMBRE DE 2017)

a) Cumplir con los requisitos establecidos en las Normas Técnicas Complementarias para la revisión de la Seguridad Estructural de las Edificaciones (NTC-RSEE).

(REFORMADO, G.O. 15 DE DICIEMBRE DE 2017)

b) Suscribir, conjuntamente con el Director Responsable de Obra, la manifestación de construcción o la solicitud de licencia de construcción especial para los casos especificados en las NTC-RSEE.

(REFORMADO, G.O. 15 DE DICIEMBRE DE 2017)

c) Verificar que los proyectos cumplan con las características generales para seguridad estructural establecidas en el Capítulo II del Título Sexto de este Reglamento y entregar los informes de revisión al Instituto, de conformidad con lo establecido en las NTC-RSEE;

(REFORMADO, G.O. 15 DE DICIEMBRE DE 2017)

d) Avalar el proyecto estructural de la edificación en conjunto con los Especialistas Auxiliares, en su caso. En ningún caso el Corresponsable de un edificio podrá ser el Proyectista del mismo;

(REFORMADO, G.O. 2 DE ABRIL DE 2019)

e) Firmar la "Constancia de Registro de la Revisión por parte del Corresponsable en Seguridad Estructural del Proyecto Estructural" emitida por el Instituto;

(REFORMADO, G.O. 15 DE DICIEMBRE DE 2017)

f) Vigilar y verificar que la construcción, durante el proceso de la obra, se apegue estrictamente al proyecto estructural sin afectar las estructuras colindantes, y que, tanto los procedimientos como los materiales empleados, correspondan a lo especificado y a las normas de calidad del proyecto. Tendrá especial cuidado en:

i. Revisar que la construcción de las instalaciones no afecte los elementos estructurales en forma diferente a lo dispuesto en el proyecto;

ii. Recopilar la información existente en obra (bitácora, obras inducidas, etc.);

iii. Revisar los resultados o informes de la calidad de los materiales empleados en la obra; y

iv. Inspeccionar las estructuras colindantes durante el proceso de construcción.

(ADICIONADO, G.O. 15 DE DICIEMBRE DE 2017)

g) Notificar al Director Responsable de Obra cualquier irregularidad en el ámbito de su competencia, durante el proceso de la obra que pueda afectar la seguridad estructural de la misma, asentándose en el libro de bitácora. En caso de no ser atendida esta notificación, deberá comunicarlo a la Delegación correspondiente y a la Comisión;

(ADICIONADO, G.O. 15 DE DICIEMBRE DE 2017)

h) Elaborar los Dictámenes técnicos de estabilidad y de seguridad estructural de una edificación o instalación y las Constancias de seguridad estructural cumpliendo con los alcances y requisitos establecidos en las NTC-RSEE;

(ADICIONADO, G.O. 15 DE DICIEMBRE DE 2017)

i) Participar en acciones de la Administración para la atención de emergencias mayores; como la revisión de seguridad estructural y la rehabilitación sísmica de edificios; y

(REFORMADO, G.O. 15 DE DICIEMBRE DE 2017)

j) Responder de cualquier violación a las disposiciones de este Reglamento relativas a sus obligaciones.

II. Del Corresponsable en Diseño Urbano y Arquitectónico:

a) Suscribir, conjuntamente con el Director Responsable de Obra, la manifestación de construcción o la solicitud de licencia de construcción especial, cuando se trate de las obras previstas en el artículo 36 de este Reglamento;

(REFORMADO, G.O. 17 DE JUNIO DE 2016)

b) Revisar el proyecto en los aspectos correspondientes a su especialidad, verificando que hayan sido realizados los estudios y cumplido las disposiciones establecidas en este Reglamento, el Reglamento para el Ordenamiento del Paisaje Urbano del Distrito Federal, los Programas, y en las demás relativas al Desarrollo Urbano;

(REFORMADO, G.O. 17 DE JUNIO DE 2016)

c) Verificar que el proyecto cumpla con las disposiciones relativas a los Programas, los planos de zonificación para anuncios y las declaratorias de usos, destinos y reservas; con los requerimientos de habitabilidad, accesibilidad, funcionamiento, higiene, servicios, acondicionamiento ambiental, comunicación, prevención de emergencias e integración al contexto e imagen urbana contenidos en el Título Quinto del presente Reglamento, y con las disposiciones legales y reglamentarias en materia de conservación del patrimonio urbano arquitectónico, tratándose de inmuebles afectos al patrimonio cultural urbano, o que estén ubicados en Áreas de Conservación Patrimonial;

d) Vigilar que la construcción, durante el proceso de la obra, se apegue estrictamente al proyecto correspondiente a su especialidad y que tanto los procedimientos como los materiales empleados, correspondan a lo especificado y a las Normas de Calidad del proyecto;

(REFORMADO, G.O. 15 DE DICIEMBRE DE 2017)

e) Notificar al Director Responsable de Obra cualquier irregularidad en el ámbito de su competencia, durante el proceso de la obra, que pueda afectar la ejecución del proyecto, asentándose en el libro de bitácora. En caso de no ser atendida esta notificación deberá comunicarlo a la Delegación correspondiente y a la Comisión, y

f) Responder de cualquier violación a las disposiciones de este Reglamento relativas a su especialidad.

III. Del Corresponsable en Instalaciones:

a) Suscribir, conjuntamente con el Director Responsable de Obra, la manifestación de construcción o la solicitud de licencia de construcción especial, cuando se trate de las obras previstas en el artículo 36 de este Reglamento;

(REFORMADO, G.O. 17 DE JUNIO DE 2016)

b) Revisar el proyecto en los aspectos correspondientes a su especialidad, verificando la factibilidad de otorgamiento de los servicios públicos y que se hayan cumplido las disposiciones de este Reglamento y la legislación vigente al respecto, relativas a la seguridad, previsiones contra incendio y funcionamiento de las instalaciones;

c) Vigilar que la construcción durante el proceso de la obra, se apegue estrictamente al proyecto correspondiente a su especialidad y que tanto los procedimientos como los materiales empleados correspondan a lo especificado y a las Normas de Calidad del proyecto;

(REFORMADO, G.O. 15 DE DICIEMBRE DE 2017)

d) Notificar al Director Responsable de Obra cualquier irregularidad en el ámbito de su competencia, durante el proceso de la obra, que pueda afectarla, asentándolo en el libro de bitácora. En caso de no ser atendida esta notificación deberá comunicarla a la Delegación correspondiente y a la Comisión, y

e) Responder de cualquier violación a las disposiciones de este Reglamento, relativas a su especialidad.

(REFORMADO [N. DE E. ESTE PÁRRAFO], G.O. 2 DE ABRIL DE 2019)

IV. Resellar anualmente el carnet dentro de los cinco días hábiles anteriores al vencimiento y refrendar su registro de Corresponsable cada tres años o cuando lo determine la Administración, para lo cual deberá presentar los documentos que lo acrediten como miembro activo del Colegio de Profesionales respectivo, así como constancia de actualización profesional expedida por Instituciones de Educación Superior, Colegios o Sociedades Técnicas de los que sean miembros, con una duración mínima de treinta horas anuales, en los temas de normatividad y nuevas tecnologías; previamente aprobados por la Secretaría de Obras y Servicios, a través del Instituto tratándose de Corresponsables en Seguridad Estructural y en los casos de Corresponsables en Diseño Urbano y

Arquitectónico y Corresponsables en Instalaciones corresponderá dicha aprobación a la Secretaría de Desarrollo Urbano y Vivienda; sin que sea necesario presentar la documentación que ya obra en poder de dichas autoridades.

(ADICIONADO, G.O. 17 DE JUNIO DE 2016)

En el caso de que un Corresponsable no haya resellado en un período de tres años su carnet, será obligatorio presentar una evaluación de conocimientos formulada por el Comité Técnico correspondiente.

En particular, informará a la Comisión sobre su participación en las responsivas suscritas a que se refiere el artículo 38 de este Reglamento durante el periodo anterior al refrendo o resello.

(REFORMADA, G.O. 2 DE ABRIL DE 2019)

V. Suscribir un contrato de prestación de servicios profesionales, en el cual se establezca el Arancel correspondiente por los servicios que le hayan sido solicitados.

CAPÍTULO III
DE LAS RESPONSABILIDADES Y SANCIONES DE LOS DIRECTORES RESPONSABLES DE OBRA Y CORRESPONSABLES

Artículo 40.– Las funciones del Director Responsable de Obra y Corresponsables, en las obras y casos para los que hayan otorgado su responsiva se terminarán:

(REFORMADA, G.O. 2 DE ABRIL DE 2019)

I. Cuando ocurra sustitución o retiro del Director Responsable de Obra y/o Corresponsables en seguridad estructural en la obra correspondiente, se deberá levantar un acta administrativa ante el Instituto. En caso de Corresponsables en Diseño Urbano y Arquitectónico y Corresponsables en Instalaciones se levantará ante la Secretaría de Desarrollo Urbano y Vivienda. En dicha acta se asentarán los motivos por los que se realiza la sustitución o retiro de responsiva al auxiliar de la administración correspondiente, así como el avance de la obra hasta ese momento. El acta será suscrita por la autoridad correspondiente, el Director Responsable de Obra y/o Corresponsables respectivos según sea el caso, así como por el propietario o poseedor. Una copia de esta acta se enviará a la Administración y otra se asentará y anexará a la bitácora de la obra.

II. Cuando no hayan refrendado su registro correspondiente, y

III. Cuando la Delegación expida la autorización de uso y ocupación de la obra.

(REFORMADO PRIMER PÁRRAFO, G.O. 10 DE DICIEMBRE DE 2021)

Artículo 41.- Para los efectos del presente Reglamento, la responsabilidad de carácter administrativo de los Directores Responsables de Obra y de los Corresponsables termina a los cinco años, salvo los casos sujetos al otorgamiento del Visto Bueno de Seguridad y Operación de las Instalaciones y la Constancia de Seguridad Estructural, contados a partir de:

I. La fecha en que se expida la autorización de uso y ocupación a que se refiere el artículo 70 de este Reglamento, o

II. La fecha en que formalmente hayan terminado su responsiva, según se establece en la fracción I del artículo 40 anterior.

(REFORMADO PRIMER PÁRRAFO, G.O. 2 DE ABRIL DE 2019)

Artículo 42.- La Secretaría de Desarrollo Urbano y Vivienda o el Instituto según corresponda, son las autoridades competentes para sustanciar, notificar e imponer las infracciones en que incurran los Directores Responsables de Obra y/o Corresponsables, considerando el dictamen que formule la Comisión Dictaminadora señalada en la fracción V del artículo 45 de este Reglamento, para aplicar la resolución que a derecho proceda, conforme al procedimiento administrativo correspondiente, independientemente de las sanciones previstas en el Capítulo II del Título Décimo Primero del presente ordenamiento, en los siguientes casos:

(REFORMADO PRIMER PÁRRAFO, G.O. 17 DE JUNIO DE 2016)

I. Amonestación por escrito al Director Responsable de Obra o a los Corresponsables, cuando:

(ADICIONADO, G.O. 17 DE JUNIO DE 2016)

a) Infrinja el presente Reglamento y demás ordenamientos aplicables, sin causar situaciones que pongan en peligro la vida de las personas y/o los bienes, independientemente de la reparación del daño, así como de la responsabilidad derivada de procesos de índole civil o penal;

(ADICIONADO, G.O. 17 DE JUNIO DE 2016)

b) Presente la documentación incompleta o con datos erróneos y que formen parte de los procedimientos que inicien ante la Administración;

(REFORMADO, G.O. 2 DE ABRIL DE 2019)

c) Omita notificar a la Secretaría de Desarrollo Urbano y Vivienda o al Instituto según corresponda, para el registro en su Carnet de la responsiva otorgada a una obra pública realizada por la Administración.

(REFORMADO PRIMER PÁRRAFO, G.O. 17 DE JUNIO DE 2016)

II. Suspensión temporal por dos años del registro de Director Responsable de Obra o Corresponsables, según sea el caso, cuando infrinjan el presente Reglamento y demás ordenamientos aplicables sin causar situaciones que pongan en peligro la vida de las personas y/o los bienes, independientemente de la reparación del daño, así como de la responsabilidad derivada de procesos de índole civil o penal, cuando:

(REFORMADO, G.O. 2 DE ABRIL DE 2019)

a) Sin conocimiento y aprobación de la Alcaldía o de la Secretaría de Desarrollo Urbano y Vivienda o del Instituto según corresponda, se modifique la obra o instalación sin apegarse a las condiciones de la manifestación de construcción registrada o de la licencia de construcción especial expedida, con excepción de las diferencias permitidas que se señalan en la fracción II del artículo 70 del presente Reglamento,

(REFORMADO, G.O. 17 DE JUNIO DE 2016)

b) El infractor que acumule dos amonestaciones por escrito en el período de un año, contando a partir de la fecha de la primera amonestación, o bien, que acumule tres amonestaciones por escrito en el período del trienio de la vigencia de su carnet, contando a partir de la fecha de la primera amonestación.

(ADICIONADO, G.O. 17 DE JUNIO DE 2016)

En caso de que el infractor tenga dos o más sanciones durante el mismo período, éstas serán acumulables.

(ADICIONADO, G.O. 17 DE JUNIO DE 2016)

De las responsivas que siguen vigentes, el Director Responsable de Obra o Corresponsable sancionado continuará siendo responsable.

(ADICIONADO, G.O. 17 DE JUNIO DE 2016)

Cuando un Director Responsable de Obra o Corresponsable sea sancionado temporalmente por una obra determinada, continuará siendo responsable de las demás que tenga en proceso, pero no podrá otorgar nuevas responsivas, hasta haber cumplido su sanción.

III. Cancelación del registro de Director Responsable de Obra o de Corresponsable, según sea el caso, independientemente de la reparación del daño, así como de la responsabilidad derivada de procesos de índole civil o penal, cuando:

a) No cumplan con las disposiciones del presente Reglamento, causando situaciones que pongan en peligro la vida de las personas y/o los bienes, y

(REFORMADO, G.O. 17 DE JUNIO DE 2016)

b) Hayan obtenido con datos falsos su inscripción al padrón de profesionales respectivo;

(ADICIONADO, G.O. 17 DE JUNIO DE 2016)

c) Presenten documentos que no hayan sido emitidos y/o validados por la autoridad competente en los trámites que gestione ante la Administración;

(ADICIONADO, G.O. 17 DE JUNIO DE 2016)

d) No resellen o refrenden su carnet por un periodo de tiempo mayor a cinco años, contado a partir del último resello; y

(ADICIONADO, G.O. 17 DE JUNIO DE 2016)

e) Hayan otorgado su responsiva en proyecto u obra que afecte de forma irreparable a un inmueble del patrimonio cultural urbano.

(REFORMADO, G.O. 17 DE JUNIO DE 2016)

En los casos de cancelación de registro, la Secretaría de Desarrollo Urbano y Vivienda o el Instituto, según sea el caso, no otorgará nuevamente al infractor el registro en ninguna de las especialidades que señalan los artículos 33 y

37 del presente Reglamento, excepto en lo señalado en la fracción III, inciso d), del presente artículo.

(REFORMADO, G.O. 17 DE JUNIO DE 2016)

En el caso de las fracciones II y III, los infractores deben entregar su carnet de registro a la Secretaría o al Instituto, según sea el caso, dentro de los cinco días hábiles posteriores a la fecha de notificación de la sanción impuesta. En el supuesto de la fracción II, se devolverá el carnet de registro al infractor, al término de la suspensión temporal.

(ADICIONADO, G.O. 17 DE JUNIO DE 2016)

En el caso de la fracción II, el infractor deberá entregar a la Comisión en un plazo máximo de 30 días naturales un informe detallado de las obras bajo su responsiva, el cual deberá acompañar de copias de la bitácora y memoria fotográfica.

(REFORMADO, G.O. 2 DE ABRIL DE 2019)

La Secretaría de Desarrollo Urbano y Vivienda o el Instituto según corresponda, notificarán a las Alcaldías de los Directores Responsables de Obra o Corresponsables que hayan sido sancionados para que éstas procedan conforme a lo establecido en el presente Reglamento, de igual forma se habilitará una sección en las páginas de internet de las citadas autoridades para conocimiento público.

(ADICIONADO, G.O. 2 DE ABRIL DE 2019)

Adicionalmente, se informará lo conducente al Colegio de Profesionales al que pertenezca el infractor.

CAPÍTULO IV
DE LA COMISIÓN DE ADMISIÓN DE DIRECTORES RESPONSABLES DE OBRA Y CORRESPONSABLES

(REFORMADO, G.O. 17 DE JUNIO DE 2016)

Artículo 43.- La Comisión de Admisión de Directores Responsables de Obra y Corresponsables es el Órgano Colegiado al que se refiere la Ley.

Artículo 44.- La Comisión se integra por:

(REFORMADA, G.O. 2 DE ABRIL DE 2019)

I. El Secretario de Obras y Servicios, quien la presidirá, el Secretario de Desarrollo Urbano y Vivienda y el Director General del Instituto fungirán como Secretarios Técnicos para presentar los casos que les correspondan en el ámbito de su competencia.

II. Un representante de cada uno de los Colegios de Profesionales y Cámaras siguientes, a invitación del Presidente de la Comisión:

a) Colegio de Arquitectos de la Ciudad de México;

b) Colegio de Ingenieros Civiles de México;

c) Colegio de Ingenieros Militares;

d) Colegio de Ingenieros Municipales de México;

e) Colegio Nacional de Ingenieros Arquitectos de México;

f) Colegio de Ingenieros Mecánicos Electricistas;

g) Colegio Mexicano de Ingenieros Civiles;

h) Cámara Nacional de Empresas de Consultoría, y

i) Cámara Mexicana de la Industria de la Construcción, Delegación Distrito Federal.

(ADICIONADO, G.O. 17 DE JUNIO DE 2016)

j) Colegio Vanguardista de Ingenieros Arquitectos.

(REFORMADO, G.O. 2 DE ABRIL DE 2019)

Todos los miembros de la Comisión deben contar con un suplente. Los representantes de los Colegios y Cámaras deben tener registro vigente de Director Responsable de Obra o de Corresponsable y durarán en sus funciones cuatro años. En el caso de que un miembro no pueda cumplir con su periodo, se aplicará para su sustitución lo dispuesto en el Manual de funcionamiento. Todos los miembros de la Comisión deben contar con un suplente.

(REFORMADO, G.O. 2 DE ABRIL DE 2019)

Los representantes de los Colegios y Cámaras deben tener registro vigente de Director Responsable de Obra o de Corresponsable y durarán en sus funciones cuatro años. En el caso de que un miembro no pueda cumplir con su periodo, se aplicará para su sustitución lo dispuesto en el Manual de funcionamiento.

Artículo 45.- La Comisión tiene las siguientes atribuciones:

I. Constatar que los aspirantes a obtener el registro de Director Responsable de Obra o Corresponsable cumplan con los requisitos establecidos en los artículos 33 y 37 de este Reglamento;

II. Admitir con el carácter de Directores Responsables de Obras o Corresponsables, a las personas físicas que hayan cumplido con los requisitos señalados en la fracción anterior;

III. Emitir opinión sobre la actuación de los Directores Responsables de Obra y Corresponsables cuando le sea solicitada por autoridades de la Administración o de cualquier otra del fuero local o federal;

IV. Vigilar la actuación de los Directores Responsables de Obra y/o Corresponsables conforme a las disposiciones normativas aplicables, para lo cual podrá realizar visitas a las obras;

(REFORMADA, G.O. 17 DE JUNIO DE 2016)

V. Constituirse en Comisión Dictaminadora que señala el artículo 42 de este reglamento, la cual emitirá el dictamen correspondiente a efecto de ser integrado y valorado dentro del procedimiento administrativo.

VI. Las demás que se establezcan en el Manual de Funcionamiento de la Comisión.

(REFORMADO PRIMER PÁRRAFO, G.O. 17 DE JUNIO DE 2016)

Artículo 46.- Para el cumplimiento de las atribuciones a que se refiere el artículo anterior, la Comisión contará con cuatro Comités Técnicos, integrados por profesionales de reconocida experiencia y capacidad técnica, los cuales serán nombrados por la Comisión y deberán contar con registro vigente de Director Responsable de Obra y/o Corresponsable.

El Presidente de la Comisión tiene derecho de veto en la designación de los miembros de los Comités.

Dichos Comités quedarán integrados de la siguiente forma:

(REFORMADA, G.O. 17 DE JUNIO DE 2016)

I. Un Comité Técnico de Directores Responsables de Obra, integrado por un Corresponsable en Seguridad Estructural, un Corresponsable en Diseño Urbano y Arquitectónico, un Corresponsable en Instalaciones y tres Directores Responsables de Obra.

(REFORMADA, G.O. 17 DE JUNIO DE 2016)

II. Tres Comités Técnicos de Corresponsables, uno por cada una de las siguientes disciplinas: seguridad estructural, diseño urbano y arquitectónico, e instalaciones. Se formará cada cual, con seis Corresponsables en la disciplina correspondiente, representantes de los Colegios y las Cámaras referidos en el Artículo 44 fracción II;

III. Los Comités evaluarán los conocimientos de los aspirantes a Director Responsable de Obra y/o Corresponsables a que se refieren la fracción II del artículo 33 y la fracción II del artículo 37, debiendo emitir el dictamen correspondiente y enviarlo a la Comisión, para los efectos conducentes, y

(REFORMADA, G.O. 17 DE JUNIO DE 2016)

IV. Los miembros de los Comités durarán en sus funciones hasta por un periodo de cuatro años.

El Secretario de Obras y Servicios expedirá los Manuales de Funcionamiento de la Comisión y de sus Comités Técnicos de conformidad con la normativa aplicable.

Dichos manuales deberán publicarse en la Gaceta Oficial del Distrito Federal.

(ADICIONADO, G.O. 17 DE JUNIO DE 2016)

Artículo 46 Bis.- El propietario y/o poseedor, de manera individual o mancomunada, según se actúe, tiene las siguientes obligaciones:

(REFORMADO, G.O. 2 DE ABRIL DE 2019)

a) Suscribir un contrato de prestación de servicios profesionales con el Director Responsable de Obra o Corresponsable, según sea el caso, en el cual se establezca el Arancel correspondiente por los servicios que hayan sido solicitados;

b) Solicitar por escrito los cambios al proyecto ejecutivo de obra al Director Responsable de Obra y/o Corresponsable, según sea el caso, quienes autorizarán o no dichos cambios, lo cual deberá ser asentado en la bitácora, así como los motivos para ello;

c) No podrá remover o sustituir al Director Responsable de Obra y/o Corresponsable derivado de que estos auxiliares de la administración exijan el cumplimiento de la normatividad por la cual otorgaron su responsiva;

d) Contratar para la obra, el seguro de responsabilidad civil por daños a terceros en las obras clasificadas en los grupos A y subgrupo B1, según el artículo 139 de este Reglamento. El monto mínimo asegurado no deberá ser menor del diez por ciento del costo total de la obra construida por el tiempo de vigencia de la manifestación de construcción o licencia de construcción especial;

e) Contar en su caso, con el Programa Interno de Protección Civil para obra en construcción, remodelación y demolición;

f) Dar aviso a la Administración de la terminación de la obra ejecutada conforme a este Reglamento.

(ADICIONADO, G.O. 17 DE JUNIO DE 2016)

Artículo 46 Ter.– El Constructor tiene las siguientes obligaciones:

a) Ejecutar la obra conforme al proyecto ejecutivo, registrado en la manifestación de construcción o licencia de construcción especial ante la autoridad competente;

b) Cuando existan diferencias físicas del terreno, condiciones de la colindancia o propiedades distintas del suelo donde se construirá la cimentación con lo indicado en el proyecto registrado, deberá comunicar al Director Responsable de Obra y/o Corresponsable para que determine cuál será el procedimiento a realizar;

c) Atender las instrucciones del Director Responsable de Obra y/o los Corresponsables, en cuanto a las condiciones de seguridad y salud en la obra a efecto de prevenir riesgos laborales cumpliendo con lo establecido en la NOM-031-STPS vigente;

d) Solicitar por escrito los cambios que considere pertinente al proyecto ejecutivo de obra al Director Responsable de Obra y/o Corresponsable, según sea el caso, quienes autorizarán o no dichos cambios, lo cual deberá ser asentado en la bitácora, así como los motivos para ello

e) Contratar laboratorios certificados y/o acreditados por entidades autorizadas para realizar las pruebas que se establezcan en las Normas para garantizar la calidad de los materiales;

f) Colocar un letrero en la obra en un lugar visible y legible desde la vía pública, con el nombre del Director Responsable de Obra, número de registro y en su caso del o de los Corresponsables con su número de registro, el nombre del Constructor y su razón social además del número de registro de manifestación de construcción o de licencia de construcción especial, la vigencia, tipo, uso de la obra y ubicación de la misma;

g) Aplicar, en su caso, el Programa Interno de Protección Civil para obra en construcción, remodelación y demolición;

El constructor será el responsable, en el caso de que existan daños en la obra o a terceros generados por el incumplimiento de los incisos anteriores.

TÍTULO CUARTO
DE LAS MANIFESTACIONES DE CONSTRUCCIÓN Y DE LAS LICENCIAS DE CONSTRUCCIÓN ESPECIAL

CAPÍTULO I
DE LAS MANIFESTACIONES DE CONSTRUCCIÓN

Artículo 47.- Para construir, ampliar, reparar o modificar una obra o instalación de las señaladas en el artículo 51 de este Reglamento, el propietario o poseedor del predio o inmueble, en su caso, el Director Responsable de Obra y los Corresponsables, previo al inicio de los trabajos debe registrar la manifestación de construcción correspondiente, conforme a lo dispuesto en el presente Capítulo.

No procede el registro de manifestación de construcción cuando el predio o inmueble se localice en suelo de conservación.

(REFORMADO PRIMER PÁRRAFO, G.O. 17 DE JUNIO DE 2016)

Artículo 48.- Para registrar la manifestación de construcción de una obra o instalación, se requiere:

(DEROGADO SEGUNDO PÁRRAFO, G.O. 17 DE JUNIO DE 2016)

(ADICIONADO, G.O. 17 DE JUNIO DE 2016)

a) Que el propietario o poseedor, conjuntamente con el Director Responsable de Obra, presenten el formato correspondiente y ante la autoridad competente, la declaración bajo protesta de decir verdad, de cumplir con este Reglamento y demás disposiciones aplicables, anexando los documentos que se señalan para cada modalidad de manifestación de construcción.

(ADICIONADO, G.O. 17 DE JUNIO DE 2016)

b) El pago de los derechos que cause el registro de manifestación de construcción y en su caso, de los aprovechamientos que procedan, los cuales deberán ser cubiertos por el propietario, poseedor o representante legal conforme a la autodeterminación que se realice de acuerdo con las tarifas establecidas por el Código Fiscal del Distrito Federal para cada modalidad de manifestación de construcción.

(REFORMADO, G.O. 17 DE JUNIO DE 2016)

La autoridad competente registrará la manifestación de construcción cuando se cumpla con la entrega de la documentación requerida, anotando los datos indicados en el Carnet del Director Responsable de Obra y los Corresponsables, sin examinar el contenido de los mismos, entregando al interesado la manifestación de construcción registrada y una copia del croquis o los planos y demás documentos técnicos con sello y firma original, pudiendo éste iniciar de forma inmediata la construcción.

(DEROGADO CUARTO PÁRRAFO, G.O. 17 DE JUNIO DE 2016)

(ADICIONADO, G.O. 17 DE JUNIO DE 2016)

En caso de que faltaran algunos de los requisitos, no se registrará dicha manifestación.

Artículo 49.- En el caso de las zonas arboladas que la obra pueda afectar, la Delegación establecerá las condiciones mediante las cuales se llevará a cabo la reposición de los árboles afectados con base en las disposiciones que al efecto expida la Secretaría del Medio Ambiente.

(REFORMADO PRIMER PÁRRAFO, G.O. 17 DE JUNIO DE 2016)

Artículo 50.- Registrada la manifestación de construcción, la autoridad revisará los datos y documentos ingresados y verificará el desarrollo de los trabajos, en los términos establecidos en los artículos 244 y 245 del presente Reglamento.

(ADICIONADO, G.O. 17 DE JUNIO DE 2016)

La Administración notificará al propietario y/o poseedor, al Director Responsable de Obra y/o Corresponsable las observaciones que se generen de la revisión por el incumplimiento de este Reglamento.

(ADICIONADO, G.O. 17 DE JUNIO DE 2016)

Si en un plazo definido por la misma Administración no se solventan las observaciones, se dará vista a la Comisión de Admisión de Directores Responsables de Obra y Corresponsables para su dictaminación.

Artículo 51.- Las modalidades de manifestación de construcción son las siguientes:

I. Manifestación de construcción tipo A:

(REFORMADO PRIMER PÁRRAFO, G.O. 17 DE JUNIO DE 2016)

a) Construcción de no más de una vivienda unifamiliar de hasta 120 m2 construidos, en un predio con frente mínimo de 6 m, dos niveles, altura máxima de 5.5 m y claros libres no mayores de 4m, la cual deben contar con la dotación de servicios y condiciones básicas de habitabilidad, seguridad e higiene que señala este Reglamento, el porcentaje del área libre, el número de cajones de estacionamiento y cumplir en general lo establecido en los Programas de Desarrollo Urbano.

Cuando el predio esté ubicado en zona de riesgo, se requerirá de manifestación de construcción tipo B;

(REFORMADO, G.O. 17 DE JUNIO DE 2016)

b) Ampliación de una vivienda unifamiliar, cuya edificación original cuente con licencia de construcción, registro de obra ejecutada o registro de manifestación de construcción, siempre y cuando no se rebasen: el área total de 120 m2 deconstrucción (sic), incluyendo la ampliación, dos niveles, 5.5 m de altura y claros libres de 4 m;

(REFORMADO, G.O. 17 DE JUNIO DE 2016)

c) Reparación o modificación de una vivienda, así como cambio de techos o entrepisos, siempre que los claros libres no sean mayores de 4 m ni se afecten elementos estructurales;

d) Construcción de bardas con altura máxima de 2.50 m;

e) Apertura de claros de 1.5 m como máximo en construcciones hasta de dos niveles, si no se afectan elementos estructurales y no se cambia total o parcialmente el uso o destino del inmueble, y

(REFORMADO, G.O. 17 DE JUNIO DE 2016)

f) Instalación o construcción de cisternas, fosas sépticas o albañales;

II. Manifestación de construcción tipo B.

(REFORMADO, G.O. 11 DE SEPTIEMBRE DE 2020)

Para usos no habitacionales o mixtos de hasta 5,000 m2 o hasta 10,000 m2 con uso habitacional, salvo lo señalado en la fracción anterior.

(ADICIONADO, G.O. 11 DE SEPTIEMBRE DE 2020)

Se consideran dentro de este tipo los proyectos con uso habitacional de hasta 10,000 metros cuadrados de construcción destinados a la vivienda de interés social, popular o desarrollada en el marco de programas del Gobierno Federal o del Gobierno de la Ciudad de México con comercio o servicios de bajo impacto, siempre que se encuentren en planta baja o semi sótano y no ocupen más del 10% de la construcción; y

III. Manifestación de construcción tipo C.

Para usos no habitacionales o mixtos de más de 5,000 m2 o más de 10,000 m2 con uso habitacional, o construcciones que requieran de dictamen de impacto urbano o impacto urbano-ambiental.

(ADICIONADO, G.O. 11 DE SEPTIEMBRE DE 2020)

Se consideran dentro de este tipo los proyectos con uso habitacional con más de 10,000 metros cuadrados de construcción, destinados a la vivienda de interés social, popular o desarrollada en el marco de programas del Gobierno Federal o del Gobierno de la Ciudad de México con comercio o servicios de bajo impacto, siempre que se encuentren en planta baja o semi sótano y no ocupen más del 10% de la construcción.

Artículo 52.- La manifestación de construcción tipo A se presentará en la Delegación donde se localice la obra en el formato que establezca la Administración suscrita por el propietario o poseedor y debe contar con lo siguiente:

I. Nombre y domicilio del propietario o poseedor, así como la ubicación del predio donde se pretenda construir;

II. Constancia de alineamiento y número oficial vigente, con excepción de los incisos e) y f) de la fracción I del artículo 51 del presente Reglamento;

III. Comprobantes de pago de los derechos respectivos;

IV. Plano o croquis que contenga la ubicación, superficie del predio, metros cuadrados por construir, distribución y dimensiones de los espacios, área libre, y en su caso, número de cajones de estacionamiento;

V. Aviso de intervención registrado por la Secretaría de Desarrollo Urbano y Vivienda, cuando el inmueble se encuentre en área de conservación patrimonial del Distrito Federal, y

(REFORMADA, G.O. 17 DE JUNIO DE 2016)

VI. Autorización emitida por autoridad competente, cuando la obra se realice en inmuebles afectos al patrimonio cultural urbano o que esté ubicada en Áreas de Conservación Patrimonial incluyendo las Zonas de Monumentos declaradas por la Federación, y

VII. Para el caso de construcciones que requieran la instalación de tomas de agua y conexión a la red de drenaje, la solicitud y comprobante del pago de derechos a que se refiere el artículo 128 de este Reglamento.

En el caso previsto en el inciso b) de la fracción I del artículo 51 de este Reglamento, adicionalmente se debe presentar licencia de construcción o el registro de obra ejecutada de la edificación original, o en su caso, el registro de manifestación de construcción, así como indicar en el plano o croquis, la edificación original y el área de ampliación.

El propietario o poseedor se obliga a colocar en la obra, en lugar visible y legible desde la vía pública, un letrero con el número de registro de la manifestación de construcción, datos generales de la obra, ubicación y vigencia de la misma.

Artículo 53.- Para las manifestaciones de construcción tipos B y C, se deben cumplir los siguientes requisitos:

(REFORMADO PRIMER PÁRRAFO, G.O. 17 DE JUNIO DE 2016)

I. Presentar manifestación de construcción ante la Administración a través del formato establecido para ello, suscrita por el propietario, poseedor o representante legal, en la que se señalará el nombre, denominación o razón social del o de los interesados, domicilio para oír y recibir notificaciones; ubicación y superficie del predio de que se trate; nombre, número de registro y domicilio del Director Responsable de Obra y, en su caso, del o de los Corresponsables, acompañada de los siguientes documentos:

a) Comprobantes de pago de los derechos correspondientes y en su caso, de los aprovechamientos;

(REFORMADO, G.O. 17 DE JUNIO DE 2016)

b) Constancia de alineamiento y número oficial vigente y certificado único de zonificación de uso de suelo o certificado único de zonificación del suelo digital o certificado de acreditación de uso del suelo por derechos adquiridos, los cuales deberán ser verificados y firmados por el Director Responsable de Obra y/o Corresponsable en Diseño Urbano y Arquitectónico, en su caso;

(REFORMADO, G.O. 17 DE JUNIO DE 2016)

c) Dos tantos del proyecto arquitectónico de la obra en planos a escala, debidamente acotados y con las especificaciones de los materiales, acabados y equipos a utilizar, en los que se debe incluir, como mínimo: croquis de localización del predio, levantamiento del estado actual, indicando las construcciones y árboles existentes; planta de conjunto, mostrando los límites del predio y la localización y uso de las diferentes partes edificadas y áreas exteriores; plantas arquitectónicas, indicando el uso de los distintos locales y las circulaciones, con el mobiliario fijo que se requiera y EN SU CASO, espacios para estacionamiento DE AUTOMÓVILES Y/O BICICLETAS Y/O MOTOCICLETAS; cortes y fachadas; cortes por fachada, cuando colinden en vía pública y detalles arquitectónicos interiores y de obra exterior.

Estos planos deben acompañarse de la memoria descriptiva de proyecto, la cual contendrá como mínimo: el listado de locales construidos y las áreas libres, superficie y número de ocupantes o usuarios de cada uno; el análisis del cumplimiento de los Programas Delegacional o Parcial, incluyendo coeficientes de ocupación y utilización del suelo; cumpliendo con los requerimientos de este Reglamento, sus Normas Técnicas Complementarias y demás disposiciones referentes a: accesibilidad para personas con discapacidad, cantidad de estacionamientos, estacionamiento y su funcionalidad, patios de iluminación y ventilación, niveles de iluminación y ventilación en cada local, circulaciones horizontales y verticales, salidas y muebles hidrosanitarios, visibilidad en salas de espectáculos, resistencia de los materiales al fuego, circulaciones y salidas de emergencia, equipos de extinción de fuego y otras que se requieran; y en su caso, de las restricciones o afectaciones del predio.

Estos documentos deben estar firmados por el propietario o poseedor, por el proyectista indicando su número de cédula profesional, por el Director Responsable de Obra y el Corresponsable en Diseño Urbano y Arquitectónico, en su caso.

De los dos tantos de planos, uno quedará en poder de la Administración y el otro en poder del propietario o poseedor, quien entregará una copia de los mismos para su uso en la obra.

(REFORMADO, G.O. 17 DE JUNIO DE 2016)

d) Dos tantos de los proyectos de las instalaciones hidráulicas incluyendo el uso de sistemas para calentamiento de agua por medio del aprovechamiento de la energía solar conforme a los artículos 82, 83 y 89 de este Reglamento, sanitarias, eléctricas, gas e instalaciones especiales y otras que se requieran, en los que se debe incluir como mínimo: plantas, cortes e isométricos en su caso, mostrando las trayectorias de tuberías, alimentaciones, así como el diseño y memorias correspondientes, que incluyan la descripción de los dispositivos conforme a los requerimientos establecidos por este Reglamento y sus Normas en cuanto a salidas y muebles hidráulicos y sanitarios, equipos de extinción de fuego, sistema de captación y aprovechamiento de aguas pluviales en azotea y otras que considere el proyecto.

Estos documentos deben estar firmados por el propietario o poseedor, por el proyectista indicando su número de cédula profesional, por el Director Responsable de Obra y el Corresponsable en Instalaciones, en su caso.

De los dos tantos de planos, uno quedará en poder de la Administración y el otro en poder del propietario o poseedor, quien entregará una copia de los mismos para su uso en la obra;

(REFORMADO, G.O. 17 DE JUNIO DE 2016)

e) Dos tantos del proyecto estructural de la obra en planos debidamente acotados, con especificaciones que contengan una descripción completa y detallada de las características de la estructura incluyendo su cimentación. Se especificarán en ellos los datos esenciales del diseño como las cargas vivas y los coeficientes sísmicos considerados y las calidades de materiales. Se indicarán los procedimientos de construcción recomendados, cuando éstos difieran de los tradicionales. Deberán mostrarse en planos los detalles de conexiones, cambios de nivel y aberturas para ductos. En particular, para estructuras de concreto se indicarán mediante dibujos acotados los detalles de colocación y traslapes de refuerzo de las conexiones entre miembros estructurales.

En los planos de estructuras de acero se mostrarán todas las conexiones entre miembros, así como la manera en que deben unirse entre sí los diversos elementos que integran un miembro estructural. Cuando se utilicen remaches o tornillos se indicará su diámetro, número, colocación y calidad, y cuando las conexiones sean soldadas se mostrarán las características completas de la soldadura; éstas se indicarán utilizando una simbología apropiada y, cuando sea necesario, se complementará la descripción con dibujos acotados y a escala.

En el caso de que la estructura esté formada por elementos prefabricados o de patente, los planos estructurales deberán indicar las condiciones que éstos deben cumplir en cuanto a su resistencia y otros requisitos de comportamiento. Deben especificarse los herrajes y dispositivos de anclaje, las tolerancias dimensionales y procedimientos de montaje.

Deberán indicarse, asimismo, los procedimientos de apuntalamiento, erección de elementos prefabricados y conexiones de una estructura nueva con otra existente.

En los planos de fabricación y en los de montaje de estructuras de acero o de concreto prefabricado, se proporcionará la información necesaria para que la estructura se fabrique y monte de manera que se cumplan los requisitos indicados en los planos estructurales.

Los planos deben acompañarse de la memoria de cálculo, en la cual se describirán con el nivel de detalle suficiente para que puedan ser evaluados por un especialista externo al proyecto, debiendo respetarse los contenidos señalados en lo dispuesto en la memoria de cálculo estructural consignada a continuación.

La memoria de cálculo será expedida en papel membretado de la empresa o del proyectista, en donde conste su número de cédula profesional y firma, así como la descripción del proyecto, conteniendo localización, número de niveles subterráneos y uso, conforme a los siguientes rubros:

[N. DE E. VÉASE TABLA EN LA G.O. DE 17 DE JUNIO DE 2016, PÁGINAS DE LA 20 A LA 21.]

Reglamento y especificaciones	Descripción
Cargas muertas	Definición detallada de todas las cargas muertas que se deben considerar en el diseño, tales como: • Peso propio. • Peso de acabados. • Peso de falsos plafones. • Peso de muros divisorios no estructurales. • Peso de fachadas y cancelerías. • Peso de rellenos. • Peso de impermeabilizantes. • Sobrecarga reglamentaria, etc.
Cargas vivas	Definición de las cargas vivas para acciones accidentales, permanentes y para asentamientos, así como las cargas transitorias y aquellas que deban ser consideradas en el diseño de acuerdo con las Normas Técnicas Complementarias sobre Criterios y Acciones para el Diseño de Estructuras de Edificaciones. También se deberá definir el peso de equipos y elementos que deban ser considerados en el análisis y no estén incluidos en la carga viva.
Materiales	Calidad de los materiales: • Concreto: resistencia a la compresión f'c y módulo de elasticidad. • Acero: esfuerzo de fluencia fy. • Mampostería: resistencia de diseño a compresión, f*m, resistencia de diseño a compresión diagonal v*m, módulo de elasticidad Em y módulo de cortante Gm.
Espectro para diseño por sismo	Coeficiente sísmico Ta Tb R
Factor de comportamiento sísmico Q y condiciones de regularidad estructural	Se deberá incluir una explicación de los valores adoptados y la verificación de que se cumplen todos los requisitos especificados en la norma correspondiente.

Reglamento y especificaciones	Descripción
Modelo estructural	Se deberá incluir una descripción de la metodología del modelo empleado así como la forma para modelar los sistemas de piso, muros, etc. Se deberá definir el sistema empleado para el análisis. Se deberá definir detalladamente el modelo de la cimentación empleado. En general, no se podrán considerar apoyos horizontales en ningún nivel de sótanos, salvo en el desplante de la cimentación.
Acciones por sismo	Se deberá describir el procedimiento para obtener los elementos mecánicos por sismo (estático, dinámico modal espectral, vectores de Ritz, etc.).
Combinaciones y factores de carga	Descripción de las condiciones de carga así como de las combinaciones correspondientes.
Excentricidad accidental	Se deberá hacer una descripción de cómo se incorporó la excentricidad accidental en el análisis.
Resultados del análisis	Se deberá incluir la verificación de: • Carga total para cada condición de carga. • Excentricidades a la cimentación. • Cortante basal por sismo y, en su caso, el factor de amplificación. • Desplazamientos obtenidos por sismo y las separaciones de colindancias necesarias. • En su caso, periodos de vibración y participación de cada uno de ellos.
Mecánica de suelos	Se deberá incluir un resumen de las conclusiones y recomendaciones del estudio de mecánica de suelos, esto es: • Tipo de cimentación. • Capacidad de carga. • Profundidad de desplante. • Módulo de reacción. • Asentamientos diferenciales esperados.

Reglamento y especificaciones	Descripción
Diseño de la cimentación	Se deberán definir las expresiones empleadas para el diseño y uno o dos ejemplos de diseño detallado de los elementos que forman la cimentación. Se deberá incluir la revisión de estados límite de servicio (deformaciones, vibraciones, agrietamientos, etc.) y de los estados límite de falla. Procedimiento constructivo de la cimentación y el sistema de protección de colindancias.
Diseño de elementos de la superestructura	Se deberán definir las expresiones empleadas para el diseño y uno o dos ejemplos detallados del diseño de los elementos representativos que forman la superestructura, como columnas, muros, trabes principales, trabes secundarias, losas, etc. Se deberá incluir la revisión de estados límite de servicio (deformaciones, vibraciones, agrietamientos, etc.) y de los estados límite de falla.
Diseño de conexiones	Se deberán definir las expresiones empleadas para el diseño de las conexiones y uno o dos ejemplos detallados de las conexiones representativas.

De los dos tantos de planos, uno quedará en poder de la Administración y el otro en poder del propietario o poseedor; quien entregará una copia de los mismos para su uso en la obra.

Los planos anteriores deberán incluir el proyecto de protección a colindancias y estar firmados por el proyectista indicando su número de cédula profesional, así como por el Director Responsable de Obra y el Corresponsable en Seguridad Estructural, en su caso;

(REFORMADO, G.O. 17 DE JUNIO DE 2016)

f) Estudio de mecánica de suelos del predio de acuerdo con los alcances y lo establecido en las Normas Técnicas Complementarias para Diseño y Construcción de Cimentaciones de este Reglamento, incluyendo los procedimientos constructivos de la excavación, muros de contención y cimentación, así como las recomendaciones de protección a colindancias. El estudio debe estar firmado por el especialista indicando su número de cédula profesional, así como por el Director Responsable de Obra y por el Corresponsable en Seguridad Estructural, en su caso;

(REFORMADO, G.O. 2 DE ABRIL DE 2019)

g) Constancia de "Registro de la Revisión por parte del Corresponsable en Seguridad Estructural del Proyecto Estructural" emitida por el Instituto, cuya revisión deberá realizarse de conformidad con las Normas Técnicas Complementarias para la Revisión de la Seguridad Estructural de las Edificaciones (NTC-RSEE), para el caso de las edificaciones que pertenezcan al Grupo A o Subgrupo B1, según el artículo 139 de este Reglamento o para las edificaciones del Subgrupo B2 que el Instituto así lo solicite.

(ADICIONADO, G.O. 17 DE JUNIO DE 2016)

h) Libro de bitácora de obra foliado, para ser sellado por la Administración, el cual debe conservarse en la obra, realizando su apertura en el sitio con la presencia de los autorizados para usarla, quienes lo firmarán en ese momento;

(ADICIONADO, G.O. 17 DE JUNIO DE 2016)

i) Responsiva del Director Responsable de Obra del proyecto de la obra, así como de los Corresponsables en los supuestos señalados en el artículo 36 de este Reglamento; y

(ADICIONADO, G.O. 17 DE JUNIO DE 2016)

j) Póliza vigente del seguro de responsabilidad civil por daños a terceros en las obras clasificadas en el grupo A y subgrupo B1, según el artículo 139 de este Reglamento, por un monto asegurado no menor del 10% del costo total de la obra construida por el tiempo de vigencia de la Manifestación de Construcción.

(ADICIONADO, G.O. 15 DE DICIEMBRE DE 2017)

k) Aviso ante el Instituto, cuando se trate de trabajos para la rehabilitación sísmica de edificios dañados.

(REFORMADA, G.O. 17 DE JUNIO DE 2016)

II. Para el caso de construcciones que requieran la instalación o modificación de tomas de agua y conexión a la red de drenaje, la solicitud y comprobante del pago de derechos, así como la aprobación de la factibilidad de instalación de medidor de agua potable para las tomas de agua y en su caso, las ramificaciones que involucren la construcción de locales y departamentos a que se refiere el artículo 128 de este Reglamento;

III. Presentar dictamen favorable del estudio de impacto urbano o impacto urbano-ambiental, para los casos señalados en la fracción III del artículo 51 de este Reglamento, y

(REFORMADO PRIMER PÁRRAFO, G.O. 17 DE JUNIO DE 2016)

IV. Presentar acuse de recibo de la Declaratoria Ambiental ante la Secretaría del Medio Ambiente, cuando se trate de proyectos habitacionales de más de 20 viviendas.

Cuando la obra se localice en un predio perteneciente a dos o más Delegaciones, o se trate de vivienda de interés social o popular que forme parte de los programas promovidos por las dependencias y entidades de la Administración, la manifestación de construcción se presentará ante la Secretaría de Desarrollo Urbano y Vivienda.

(REFORMADO, G.O. 17 DE JUNIO DE 2016)

Cuando se trate de Áreas de Conservación Patrimonial de la Ciudad de México, o Zonas de monumentos declaradas por la Federación, se requerirá el dictamen técnico favorable de la Secretaría de Desarrollo Urbano y Vivienda cuando corresponda, así como el visto bueno del Instituto Nacional de Bellas Artes y/o la licencia del Instituto Nacional de Antropología e Historia, y la responsiva de un Corresponsable en Diseño Urbano y Arquitectónico.

(REFORMADO, G.O. 17 DE JUNIO DE 2016)

En el caso de ampliaciones, modificaciones o reparaciones en edificaciones existentes, se debe presentar cualquiera de los siguientes documentos de la obra original: licencia de construcción, licencia de construcción especial en zona de conservación, registro de manifestación de construcción, registro de obra ejecutada o planos arquitectónicos y/o estructurales donde se establezca que se obtuvo la correspondiente autorización, así como indicar en planos la edificación original y el área donde se realizarán estos trabajos. Se exceptúan de este supuesto los inmuebles declarados monumentos históricos y/o artísticos a que se refiere la Ley Federal sobre Monumentos y Zonas Arqueológicos, Artísticos e Históricos, así como los inmuebles afectos al patrimonio cultural urbano indicados en los Programas de Desarrollo Urbano, acreditando lo anterior a través de dictamen, ficha técnica u oficio emitido por el área competente de la Secretaría de Desarrollo Urbano y Vivienda, del Instituto Nacional de Antropología e Historia o del Instituto Nacional de Bellas Artes.

(ADICIONADO, G.O. 17 DE JUNIO DE 2016)

El servidor público no podrá solicitar documentos adicionales que no estén contemplados en este Reglamento, ni en el Manual de Trámites y Servicios al Público.

Artículo 54.- El tiempo de vigencia del registro de manifestación de construcción será:

I. Para las obras previstas en los incisos a) y b) de la fracción I del artículo 51 de este Reglamento; un año prorrogable;

II. Para las obras previstas en los incisos c), d), e) y f) de la fracción I del artículo 51 de este Reglamento, un año prorrogable, y

III. Para las obras previstas en las fracciones II y III del artículo 51 de este Reglamento:

a) Un año, para la edificación de obras con superficie hasta de 300 m2;

b) Dos años, para la edificación de obras con superficie mayor a 300 m2 y hasta 1,000 m2, y

c) Tres años, para la edificación de obras con superficie de más de 1,000 m2.

(ADICIONADO, G.O. 17 DE JUNIO DE 2016)

Por cada manifestación de construcción podrán otorgarse hasta dos prórrogas para las fracciones señaladas anteriormente.

(REFORMADO, G.O. 17 DE JUNIO DE 2016)

El propietario o poseedor debe informar a la Administración de la conclusión de los trabajos, dentro de los 15 días siguientes como se indica en el artículo 65 de este Reglamento.

(ADICIONADO, G.O. 11 DE SEPTIEMBRE DE 2020)

En el caso de proyectos destinados a la vivienda de interés social, popular o desarrollada en el marco de programas del Gobierno Federal o del Gobierno de la Ciudad de México, el registro de manifestación de construcción tendrá la vigencia que dure la obra, siempre y cuando no se modifique el proyecto ejecutivo por el que se haya otorgado.

CAPÍTULO II
DE LAS LICENCIAS DE CONSTRUCCIÓN ESPECIAL

(REFORMADO PRIMER PÁRRAFO, G.O. 17 DE JUNIO DE 2016)

Artículo 55.- La licencia de construcción especial es el documento que expide la Administración para poder construir, ampliar, modificar, reparar, instalar, demoler, desmantelar una obra o instalación, colocar tapial, excavar cuando no sea parte del proceso de construcción de un edificio, así como para realizar estas actividades en suelo de conservación.

(ADICIONADO, G.O. 17 DE JUNIO DE 2016)

La licencia de construcción especial y una copia de los planos sellados se entregarán al propietario o poseedor, o al representante legal, quien entregará una copia de los mismos para su uso en la obra.

(REFORMADO PRIMER PÁRRAFO, G.O. 17 DE JUNIO DE 2016)

Artículo 56.- Los derechos que causen las licencias de construcción especial serán cubiertos conforme al Código Fiscal del Distrito Federal, los cuales se auto determinarán por los interesados.

(DEROGADO SEGUNDO PÁRRAFO, G.O. 17 DE JUNIO DE 2016)

(REFORMADO, G.O. 17 DE JUNIO DE 2016)

En el caso de las zonas arboladas que la obra pueda afectar, la Administración establecerá las condiciones mediante las cuales se llevará a cabo la reposición de los árboles afectados con base en las disposiciones que al efecto expida la Secretaría del Medio Ambiente.

Artículo 57.- Las modalidades de licencias de construcción especial que se regulan en el presente Reglamento son las siguientes:

I. Edificaciones en suelo de conservación;

(REFORMADA, G.O. 17 DE JUNIO DE 2016)

II. Instalaciones subterráneas, aéreas y sobre superficie en la vía pública;

III. Estaciones repetidoras de comunicación celular o inalámbrica;

IV. Demoliciones;
V. Excavaciones o cortes cuya profundidad sea mayor de un metro;
VI. Tapiales que invadan la acera en una medida superior a 0.5 m;

(REFORMADA, G.O. 17 DE JUNIO DE 2016)

VII. Obras o instalaciones temporales en propiedad privada y de la vía pública para ferias, aparatos mecánicos, circos, carpas, graderías desmontables y otros similares; e

(REFORMADA, G.O. 17 DE JUNIO DE 2016)

VIII. Instalaciones o modificaciones en edificaciones existentes, de ascensores para personas, montacargas, escaleras mecánicas o cualquier otro mecanismo de transporte electro-mecánico, equipos contra incendio y tanques de almacenamiento y/o instalación de maquinaria, con o sin plataformas.

(ADICIONADO, G.O. 17 DE JUNIO DE 2016)

La licencia de construcción especial señalada en la fracción V, no será exigida cuando la excavación constituya una etapa de la edificación contenida en el registro de manifestación de construcción tipo B o C.

Artículo 58.- Para obtener la licencia de construcción especial, se deben cumplir con los siguientes requisitos:
I. Cuando se trate de edificaciones en suelo de conservación, entregar:

(REFORMADO, G.O. 17 DE JUNIO DE 2016)

a) Solicitud ante la Administración en donde se localice la obra, en el formato que se establezca, suscrita por el propietario, poseedor o representante legal, en la que se señale el nombre, denominación o razón social del o de los interesados, domicilio para oír y recibir notificaciones; ubicación y superficie del predio de que se trate; nombre, número de registro y domicilio del Director Responsable de Obra y, en su caso, del o de los Corresponsables;

(REFORMADO, G.O. 17 DE JUNIO DE 2016)

b) Comprobante de pago de derechos;
c) Constancia de alineamiento y número oficial vigente y certificado único de zonificación de uso de suelo o certificado único de zonificación del suelo digital o certificado de acreditación de uso del suelo por derechos adquiridos,

los cuales deberán ser verificados y firmados por el Director Responsable de Obra y/o Corresponsable en Diseño Urbano y Arquitectónico, en su caso;

(REFORMADO, G.O. 17 DE JUNIO DE 2016)

d) Proyecto alternativo de captación y aprovechamiento de aguas pluviales y de tratamiento de aguas residuales aprobados por el Sistema de Aguas de la Ciudad de México;

(REFORMADO, G.O. 17 DE JUNIO DE 2016)

e) Dos tantos del proyecto arquitectónico de la obra en planos a escala, debidamente acotados y con las especificaciones de los materiales, acabados y equipos a utilizar, en los que se debe incluir, como mínimo: croquis de localización del predio, levantamiento del estado actual, indicando las construcciones y árboles existentes; planta de conjunto, mostrando los límites del predio y la localización y uso de las diferentes partes edificadas y áreas exteriores; plantas arquitectónicas, indicando el uso de los distintos locales y las circulaciones, con el mobiliario fijo que se requiera; cortes y fachadas; cortes por fachada, cuando colinden en vía pública y detalles arquitectónicos interiores y de obra exterior.

Estos planos deben acompañarse de la memoria descriptiva de proyecto, la cual contendrá como mínimo: el listado de locales construidos y las áreas libres, superficie y número de ocupantes o usuarios de cada uno; el análisis del cumplimiento de los Programas Delegacional o Parcial, incluyendo coeficientes de ocupación y utilización del suelo; cumpliendo con los requerimientos de este Reglamento, sus Normas Técnicas Complementarias y demás disposiciones referentes a: accesibilidad para personas con discapacidad, cantidad de estacionamientos, estacionamiento y su funcionalidad, patios de iluminación y ventilación, niveles de iluminación y ventilación en cada local, circulaciones horizontales y verticales, salidas y muebles hidrosanitarios, visibilidad en salas de espectáculos, resistencia de los materiales al fuego, circulaciones y salidas de emergencia, equipos de extinción de fuego y otras que se requieran; y en su caso, de las restricciones o afectaciones del predio.

Estos documentos deben estar firmados por el propietario o poseedor, por el proyectista indicando su número de cédula profesional, por el Director Responsable de Obra y el Corresponsable en Diseño Urbano y Arquitectónico, en su caso.

De los dos tantos de planos, uno quedará en poder de la Administración y el otro en poder del propietario o poseedor, quien entregará una copia de los mismos para su uso en la obra;

(REFORMADO, G.O. 17 DE JUNIO DE 2016)

f) Dos tantos de los proyectos de las instalaciones hidráulicas incluyendo el uso de sistemas para calentamiento de agua por medio del aprovechamiento de la energía solar, conforme a los artículos 82, 83 y 89 de este Reglamento, sanitarias, eléctricas, de gas e instalaciones especiales y otras que se requieran, en los que se debe incluir como mínimo: plantas, cortes e isométricos en su caso, mostrando las trayectorias de tuberías, alimentaciones, así como el diseño y memorias correspondientes; incluyendo la descripción de los dispositivos que cumplan con los requerimientos establecidos por este Reglamento y sus Normas en cuanto a salidas y muebles hidráulicos y sanitarios, equipos de extinción de fuego, sistema de captación y aprovechamiento de aguas pluviales en azotea y otras que considere el proyecto.

Estos documentos deben estar firmados por el propietario o poseedor, por el proyectista indicando su número de cédula profesional, por el Director Responsable de Obra y el Corresponsable en Instalaciones, en su caso.

De los dos tantos de planos, uno quedará en poder de la Administración y el otro en poder del propietario o poseedor, quien entregará una copia de los mismos para su uso en la obra;

(REFORMADO, G.O. 17 DE JUNIO DE 2016)

g) Dos tantos del proyecto estructural de la obra en planos debidamente acotados, con especificaciones que contengan una descripción completa y detallada de las características de la estructura incluyendo su cimentación. Se especificarán en ellos los datos esenciales del diseño como las cargas vivas y los coeficientes sísmicos considerados y las calidades de materiales. Se indicarán los procedimientos de construcción recomendados, cuando éstos difieran de los tradicionales. Deberán mostrarse en planos los detalles de conexiones, cambios de nivel y aberturas para ductos. En particular, para estructuras de concreto se indicarán mediante dibujos acotados los detalles de colocación y traslapes de refuerzo de las conexiones entre miembros estructurales.

En los planos de estructuras de acero se mostrarán todas las conexiones entre miembros, así como la manera en que deben unirse entre sí los diversos elementos que integran un miembro estructural. Cuando se utilicen remaches o tornillos se indicará su diámetro, número, colocación y calidad, y cuando las conexiones sean soldadas se mostrarán las características completas de la soldadura; éstas se indicarán utilizando una simbología apropiada y, cuando sea necesario, se complementará la descripción con dibujos acotados y a escala.

En el caso de que la estructura esté formada por elementos prefabricados o de patente, los planos estructurales deberán indicar las condiciones que éstos deben cumplir en cuanto a su resistencia y otros requisitos de comportamiento. Deberán especificarse los herrajes y dispositivos de anclaje, las tolerancias dimensionales y procedimientos de montaje.

Deberán indicarse, asimismo, los procedimientos de apuntalamiento, erección de elementos prefabricados y conexiones de una estructura nueva con otra existente.

En los planos de fabricación y en los de montaje de estructuras de acero o de concreto prefabricado, se proporcionará la información necesaria para que la estructura se fabrique y monte de manera que se cumplan los requisitos indicados en los planos estructurales.

(REFORMADO, G.O. 15 DE DICIEMBRE DE 2017)

Los planos y la memoria de cálculo deben presentarse con el nivel de detalle suficiente para que puedan ser revisados de conformidad con los requisitos, alcances y procedimientos establecidos en las Normas Técnicas Complementarias para la Revisión de la Seguridad Estructural de las Edificaciones. Se deben (sic) respetar lo dispuesto en la memoria estructural consignada en el artículo 53 fracción I, inciso e) de este Reglamento.

De los dos tantos de planos, uno quedará en poder de la Administración y el otro en poder del propietario o poseedor, quien entregará una copia de los mismos para su uso en la obra.

Los planos anteriores, deberán incluir el proyecto de protección a colindancias y estar firmados por el proyectista indicando su número de cédula profesional, así como por el Director Responsable de Obra y el Corresponsable en Seguridad Estructural, en su caso;

(REFORMADO, G.O. 17 DE JUNIO DE 2016)

h) Estudio de mecánica de suelos del predio de acuerdo con los alcances y lo establecido en las Normas Técnicas Complementarias para Diseño y Construcción de Cimentaciones de este Reglamento, incluyendo los procedimientos constructivos de la excavación, muros de contención y cimentación, así como las recomendaciones de protección a colindancias. El estudio debe estar firmado por el especialista indicando su número de cédula profesional, así como por el Director Responsable de Obra y por el Corresponsable en Seguridad Estructural, en su caso;

(REFORMADO, G.O. 2 DE ABRIL DE 2019)

i) Constancia de "Registro de la Revisión por parte del Corresponsable en Seguridad Estructural del Proyecto Estructural" emitida por el Instituto, cuya revisión deberá realizarse de conformidad con las Normas Técnicas Complementarias para la Revisión de la Seguridad Estructural de las Edificaciones (NTC-RSEE), para el caso de las edificaciones que pertenezcan al Grupo A o Subgrupo B1, según el artículo 139 de este Reglamento o para las edificaciones del Subgrupo B2 que el Instituto así lo solicite.

(ADICIONADO, G.O. 17 DE JUNIO DE 2016)

j) Libro de bitácora de obra foliado, para ser sellado por la Administración correspondiente, el cual debe conservarse en la obra, realizando su apertura en el sitio con la presencia de los autorizados para usarla, quienes lo firmaran en ese momento;

(ADICIONADO, G.O. 17 DE JUNIO DE 2016)

k) Responsiva del Director Responsable de Obra del proyecto de la obra, así como de los Corresponsables en los supuestos señalados en el artículo 36 de este Reglamento;

(ADICIONADO, G.O. 17 DE JUNIO DE 2016)

l) Dictamen favorable del estudio de impacto ambiental, en su caso;

(ADICIONADO, G.O. 17 DE JUNIO DE 2016)

m) Póliza vigente del seguro de responsabilidad civil por daños a terceros en las obras clasificadas en el Grupo A y Subgrupo B1, según el artículo 139 de este Reglamento. Por un monto asegurado no menor del 10% del costo total de la obra construida por el tiempo de vigencia de la licencia de construcción especial; y

(ADICIONADO, G.O. 17 DE JUNIO DE 2016)

n) Dictamen técnico favorable de la Secretaría de Desarrollo Urbano y Vivienda cuando se trate de Áreas de Conservación Patrimonial y/o inmuebles afectos al patrimonio cultural urbano o sus colindantes; y/o visto bueno del Instituto Nacional de Bellas Artes y/o la licencia del Instituto Nacional de Antropología e Historia para el caso de un monumento histórico, artístico o arqueológico, según sea su ámbito de competencia de acuerdo con lo establecido en la Ley Federal en la materia;

(ADICIONADO, G.O. 15 DE DICIEMBRE DE 2017)

o) Aviso ante el Instituto, cuando se trate de trabajos para la rehabilitación sísmica de edificios dañados.

(REFORMADO PRIMER PÁRRAFO, G.O. 17 DE JUNIO DE 2016)

II. Cuando se trate de instalaciones subterráneas, aéreas o sobre superficie, de demolición del pavimento o cortes en las banquetas y guarniciones en la vía pública, se deberá entregar:

(REFORMADO, G.O. 17 DE JUNIO DE 2016)

a) Solicitud ante la Administración en el formato que establezca la misma, suscrita por el interesado, en la que se señale el nombre, denominación o razón social y, en su caso, del representante legal; domicilio para oír y recibir notificaciones; ubicación y características principales de la instalación de que se trate; nombre, número de registro, firma y domicilio del Director Responsable de Obra y de los Corresponsables;

(REFORMADO, G.O. 17 DE JUNIO DE 2016)

b) Comprobante de pago de derechos y, en su caso, de los aprovechamientos;

(REFORMADO, G.O. 17 DE JUNIO DE 2016)

c) Cinco tantos de los planos arquitectónicos, estructurales y de instalaciones, así como las memorias de cálculo respectivas, signados por el Director Responsable de Obra y del Corresponsable en Instalaciones, cuando se trate de obras para la conducción de fluidos eléctricos, gas natural, petroquímicos y petrolíferos. El proyecto deberá ser formulado de conformidad con las Normas y demás disposiciones aplicables en la materia y autorizado por la Secretaría de Obras y Servicios;

d) Versión en archivo electrónico de los planos indicados en el inciso anterior;

e) Memoria descriptiva y de instalaciones signadas por el Director Responsable de Obra y del Corresponsable en Instalaciones, de conformidad con lo dispuesto en el inciso c) anterior;

f) Visto bueno de las áreas involucradas de la Administración Pública Federal y/o local, de conformidad con las disposiciones aplicables;

(REFORMADO, G.O. 17 DE JUNIO DE 2016)

g) Libro de bitácora de obra foliado para ser sellado por la Administración correspondiente, el cual debe conservarse en la obra, realizando su apertura en el sitio con la presencia de los autorizados para usarla, quienes lo firmarán en ese momento; y

(REFORMADO PRIMER PÁRRAFO, G.O. 17 DE JUNIO DE 2016)

h) Responsiva del Director Responsable de Obra y el Corresponsable en Instalaciones, quienes deberán entregar periódicamente los informes técnicos detallados de la obra a la Secretaría de Obras y Servicios, los cuales consignarán las medidas preventivas en su caso, que garanticen la seguridad y la movilidad urbana.

(REFORMADO, G.O. 17 DE JUNIO DE 2016)

Cuando se trate de Áreas de Conservación Patrimonial y/o inmuebles afectos al patrimonio cultural urbano, se deberá contar con la aprobación de la Secretaría de Desarrollo Urbano y Vivienda; cuando sea competencia de la Federación de acuerdo con lo indicado en la Ley Federal sobre Monumentos y Zonas Arqueológicos, Artísticos e Históricos, deberá contar con el visto bueno del Instituto Nacional de Bellas Artes y/o la licencia del Instituto Nacional de Antropología e Historia, según sea su ámbito de competencia.

(REFORMADO, G.O. 17 DE JUNIO DE 2016)

De los cinco tantos de planos y el archivo electrónico de los mismos, uno quedará en poder de la Administración, otro será para el interesado, el tercero para el Director Responsable de Obra, el cuarto tanto deberá conservarse en la obra y el quinto junto con el archivo electrónico quedará en poder de la Dirección General de Obras Públicas, de la Secretaría de Obras y Servicios;

III. Cuando se trate de estaciones repetidoras de comunicación celular y/o inalámbrica, se debe entregar:

(REFORMADO, G.O. 17 DE JUNIO DE 2016)

a) Solicitud ante la Administración en el formato que establezca la misma, suscrita por el interesado, en la que se señale el nombre, denominación o razón social y en su caso, del representante legal; domicilio para oír y recibir notificaciones; ubicación y características principales de la obra y/o instalación de que se trate; nombre, número de registro, firma y domicilio del Director Responsable de Obra y de los Corresponsables;

b) Comprobantes de pago de derechos;

(REFORMADO, G.O. 17 DE JUNIO DE 2016)

c) Constancia de alineamiento y número oficial vigente y certificado único de zonificación de uso de suelo o certificado único de zonificación del suelo digital o certificado de zonificación de usos del suelo específico o certificado de acreditación de uso del suelo por derechos adquiridos;

d) Cinco tantos de los planos arquitectónicos, estructurales, de instalaciones, los cálculos y memorias descriptivas, signados por el Director Responsable de Obra y el o los Corresponsables en su caso. El proyecto debe ser formulado de conformidad con las Normas y demás disposiciones aplicables en la materia;

e) Versión en archivo electrónico de los planos indicados en el inciso anterior;

(REFORMADO, G.O. 17 DE JUNIO DE 2016)

f) Libro de bitácora de obra foliado para ser sellado por la Administración correspondiente, el cual debe conservarse en la obra, realizando su apertura en el sitio con la presencia de los autorizados para usarla, quienes lo firmaran en ese momento;

g) Responsiva del Director Responsable de Obra y el o los Corresponsables, en su caso, y

h) Dictámenes de la Secretaría de Desarrollo Urbano y Vivienda y de las demás dependencias, órganos o entidades de la Administración Pública Federal y/o local que señalen las disposiciones en la materia.

(REFORMADO, G.O. 17 DE JUNIO DE 2016)

Cuando se trate de Áreas de Conservación Patrimonial y/o inmuebles afectos al patrimonio cultural urbano, se deberá contar con la aprobación de la Secretaría de Desarrollo Urbano y Vivienda; cuando sea competencia de la Federación de acuerdo con lo indicado en la Ley Federal sobre Monumentos y Zonas Arqueológicos, Artísticos e Históricos, deberá contar con el visto bueno del Instituto Nacional de Bellas Artes y/o la licencia del Instituto Nacional de Antropología e Historia, según sea su ámbito de competencia.

(REFORMADO, G.O. 17 DE JUNIO DE 2016)

De los cinco tantos de planos, uno quedará en poder de la Administración, otro será para el interesado, el tercero para el Director Responsable de Obra, el cuarto tanto debe conservarse en la obra y el quinto, junto con el archivo electrónico, quedará en poder de la Secretaría de Desarrollo Urbano y Vivienda;

IV. Cuando se trate de demoliciones, salvo en el caso señalado en la fracción VI del artículo 62, se debe entregar:

(REFORMADO, G.O. 17 DE JUNIO DE 2016)

a) Solicitud ante la Administración en el formato que establezca la misma, suscrita por el interesado, en la que se señale el nombre, denominación o razón social y en su caso, del representante legal; domicilio para oír y recibir notificaciones; ubicación y características principales de la obra y/o instalación de que se trate; nombre, número de registro, firma y domicilio del Director Responsable de Obra y de los Corresponsables;

b) Acreditar la propiedad del inmueble;

c) Comprobantes de pago de derechos;

d) Constancia de alineamiento y número oficial vigente;

(REFORMADO, G.O. 17 DE JUNIO DE 2016)

e) Libro de bitácora de obra foliado para ser sellado por la Administración correspondiente, el cual debe conservarse en la obra, realizando su apertura en el sitio con la presencia de los autorizados para usarla, quienes lo firmaran en ese momento;

f) Responsiva del Director Responsable de Obra y de los Corresponsables, en su caso;

g) Memoria descriptiva del procedimiento que se vaya a emplear y la indicación del sitio de disposición donde se va a depositar el material producto de la demolición, documentos que deberán estar firmados por el Director Responsable de Obra y el Corresponsable en Seguridad Estructural, en su caso;

h) Medidas de protección a colindancias, y

i) En su caso, el programa a que se refiere el artículo 236 y lo establecido en el artículo 238 de este Reglamento.

Se deberá cumplir con lo establecido en la Ley de Residuos Sólidos del Distrito Federal y las Normas Ambientales aplicables.

(REFORMADO, G.O. 17 DE JUNIO DE 2016)

Cuando se trate de demoler inmuebles en Áreas de Conservación Patrimonial y/o inmuebles afectos al patrimonio cultural urbano, se deberá contar con la aprobación de la Secretaría de Desarrollo Urbano y Vivienda; cuando sea competencia de la Federación de acuerdo a lo indicado en la Ley Federal sobre Monumentos y Zonas Arqueológicos, Artísticos e Históricos, deberá contar con el visto bueno del Instituto Nacional de Bellas Artes y/o la licencia del Instituto Nacional de Antropología e Historia según sea su ámbito de competencia;

V. Cuando se trate de las licencias de construcción especial señaladas en las fracciones V, VI, VII y VIII del artículo 57 de este Reglamento, se debe entregar:

(REFORMADO, G.O. 17 DE JUNIO DE 2016)

a) Solicitud ante la Administración en el formato que establezca la misma, suscrita por el interesado, en la que se señale el nombre, denominación o razón social y en su caso, del representante legal; domicilio para oír y recibir notificaciones; ubicación y características principales de la obra y/o instalación de que se trate; nombre, número de registro, firma y domicilio del Director Responsable de Obra y delos (sic) Corresponsables;

b) Comprobantes de pago de derechos, y

c) Responsiva del Director Responsable de Obra y los Corresponsables, en su caso.

(REFORMADO, G.O. 17 DE JUNIO DE 2016)

Para instalaciones o modificaciones en edificaciones existentes, de ascensores para personas, montacargas, escaleras mecánicas o cualquier otro mecanismo de transporte electromecánico, la solicitud de licencia de construcción especial se debe acompañar con los datos referentes a la ubicación del edificio y el tipo de servicios a que se destinará, así como dos juegos completos de planos, especificaciones y bitácora proporcionados por la empresa que fabrique el aparato, y de una memoria donde se detallen los cálculos que hayan sido necesarios. De los dos tantos de planos, uno quedará en poder de la Administración y el otro en poder del propietario o poseedor, quien entregará una copia de los mismos para su uso en la obra.

Artículo 59.- La licencia de construcción especial, debe expedirse en un plazo máximo de 24 horas contadas a partir del día hábil siguiente a la recepción de la solicitud, con excepción de las que se refieran a la construcción, reparación o mantenimiento de instalaciones subterráneas o aéreas; a las construcciones que se pretendan ejecutar en suelo de conservación o aquéllas que de acuerdo con las disposiciones aplicables en la materia requieran de la opinión de una o varias dependencias, órganos o entidades de la Administración Pública Federal o local. En estos casos, el plazo será de 30 días hábiles contados a partir de la fecha de recepción de la solicitud.

(REFORMADO, G.O. 17 DE JUNIO DE 2016)

Una vez que el propietario o poseedor haya cumplido con los requisitos establecidos en el formato que corresponda, la Administración debe expedir la licencia de construcción especial, sin revisar el proyecto, anotando los datos correspondientes en el carnet del Director Responsable de Obra y/o Corresponsables, en su caso.

Transcurridos los plazos señalados en este artículo, sin haber resolución de la autoridad, se entenderá otorgada la licencia de construcción especial, procediendo la afirmativa ficta, salvo que se trate de construcciones que se pretendan ejecutar en suelo de conservación o aquellas relativas a instalaciones subterráneas o aéreas, en cuyo caso se entenderá negada la licencia.

(REFORMADO, G.O. 17 DE JUNIO DE 2016)

Expedida la licencia de construcción especial, la Administración podrá revisar el expediente y realizar visitas de verificación cuando lo considere conveniente, la Agencia dará seguimiento de cualquier obra en la vía pública, únicamente para el efecto de detectar que no se altere la prestación de los servicios públicos urbanos, la movilidad y la funcionalidad de la misma.

El Director Responsable de Obra, es responsable de que el proyecto de la obra o instalación y los requisitos constructivos cumplan con lo establecido en este Reglamento y demás disposiciones aplicables en la materia.

Artículo 60.- El tiempo de vigencia de la licencia de construcción especial, será como sigue:

I. Hasta por tres meses, para las obras previstas en las fracciones II, III, V, VI, VII y VIII del artículo 57 de este Reglamento, y

II. Hasta por un año, en el caso de las fracciones I y IV del artículo 57 de este Reglamento.

(ADICIONADO, G.O. 17 DE JUNIO DE 2016)

Para el caso de obras que se efectúen en vía pública y con el fin de evitar la alteración de la funcionalidad y movilidad urbana se consultará a la Agencia el inicio y término de la licencia de construcción especial a otorgar.

(ADICIONADO, G.O. 17 DE JUNIO DE 2016)

En ningún caso el plazo para realizar obras en la vía pública, podrá exceder del máximo de tiempo que se establezca en este Reglamento para el tipo de licencia o autorización que se haya otorgado.

(ADICIONADO, G.O. 17 DE JUNIO DE 2016)

Los plazos anteriores surtirán sus efectos a partir de la notificación de la misma.

CAPÍTULO III
DE LAS DISPOSICIONES COMPLEMENTARIAS SOBRE MANIFESTACIONES DE CONSTRUCCIÓN Y LICENCIAS DE CONSTRUCCIÓN ESPECIAL

(REFORMADO PRIMER PÁRRAFO, G.O. 17 DE JUNIO DE 2016)

Artículo 61.- Para ejecutar obras, instalaciones públicas o privadas en la vía pública o en predios de propiedad pública o privada, es necesario registrar la manifestación de construcción u obtener la licencia de construcción especial; estar programada ante la Agencia, salvo en los casos a que se refieren los artículos 62 y 63 de este Reglamento.

(ADICIONADO, G.O. 17 DE JUNIO DE 2016)

Quedan exentas las reparaciones en vía pública de banquetas, guarniciones y brocales que sean afectadas por obras realizadas con autorización de manifestación y licencia de construcción especial, de conformidad con el artículo 191 de este Reglamento.

Artículo 62.- No se requiere manifestación de construcción ni licencia de construcción especial, para efectuar las siguientes obras:

(REFORMADA, G.O. 10 DE DICIEMBRE DE 2021)

I. En el caso de las edificaciones derivadas del "Programa de Mejoramiento en Lote Familiar para la Construcción de Vivienda de Interés Social y Popular" y programas de vivienda con características semejantes promovidos por el Gobierno de la Ciudad de México a través del Instituto de Vivienda de la Ciudad de México, o bien, derivadas de Programas del Instituto del Fondo Nacional de la Vivienda para los Trabajadores (INFONAVIT) o del Fondo de la Vivienda del Instituto de Seguridad y Servicios Sociales de los Trabajadores del Estado (FOVISSSTE), que permitan al acreditado por sí o a través de un tercero, construir, terminar su construcción, ampliar o remodelar su vivienda, mediante el otorgamiento de créditos en sus distintas modalidades, para la construcción de vivienda de interés social o popular, misma que deberá contar con la dotación de servicios y condiciones básicas de habitabilidad que señalan este Reglamento y sus Normas, respetando el número de niveles, los coeficientes de utilización y de ocupación del suelo y en general lo establecido en los Programas de Desarrollo Urbano;

II. Reposición y reparación de los acabados de la construcción, así como reparación y ejecución de instalaciones, siempre que no afecten los elementos estructurales y no modifiquen las instalaciones de la misma;

III. Divisiones interiores en pisos de oficinas o comercios cuando su peso se haya considerado en el diseño estructural;

(REFORMADA, G.O. 17 DE JUNIO DE 2016)

IV. Impermeabilización y reparación de azoteas, sin afectar elementos estructurales;

V. Obras urgentes para prevención de accidentes, a reserva de dar aviso a la Delegación y a la Agencia, cuando se trate de obras en vía pública, dentro de un plazo máximo de tres días hábiles contados a partir del inicio de las obras.

(REFORMADA, G.O. 17 DE JUNIO DE 2016)

VI. Demolición de hasta de 60 m2 en una edificación de un solo piso, sin afectar la estabilidad del resto de la construcción. Esta excepción no operará cuando se trate de los inmuebles a que se refiere la Ley Federal sobre Monumentos y Zonas Arqueológicos, Artísticos e Históricos, o que se ubiquen en

Área de Conservación Patrimonial de la Ciudad de México o afecto al patrimonio cultural urbano indicado en los Programas de Desarrollo Urbano del Distrito Federal.

VII. Construcciones provisionales para uso de oficinas, bodegas o vigilancia de predios durante la edificación de una obra y de los servicios sanitarios correspondientes;

(REFORMADA, G.O. 10 DE DICIEMBRE DE 2021)

VIII. La obra pública que realice la Administración o el Gobierno Federal, ya sea directamente o a través de terceros; la cual deberá cumplir con los requisitos técnicos que establece el Reglamento de la Ley de Obras Públicas del Distrito Federal, este Reglamento, sus Normas y demás instrumentos jurídico-administrativos en materia de prestación de servicios públicos urbanos, en materia de movilidad y funcionalidad de la vía pública.

IX. En pozos de exploración para estudios varios y obras de jardinería;

X. Tapiales que invadan la acera en una medida menor de 0.5 m, y

XI. Obras similares a las anteriores cuando no afecten elementos estructurales.

(ADICIONADA, G.O. 22 DE ABRIL DE 2022)

XII. Las obras generadas de los programas del Gobierno Central de la Ciudad de México tendientes al mejoramiento de los barrios, colonias, pueblos y unidades habitacionales con bajo desarrollo social y alta marginalidad en la Ciudad de México.

Artículo 63.- No procede el registro de manifestación de construcción ni la expedición de la licencia de construcción especial respecto de lotes o fracciones de terrenos que hayan resultado de la fusión, subdivisión o relotificación de predios, efectuados sin autorización de la Administración.

(REFORMADO, G.O. 17 DE JUNIO DE 2016)

La Administración no registrará la manifestación de construcción o expedirá licencia de construcción especial en predios con dimensiones menores de 90 m2 de superficie o seis metros de frente.

(REFORMADO, G.O. 17 DE JUNIO DE 2016)

No obstante lo dispuesto en el párrafo anterior, la Administración registrará la manifestación de construcción o expedirá licencia de construcción especial en fracciones remanentes de predios afectados por obras públicas cuya superficie sea al menos de 30 m2, en los que tengan forma rectangular o trapezoidal, y de 45 m2 en los de forma triangular, siempre que unos y otros tengan un frente a la vía pública no menor de seis metros, con excepción de los previamente regularizados por la Dirección General de Regularización Territorial o por la Comisión para la Regularización de la Tenencia de la Tierra, y se respeten los usos permitidos, cumpliendo para tal efecto con todas las disposiciones establecidas en el presente Reglamento y en la normatividad aplicable.

Tratándose de predios ya existentes con superficie menor a 90 m2 que no sean fracciones remanentes de afectaciones por obras públicas, se aplicará lo que establezcan los Programas indicados en la Ley.

(REFORMADO PRIMER PÁRRAFO, G.O. 27 DE JULIO DE 2021)

Artículo 64.- Dentro de los 15 días hábiles anteriores al vencimiento de la vigencia del registro de manifestación de construcción, el propietario o poseedor, en caso necesario, podrá presentar ante la Administración en el formato que la misma establezca, el Aviso de Revalidación, conforme a lo señalado en el artículo 35 de la Ley de Procedimiento Administrativo de la Ciudad de México, en el que se señalen los datos siguientes:

(REFORMADA, G.O. 17 DE JUNIO DE 2016)

I. Nombre, denominación o razón social del propietario o poseedor o representante legal;

II. Domicilio para oír y recibir notificaciones;

III. Ubicación de la construcción, y

IV. Número, fecha de registro y vencimiento de la manifestación de construcción.

(REFORMADO, G.O. 27 DE JULIO DE 2021)

Cuando se trate de licencia de construcción especial, el propietario o poseedor o representante legal deben presentar el Aviso de Revalidación de la licencia en el formato correspondiente, el cual debe contener, además: el número, fecha de expedición y de vencimiento de la licencia, el porcentaje de avance de la obra, la descripción de los trabajos que se vayan a llevar a cabo para continuar la obra y los motivos que impidieron su conclusión en el plazo autorizado.

(REFORMADO, G.O. 27 DE JULIO DE 2021)

Presentado el Aviso correspondiente, la Administración le asignará folio y lo tendrá por registrado. Por cada licencia de construcción especial, se podrá presentar hasta por dos ocasiones Aviso de Revalidación. Cuando se trate de una licencia en la vía pública, la Administración deberá informar a la Agencia la revalidación a que se refiere este artículo.

(DEROGADO CUARTO PÁRRAFO, G.O. 27 DE JULIO DE 2021)

(REFORMADO, G.O. 27 DE JULIO DE 2021)

Cuando la manifestación de construcción registrada o la licencia de construcción especial hayan sido suscritas por un Director Responsable de Obra y Corresponsables, en su caso, el Aviso de Revalidación debe contar con la responsiva de profesionales con ese mismo carácter.

(REFORMADO, G.O. 27 DE JULIO DE 2021)

Asimismo, el Aviso de Revalidación debe acompañarse del comprobante de pago de derechos, de acuerdo con lo establecido en el Código Fiscal de la Ciudad de México.

Las vigencias de las prórrogas se sujetarán a lo dispuesto en los artículos 54 y 60 de este Reglamento.

(REFORMADA SU DENOMINACIÓN, G.O. 19 DE ABRIL DE 2021)

CAPÍTULO IV
DE LA OCUPACIÓN, DEL VISTO BUENO DE SEGURIDAD Y OPERACIÓN DE LAS INSTALACIONES EN LAS CONSTRUCCIONES Y DE LA CONSTANCIA DE SEGURIDAD ESTRUCTURAL

(REFORMADO PRIMER PÁRRAFO, G.O. 10 DE DICIEMBRE DE 2021)

Artículo 65.- Los propietarios o poseedores están obligados a dar el aviso de terminación de las obras ejecutadas por escrito a la Alcaldía y/o a la Secretaría de Desarrollo Urbano y Vivienda, según corresponda, en un plazo no mayor de 15 días hábiles, contados a partir de la conclusión de las mismas, a fin de que la autoridad constate que las obras se hayan ejecutado sin contravenir las disposiciones de este Reglamento. El aviso antes referido deberá ser registrado por la autoridad en la base de datos de Seguimiento de Obras de la Ciudad de México y en el Sistema de Información respectivo, junto con la responsiva del Director Responsable de Obra y de los Corresponsables, en su caso.

(REFORMADO, G.O. 24 DE AGOSTO DE 2018)

Se podrá dar aviso de terminación de obra, parcial para ocupación en edificaciones que operen y funcionen independientemente del resto de la obra, las cuales deben garantizar que cuentan con los equipos de seguridad necesarios y que cumplen con los requerimientos de habitabilidad y seguridad establecidos en este Reglamento, cuando estas hayan dado cumplimiento a las condicionantes hidráulicas contenidas en el Dictamen de Factibilidad de Servicios, así como, en el caso de proyectos que requieran de Estudio de Impacto Urbano, cumplir con la totalidad de estudios, proyectos y obras establecidas en las medidas de integración contenidas en el Estudio de Impacto Urbano a las que se refiere el artículo 93 de la Ley, y el cumplimiento de la obligación que establece la fracción III del artículo 64 de la Ley.

(REFORMADO, G.O. 24 DE AGOSTO DE 2018)

En caso de existir diferencia entre la obra ejecutada y los planos registrados, prevista en la fracción II del artículo 70 del presente Reglamento, el propietario, poseedor o representante legal deberán anexar dos copias de los planos que contengan dichas modificaciones, las cuales deberán cumplir con este Reglamento y sus Normas, suscritos por el propietario, poseedor o representante legal, el Director Responsable de Obra o los Corresponsables, en su caso, así como exhibir el pago de los derechos correspondientes por los metros cuadrados de construcción adicional, de acuerdo con el Código Fiscal de la Ciudad de México.

(REFORMADO, G.O. 24 DE AGOSTO DE 2018)

En el caso de que los trabajos amparados con licencia de construcción especial en la vía pública contengan modificaciones, el interesado presentará dos copias legibles de los planos y el archivo electrónico de los mismos, este último será remitido a la Agencia por la Administración, en un término no mayor a 10 días hábiles posteriores a la revisión que la autoridad competente realice, así como exhibir el pago de los derechos y aprovechamientos correspondientes por los metros cuadrados de construcción adicional, de acuerdo con el Código Fiscal de la Ciudad de México.

(REFORMADO, G.O. 24 DE AGOSTO DE 2018)

En el caso de la manifestación de construcción tipo A y la licencia de construcción especial señalada en el artículo 57, fracciones II a VIII, sólo se requiere dar aviso de terminación de obra.

(REFORMADO, G.O. 10 DE DICIEMBRE DE 2021)

Para las manifestaciones de construcción tipo B y C, así como en los casos señalados en el artículo 57, fracción I de este Reglamento, la Administración otorgará la autorización de uso y ocupación cuando la construcción se haya apegado a lo manifestado o autorizado, cumpliendo con los requerimientos de habitabilidad y seguridad establecidos en este Reglamento, y haya cumplido en su caso con las condicionantes contenidas en el Dictamen de Factibilidad de Servicios Hidráulicos, así como con la totalidad de estudios, proyectos y obras establecidas en las medidas de integración contenidas en el Estudio de Impacto Urbano a las que se refiere el artículo 93 de la Ley, y el cumplimiento de la obligación que establece la fracción III del artículo 64 de la Ley.

(DEROGADO SÉPTIMO PÁRRAFO, G.O. 2 DE ABRIL DE 2019)

(REFORMADO, G.O. 17 DE JUNIO DE 2016)

Artículo 66.- Si del resultado de la visita al inmueble y del cotejo de la documentación correspondiente se desprende que la obra no se ajustó a la manifestación de construcción registrada o a la licencia de construcción especial o a las modificaciones al proyecto registrado o autorizado, la Administración ordenará al propietario efectuar las modificaciones que fueren necesarias, conforme a este Reglamento y en tanto éstas no se ejecuten, la Administración no autorizará el uso y ocupación de la obra.

Artículo 67.- La Administración está facultada para ordenar la demolición parcial o total de una obra, con cargo al propietario, que se haya ejecutado en contravención a este Reglamento, independientemente de las sanciones que procedan.

(REFORMADO PRIMER PÁRRAFO, G.O. 19 DE ABRIL DE 2021)

Artículo 68.- El propietario, poseedor o representante legal de una instalación o edificación recién construida o existente, referidas en los artículos 69 y 90 relativas a las edificaciones de riesgo alto, y 139, fracciones I y II, inciso a) de este Reglamento, debe presentar junto con el aviso de terminación de obra, para el caso de obras nuevas, ante la Alcaldía correspondiente, el Visto Bueno de Seguridad y Operación de las Instalaciones de una edificación o instalación, con la responsiva de un Director Responsable de Obra y del Corresponsable en Instalaciones, en su caso.

(REFORMADO [N. DE E. ESTE PÁRRAFO], G.O. 19 DE ABRIL DE 2021)

El Visto Bueno de Seguridad y Operación de las Instalaciones, debe contener:

(REFORMADA, G.O. 17 DE JUNIO DE 2016)

I. El nombre, denominación o razón social del propietario, poseedor o representante legal, acompañar los documentos con los que se acredite su personalidad;

II. El domicilio para oír y recibir notificaciones;

III. La ubicación del inmueble de que se trate;

(REFORMADA, G.O. 17 DE JUNIO DE 2016)

IV. El nombre y número de registro del Director Responsable de Obra y en su caso, del Corresponsable en Instalaciones;

(REFORMADO [N. DE E. ESTE PÁRRAFO], G.O. 19 DE ABRIL DE 2021)

V. La declaración bajo protesta de decir verdad del Director Responsable de Obra y el Corresponsable en Instalaciones, en su caso, de que la edificación o instalación cuenta con las instalaciones y sistemas para situaciones de emergencia que reúnen las condiciones de seguridad previstas por este Reglamento para su operación y funcionamiento.

En el caso de giros industriales, debe acompañarse de la responsiva de un Corresponsable en Instalaciones;

VI. En su caso, los resultados de las pruebas a las que se refieren los artículos 185 y 186 de este Reglamento, y

(REFORMADA, G.O. 10 DE DICIEMBRE DE 2021)

VII. La declaración del propietario, del Director Responsable de Obra y del Corresponsable en Instalaciones en su caso, de que en la construcción que se trate se cuenta con los equipos y sistemas de seguridad para situaciones de emergencia, cumpliendo con las Normas y las Normas Oficiales Mexicanas correspondientes.

(REFORMADO, G.O. 10 DE DICIEMBRE DE 2021)

El Visto Bueno de Seguridad y Operación de las Instalaciones deberá acompañarse de la Constancia de Seguridad Estructural vigente, sólo cuando el inmueble pertenezca al grupo A o subgrupo B1, de conformidad con el artículo 139 fracciones I y II, inciso a) de este Reglamento. Para el caso de planteles educativos, el Visto Bueno de Seguridad y Operación de las Instalaciones se podrá acompañar del documento que acredite que se encuentra en proceso la revisión de la seguridad estructural de conformidad con los Lineamientos Técnicos para la Revisión de la Seguridad Estructural de Planteles Educativos después de un Sismo, vigentes.

(REFORMADO, G.O. 19 DE ABRIL DE 2021)

La renovación del Visto Bueno de Seguridad y Operación de las Instalaciones se realizará cada tres años, para lo cual se deberá presentar la responsiva del Director Responsable de Obra y, en su caso, la del o los Corresponsables, a excepción de los siguientes centros de reunión: cabarets, discotecas, peñas, bares, salones de baile, de fiesta o similares, en los que la renovación del Visto Bueno de Seguridad y Operación de las Instalaciones se realizará anualmente. En las renovaciones no será necesario presentar el Aviso de Terminación de Obra.

(REFORMADO, G.O. 19 DE ABRIL DE 2021)

Cuando se realicen cambios en las edificaciones o instalaciones a que se refiere este artículo, antes de que se cumpla el plazo señalado en el párrafo anterior, debe renovarse el Visto Bueno de Seguridad y Operación de las Instalaciones dentro de los 60 días hábiles siguientes al cambio realizado.

(REFORMADO PRIMER PÁRRAFO, G.O. 19 DE ABRIL DE 2021)

Artículo 69.- Se debe registrar ante la Alcaldía correspondiente el Visto Bueno de Seguridad y Operación de las instalaciones de la edificación o instalación con los usos que a continuación se mencionan, que serán suscritos por un Director Responsable de Obra:

I. Escuelas públicas o privadas y cualquier otra edificación destinadas a la enseñanza;

(REFORMADA, G.O. 17 DE JUNIO DE 2016)

II. Centros de reunión, tales como cines, teatros, salas de conciertos, salas de conferencias, auditorios, cabarets, discotecas, peñas, bares, restaurantes, salones de baile, de fiesta o similares, museos, estadios, arenas, hipódromos, plazas de toros, hoteles, tiendas de autoservicio y cualquier otro con una capacidad de ocupación superior a las 50 personas con uso distinto al habitacional;

III. Instalaciones deportivas o recreativas que sean objeto de explotación mercantil, tales como canchas de tenis, frontenis, squash, karate, gimnasia rítmica, boliches, albercas, locales para billares o juegos de salón y cualquier otro con una capacidad de ocupación superior a las 50 personas;

(REFORMADA, G.O. 17 DE JUNIO DE 2016)

IV. Ferias con aparatos mecánicos, circos, carpas y cualesquier otro con usos semejantes. En estos casos la renovación se hará, además, cada vez que cambie su ubicación;

(REFORMADA, G.O. 17 DE JUNIO DE 2016)

V. Ascensores para personas, montacargas, escaleras mecánicas o cualquier otro mecanismo de transporte electromecánico, y

(ADICIONADA, G.O. 17 DE JUNIO DE 2016)

VI. Edificaciones o locales donde se realicen actividades de algún giro industrial en las que excedan la ocupación de 40 m2; hospitales y clínicas, albercas con iluminación subacuática, estaciones de servicio para el expendio de combustible y carburantes, así como plataformas de aterrizaje y despegue de helicópteros; para estos casos los Vistos Buenos también deberán estar suscritos por un Corresponsable en Instalaciones.

(ADICIONADO, G.O. 10 DE DICIEMBRE DE 2021)

Artículo 69 Bis.- Para el caso de planteles escolares donde se imparta educación a nivel preescolar, primaria y secundaria, una vez realizado el trámite ante la Alcaldía del Visto Bueno de Seguridad y Operación de las Instalaciones del plantel educativo, el Órgano Político Administrativo deberá registrar la información solicitada en la Plataforma Electrónica "Sistema de Información de Planteles Escolares", conforme a los Lineamientos que la Agencia Digital de Innovación Pública emita para tal fin.

La Alcaldía deberá hacer del conocimiento al Instituto Local de la Infraestructura Física Educativa de la Ciudad de México del registro en la plataforma electrónica.

(REFORMADO PRIMER PÁRRAFO, G.O. 19 DE ABRIL DE 2021)

Artículo 70.- Recibido el aviso de terminación de obra, así como el Visto Bueno de Seguridad y Operación de las Instalaciones y la Constancia de Seguridad Estructural en su caso, se procederá conforme a lo siguiente:

(REFORMADA, G.O. 17 DE JUNIO DE 2016)

I. La Administración otorgará la autorización de uso y ocupación, para lo cual el propietario o poseedor se constituirá desde ese momento, en los términos del artículo 68 de este Reglamento, en el responsable de la operación y mantenimiento de la construcción, a fin de satisfacer las condiciones de seguridad e higiene; dicha autorización se otorgará en un plazo de cinco días hábiles contados a partir de que se hubiere presentado el aviso de terminación de obra. Transcurrido dicho plazo sin que exista resolución de la autoridad, procederá la afirmativa ficta, y

(REFORMADA, G.O. 17 DE JUNIO DE 2016)

II. La Administración autorizará diferencias en la obra ejecutada con respecto al proyecto presentado, siempre que no se afecten las condiciones de seguridad, estabilidad, destino, uso, servicio, habitabilidad e higiene, se respeten las restricciones indicadas en el certificado único de zonificación de uso de suelo, la constancia de alineamiento y las características de la manifestación de construcción registrada o de la licencia de construcción especial respectiva, y las tolerancias que fijan este Reglamento y sus Normas.

(REFORMADO, G.O. 19 DE ABRIL DE 2021)

Artículo 71.- Para las construcciones del grupo A y Subgrupo B1, a que se refiere el artículo 139 de este Reglamento, se debe registrar ante la Alcaldía correspondiente una Constancia de Seguridad Estructural, en la que un Corresponsable en Seguridad Estructural haga constar que dicha construcción cumple los estados límite de falla y de servicio prescritos en las disposiciones de este Reglamento y sus Normas.

Si la constancia del Corresponsable determina que la construcción no cumple con los estados límites de falla y de servicio, ésta debe rehabilitarse (reforzarse, repararse, recimentarse, entre otras) o modificarse para satisfacerlas.

Las Constancias de Seguridad Estructural deben basarse en inspecciones oculares exhaustivas, estudios analíticos y de campo, consideraciones de los daños en la estructura, antigüedad, zona geotécnica, y cualquier información pertinente. Deben incluir los aspectos enunciados en la memoria de cálculo estructural especificada en el artículo 53, fracción I, inciso e) de este Reglamento, con excepción de lo relativo al diseño de elementos estructurales, cimentación y conexiones.

(ADICIONADO, G.O. 19 DE ABRIL DE 2021)

Artículo 71 Bis.– La renovación de la Constancia de Seguridad Estructural deberá realizarse de manera quinquenal o después de un sismo que rebase los 90 cm/s2 de aceleración en el terreno registrada en la "estación acelerométrica SCT" de la red acelerográfica de la Universidad Nacional Autónoma de México, ubicada en zona geotécnica III de la Ciudad de México o cuando lo determine la Administración. Para los dos últimos supuestos la Administración, a través de la Secretaría de Gestión Integral de Riesgos y Protección Civil, y en ausencia, la Secretaría de Obras y Servicios o el Instituto para la Seguridad de las Construcciones, hará pública a través de la Gaceta Oficial de la Ciudad de México la obligación de renovar la Constancia. Para el caso de edificaciones escolares, se deberá atender lo prescrito en el Artículo 71 QUATER, y para las demás construcciones del Grupo A y Subgrupo B1, lo prescrito en el Artículo 71 TER.

(ADICIONADO, G.O. 19 DE ABRIL DE 2021)

Artículo 71 Ter.– Para el caso de construcciones del Grupo A y Subgrupo B1 que no sean planteles educativos, los Corresponsables de Seguridad Estructural emitirán la Constancia de Seguridad Estructural de conformidad con el proceso de evaluación preliminar para fines de rehabilitación de edificaciones establecido en las Secciones 2.1 y 2.2 de las Normas de Rehabilitación vigentes.

Una vez concluida la etapa de evaluación preliminar, se hará la clasificación del daño y de su impacto en el comportamiento de la edificación según lo establecido en la Sección 2.3 de las Normas de Rehabilitación. Si la edificación se clasifica dentro de la Sección 2.3.3.2 de las Normas de Rehabilitación, el Corresponsable podrá emitir la Constancia de Seguridad Estructural indicando las reparaciones menores que deben efectuarse.

Si se concluye que la edificación se ubica dentro de los supuestos de la Sección 2.3.3.3 de las Normas de Rehabilitación, el Corresponsable deberá emitir una notificación al propietario o poseedor, en la que se indiquen la rehabilitación (reparaciones y/o reforzamientos) que se deben llevar a cabo y, en su caso, las zonas del edificio que deben desalojarse mientras se realizan. El propietario o poseedor presentará esta notificación a la Administración y dispondrá de 12 meses para realizar la rehabilitación. Si terminadas estas obras, el Corresponsable juzga que se hicieron adecuadamente, podrá emitir la Constancia de Seguridad Estructural.

Si se concluye que la edificación se ubica dentro de los supuestos de la Sección 2.3.3.4 de las Normas de Rehabilitación, el Corresponsable deberá indicar al propietario o poseedor que la edificación requiere ser desocupada, total o parcialmente, y rehabilitada, quien enviará copia de esta notificación a la Administración.

En caso de la elaboración de una Constancia de Seguridad Estructural debido a la ocurrencia de un sismo o cuando la Administración así lo determine, ésta se deberá entregar en un plazo no mayor que:

a) 15 días hábiles para las edificaciones del Grupo A y Subgrupo B1 correspondientes a la fracción V del artículo 69 y las estaciones de servicio para el expendio de combustible y carburantes, así como plataformas de aterrizaje y despegue de helicópteros de la fracción VI del artículo 69.

b) 30 días hábiles para las edificaciones del Grupo A y Subgrupo B1 correspondientes a las (sic) fracción V del artículo 69.

c) 60 días hábiles para las edificaciones del Grupo A y subgrupo B1 correspondientes a las fracciones II y III del artículo 69.

d) 90 días hábiles para las edificaciones del Grupo A y subgrupo B1 correspondientes a la (sic) fracciones IV y VI del artículo 69 distintas del inciso a) anterior.

En tanto se emite la Constancia, la edificación o instalación de las fracciones II, III, IV, V y VI del artículo 69 se podrán utilizar sólo si, como resultado de la evaluación postsísmica, se calificaron como "Uso Permitido y Acceso sin Restricción" y se marcaron con un aviso color verde.

En edificaciones en las que no sean aplicables para la evaluación de los daños las Secciones 2.1, 2.2 y 2.3 las Normas de Rehabilitación, el Corresponsable en Seguridad Estructural deberá proponer a la Administración un procedimiento alternativo para su aprobación.

(ADICIONADO, G.O. 19 DE ABRIL DE 2021)

Artículo 71 Quater.– Para el caso de planteles escolares donde se imparta educación a nivel inicial, preescolar, primaria, secundaria, media, media superior y superior, para emitir la Constancia de Seguridad Estructural se deberán aplicar los Lineamientos Técnicos para la Revisión de la Seguridad Estructural de Planteles Educativos en la Ciudad de México después de un Sismo, vigentes. En caso de daño, producido por un sismo o cualquier otra acción, se seguirá lo prescrito en el Artículo 177 Bis de este Reglamento. Si la revisión de la Seguridad Estructural a cargo del Corresponsable, determina que la construcción se encuentra en los supuestos de las Secciones 2.3.3.3 y 2.3.3.4 de las Normas de Rehabilitación, ésta debe ser desocupada y rehabilitada en un plazo no mayor que 12 meses.

(ADICIONADO, G.O. 10 DE DICIEMBRE DE 2021)

Tratándose de los niveles preescolar, primaria y secundaria, una vez realizado el trámite ante la Alcaldía de la Constancia de Seguridad Estructural del plantel educativo, el Órgano Político Administrativo deberá registrar la información solicitada en la Plataforma Electrónica "Sistema de Información de Planteles Escolares", conforme a los Lineamientos que la Agencia Digital de Innovación Pública emita para tal fin.

(ADICIONADO, G.O. 10 DE DICIEMBRE DE 2021)

La Alcaldía deberá hacer del conocimiento al Instituto Local de la Infraestructura Física Educativa de la Ciudad de México del registro en la plataforma electrónica.

(REFORMADO PRIMER PÁRRAFO, G.O. 17 DE JUNIO DE 2016)

Artículo 72.– Cuando la obra se haya ejecutado sin registro de manifestación de construcción o licencia de construcción especial, y se demuestre que cumple con este Reglamento y los demás ordenamientos legales respectivos, así como con las disposiciones de los Programas, la Administración concederá el registro de obra ejecutada al Propietario o Poseedor, siempre y cuando se sujete al siguiente procedimiento:

I. Presentar solicitud de registro de obra ejecutada, con la responsiva de un Director Responsable de Obra y de los Corresponsables, en su caso, y

(REFORMADA, G.O. 17 DE JUNIO DE 2016)

II. Acompañar la solicitud con los documentos siguientes: constancia de alineamiento y número oficial vigente, acreditar que se cuenta con la legal instalación de toma de agua y de la conexión del albañal, planos de la obra ejecutada, arquitectónicos, estructurales, de instalaciones que incluyan el uso de sistemas para calentamiento de agua por medio del aprovechamiento de la energía solar, en su caso, y los demás documentos que este Reglamento y otras disposiciones exijan para el registro de manifestación de construcción o para la expedición de licencia de construcción especial, con la responsiva de un Director Responsable de Obra, y de los Corresponsables, en su caso.

(REFORMADO, G.O. 17 DE JUNIO DE 2016)

Recibida la documentación, la Administración procederá a su revisión y practicará una visita a la obra de que se trate, para constatar que cumple con los requisitos legales aplicables y se ajusta a los documentos exhibidos con la solicitud de registro de obra ejecutada. La Administración autorizará su registro, previo pago de los derechos y las sanciones que se establecen, respectivamente, en el Código Fiscal del Distrito Federal y este Reglamento.

(REFORMADO PRIMER PÁRRAFO, G.O. 17 DE JUNIO DE 2016)

Artículo 73.- Para modificar el uso de edificaciones para ser destinadas a alguno de los supuestos señalados en los artículos 69, fracciones I, II y VI; 90, referentes a las edificaciones de riesgo alto, y 139 fracciones I y II, inciso a) de este Reglamento, el propietario o poseedor debe presentar ante la Administración los siguientes documentos:

(REFORMADA, G.O. 10 DE DICIEMBRE DE 2021)

I. El Visto Bueno de Seguridad y Operación de las Instalaciones;

(REFORMADA, G.O. 17 DE JUNIO DE 2016)

II. La constancia de alineamiento y número oficial vigente y cualesquiera de los documentos siguientes: certificado único de zonificación de uso de suelo específico o certificado único de zonificación del suelo digital o certificado de acreditación de uso del suelo por derechos adquiridos o, en su caso, dictamen favorable de impacto urbano o impacto urbano-ambiental;

III. La licencia de construcción especial o el registro de manifestación de construcción, y

IV. En su caso, la Constancia de Seguridad Estructural.

(REFORMADO, G.O. 17 DE JUNIO DE 2016)

Las edificaciones pertenecientes al grupo Ay (sic) subgrupo B1, a las que se refiere el artículo 139 de este Reglamento, deben cumplir además de los requisitos antes descritos, con memoria de cálculo que contenga los criterios de diseño estructural adoptados y los resultados de las pruebas necesarias y suficientes que garanticen la seguridad estructural de la edificación cumpliendo con este Reglamento y sus Normas, para que puedan ser evaluados por un especialista externo al proyecto.

TÍTULO QUINTO
DEL PROYECTO ARQUITECTÓNICO

CAPÍTULO I
GENERALIDADES

(REFORMADO, G.O. 17 DE JUNIO DE 2016)

Artículo 74.- Para garantizar las condiciones de habitabilidad, accesibilidad, funcionamiento, higiene, acondicionamiento ambiental, sustentabilidad, eficiencia energética, comunicación, seguridad en emergencias, seguridad estructural, integración al contexto e imagen urbana de las edificaciones en la Ciudad de México, los proyectos arquitectónicos correspondientes deben cumplir con los requerimientos establecidos en este Título para cada tipo de edificación, en las Normas y demás disposiciones legales aplicables.

Artículo 75.- Los elementos arquitectónicos que constituyen el perfil de una fachada a la vía pública, tales como pilastras, sardineles, marcos de puertas y ventanas, deben cumplir con lo que establecen las Normas.

Los balcones que se proyecten sobre vía pública constarán únicamente de piso, pretil, balaustrada o barandal y cubierta, sin cierre o ventana que los haga funcionar como locales cerrados o formando parte integral de otros locales internos.

Artículo 76.- Las alturas de las edificaciones, la superficie construida máxima en los predios, así como las áreas libres mínimas permitidas en los predios deben cumplir con lo establecido en los Programas señalados en la Ley.

Artículo 77.- La separación de edificios nuevos o que han sufrido modificaciones o ampliaciones, con predios o edificios colindantes debe cumplir con lo establecido en las Normas de Ordenación de Desarrollo Urbano y con los artículos 87, 88 y 166 de este Reglamento.

(REFORMADO, G.O. 17 DE JUNIO DE 2016)

Artículo 78.- La separación entre edificaciones dentro del mismo predio será cuando menos la que resulte de aplicar lo dispuesto en los artículos 87, 88 y 166 de este Reglamento y sus Normas.

(REFORMADO, G.O. 17 DE JUNIO DE 2016)

Artículo 79.- Las edificaciones deberán contar con estacionamiento de vehículos y/o bicicletas y/o motocicletas, incluyendo aquellos exclusivos para personas con discapacidad, acordes con la funcionalidad y lo establecido en la Norma Técnica Complementaria para el Proyecto Arquitectónico, en materia de estacionamientos de vehículos.

CAPÍTULO II
DE LA HABITABILIDAD, ACCESIBILIDAD Y FUNCIONAMIENTO

(REFORMADO PRIMER PÁRRAFO, G.O. 17 DE JUNIO DE 2016)

Artículo 80.- La accesibilidad para personas con discapacidad, así como las dimensiones y características de los locales de las edificaciones, según su uso o destino, se establecen en las Normas.

(ADICIONADA, G.O. 17 DE JUNIO DE 2016)

I. Los requerimientos de accesibilidad para personas con discapacidad deberán sujetarse a lo establecido (sic) las Normas y/o Normas Oficiales Mexicanas.

(ADICIONADA, G.O. 17 DE JUNIO DE 2016)

II. Las edificaciones con servicio al público o que impliquen la concurrencia del público, deberán sujetarse a los requerimientos de accesibilidad para las personas con discapacidad, establecidos en las Normas.

(ADICIONADA, G.O. 17 DE JUNIO DE 2016)

III. Los requerimientos de habitabilidad y funcionamiento, deberán cumplir con lo dispuesto en este Reglamento y en las Normas.

CAPÍTULO III
DE LA HIGIENE, SERVICIOS Y ACONDICIONAMIENTO AMBIENTAL

Artículo 81.- Las edificaciones deben estar provistas de servicio de agua potable, suficiente para cubrir los requerimientos y condiciones a que se refieren las Normas y/o Normas Oficiales Mexicanas.

Artículo 82.- Las edificaciones deben estar provistas de servicios sanitarios con el número, tipo de muebles y características que se establecen a continuación:

(REFORMADA, G.O. 17 DE JUNIO DE 2016)

I. Las viviendas con menos de 45m2 contarán, cuando menos con un excusado, una regadera y uno de los siguientes muebles: lavabo, fregadero o lavadero; mismos que deberán incorporar sistemas o dispositivos ahorradores de agua, a fin de cumplir con las Normas y Normas Oficiales Mexicanas aplicables en la materia;

(REFORMADA, G.O. 17 DE JUNIO DE 2016)

II. Las viviendas con superficie igual o mayor a 45m2 contarán, cuando menos, con un baño provisto de un excusado, una regadera y un lavabo, así como de un lavadero y un fregadero; mismos que deberán incorporar sistemas o dispositivos ahorradores de agua, a fin de cumplir con las Normas y Normas Oficiales Mexicanas aplicables en la materia;

(REFORMADA, G.O. 17 DE JUNIO DE 2016)

III. Los locales de trabajo y comercio con superficie hasta de 120m2 y con hasta 15 trabajadores o usuarios contarán, como mínimo, con un excusado y un lavabo o vertedero; mismos que deberán incorporar sistemas o dispositivos ahorradores de agua a fin de cumplir con las Normas y Normas Oficiales Mexicanas aplicables en la materia;

(REFORMADA, G.O. 17 DE JUNIO DE 2016)

IV. En los demás casos se proveerán los muebles sanitarios, incluyendo los accesibles para personas con discapacidad, de conformidad con lo dispuesto en las Normas y Normas Oficiales Mexicanas aplicables;

(REFORMADA, G.O. 17 DE JUNIO DE 2016)

V. Las descargas de agua residual que produzcan estos servicios se ajustarán a lo dispuesto en las Normas y/o Normas Oficiales Mexicanas, y

(ADICIONADA, G.O. 17 DE JUNIO DE 2016)

VI. En las edificaciones habitacionales nuevas plurifamiliares de más de tres viviendas y unifamiliares con superficie igual o mayor a 100 m2 y en aquellas donde se realicen ampliaciones, modificaciones o reparaciones que alteren las condiciones existentes de las instalaciones hidrosanitarias del inmueble, se instalará además del sistema convencional de calentamiento de agua, un sistema de calentamiento de agua por medio del aprovechamiento de la energía solar que provea un porcentaje del consumo energético anual por uso de agua caliente conforme a lo establecido en el Capítulo VI de la Norma Técnica Complementaria para el Proyecto Arquitectónico.

(ADICIONADO, G.O. 17 DE JUNIO DE 2016)

Artículo 82 Bis.- Las edificaciones que se vean imposibilitadas técnicamente para cumplir con el porcentaje de consumo anual energético requerido y alcancen uno menor, o sea totalmente inviable la instalación de los sistemas de calentamiento de agua por medio del aprovechamiento de la energía solar, deberán de justificar técnicamente dicha imposibilidad detallando las razones y cálculos técnicos que soporten dicha justificación.

(REFORMADO PRIMER PÁRRAFO, G.O. 17 DE JUNIO DE 2016)

Artículo 83.- Las albercas y fosas de clavados contarán, con:

I. Equipos de recirculación, filtración y purificación de agua;

II. Boquillas de inyección para distribuir el agua recirculada y de succión para los aparatos limpiadores de fondo, y

(REFORMADA, G.O. 17 DE JUNIO DE 2016)

III. Los sistemas de filtración de agua se instalarán de acuerdo con las Normas y/o Normas Oficiales Mexicanas; y

(ADICIONADA, G.O. 17 DE JUNIO DE 2016)

IV. Sistemas de aprovechamiento de la energía solar para el calentamiento de agua de la alberca, además del sistema convencional de calentamiento de agua, que provean un porcentaje del consumo energético anual por uso de agua caliente conforme a lo establecido en el Capítulo VI de la Norma Técnica Complementaria para el Proyecto Arquitectónico.

Artículo 84.- Las edificaciones deben contar con espacios y facilidades para el almacenamiento, separación y recolección de los residuos sólidos, según lo dispuesto en las Normas y/o Normas Oficiales Mexicanas.

Artículo 85.- Las edificaciones para almacenar residuos sólidos peligrosos, químico-tóxicos o radioactivos se ajustarán a la Ley Federal de Salud, la Ley General de Equilibrio Ecológico y Protección al Ambiente, Ley de Residuos Sólidos del Distrito Federal, la Ley Ambiental del Distrito Federal, sus Reglamentos, así como a las Normas Oficiales Mexicanas.

Artículo 86.- Las edificaciones y obras que produzcan contaminación por humos, olores, gases, polvos y vapores, energía térmica o lumínica, ruidos y vibraciones, se sujetarán al presente Reglamento, a la Ley Ambiental del Distrito Federal y demás ordenamientos aplicables.

Artículo 87.- La iluminación natural y la artificial para todas las edificaciones deben cumplir con lo dispuesto en las Normas y/o Normas Oficiales Mexicanas.

Artículo 88.- Los locales en las edificaciones contarán con medios de ventilación natural o artificial que aseguren la provisión de aire exterior, en los términos que fijen las Normas.

(REFORMADO PRIMER PÁRRAFO, G.O. 17 DE JUNIO DE 2016)

Artículo 89.- Las edificaciones nuevas no habitacionales y las de más de 1000 m2sin (sic) incluir estacionamiento, así como los establecimientos dedicados al lavado de autos, deben contar con redes separadas de agua potable, agua residual tratada y agua de lluvia debiéndose utilizar estas dos últimas en todos los usos que no requieran agua potable, de conformidad con lo establecido en la Ley de Aguas del Distrito Federal, las Normas y demás disposiciones aplicables en la materia.

(ADICIONADO, G.O. 17 DE JUNIO DE 2016)

Todos los establecimientos industriales, comerciales, de oficinas, de servicios y de espectáculos, ubicados en la Ciudad de México y con más de 30 empleados, que utilicen agua caliente en sus servicios, están obligados a instalar, además del sistema convencional de calentamiento de agua, un sistema de calentamiento de agua por medio del aprovechamiento de la energía solar, que provea un porcentaje del consumo energético anual por uso de agua caliente en el establecimiento, conforme a lo establecido en el Capítulo VI de la Norma Técnica Complementaria para el Proyecto Arquitectónico.

CAPÍTULO IV
DE LA COMUNICACIÓN, EVACUACIÓN Y PREVENCIÓN DE EMERGENCIAS

SECCIÓN PRIMERA. DE LAS CIRCULACIONES Y ELEMENTOS DE COMUNICACIÓN

Artículo 90.- Para efectos de este Capítulo, las edificaciones se clasifican en función al grado de riesgo de incendio de acuerdo con sus dimensiones, uso y ocupación, en: riesgos bajo, medio y alto, de conformidad con lo que se establece en las Normas.

Artículo 91.- Para garantizar tanto el acceso como la pronta evacuación de los usuarios en situaciones de operación normal o de emergencia en las edificaciones, éstas contarán con un sistema de puertas, vestibulaciones y circulaciones horizontales y verticales con las dimensiones mínimas y características para este propósito, incluyendo los requerimientos de accesibilidad para personas con discapacidad que se establecen en este Capítulo y en las Normas.

En las edificaciones de riesgos bajo y medio a que se refiere el artículo anterior, el sistema normal de acceso y salida se considerará también como ruta de evacuación con las características de señalización y dispositivos que establecen las Normas.

En las edificaciones de riesgo alto a que se refiere el artículo anterior, el sistema normal de acceso y salida será incrementado con otro u otros sistema complementario de pasillos y circulaciones verticales de salida de emergencia. Ambos sistemas de circulaciones, el normal y el de salida de emergencia, se considerarán rutas de evacuación y contarán con las características de señalización y dispositivos que se establecen en las Normas.

La existencia de circulaciones horizontales o verticales mecanizadas tales como bandas transportadoras, escaleras eléctricas, elevadores y montacargas se considerará adicional al sistema normal de uso cotidiano o de emergencia formado por vestíbulos, pasillos, rampas y escaleras de acceso o de salida.

(REFORMADO, G.O. 17 DE JUNIO DE 2016)

Artículo 92.- La distancia desde cualquier punto en el interior de una edificación a una puerta, a una circulación horizontal o vertical que conduzca directamente a la vía pública, áreas exteriores o al vestíbulo de acceso de la edificación, medidas a lo largo de la línea de recorrido, será de cincuenta metros como máximo en edificaciones de riesgo alto y de cuarenta metros como máximo en edificaciones de riesgos medio y bajo, en este último caso, la distancia podrá incrementarse en un 50% si cuenta con los dispositivos para prevenir y combatir incendios para edificios de riesgo alto, contenidos en las Normas.

Artículo 93.- Las salidas a vía pública en edificaciones de salud y de entretenimiento contarán con marquesinas que cumplan con lo indicado en las Normas.

Artículo 94.- Las edificaciones para la educación deben contar con áreas de dispersión y espera dentro de los predios, donde desemboquen las puertas de salida de los alumnos antes de conducir a la vía pública, con dimensiones mínimas de 0.10 m2 por alumno.

Artículo 95.- Las dimensiones y características de las puertas de acceso, intercomunicación, salida y salida de emergencia deben cumplir con las Normas.

Artículo 96.- Las circulaciones horizontales, como corredores, pasillos y túneles deben cumplir con las dimensiones y características que al respecto señalan las Normas.

Artículo 97.- Las edificaciones deben tener siempre escaleras o rampas peatonales que comuniquen todos sus niveles, aun cuando existan elevadores, escaleras eléctricas o montacargas, con las dimensiones y condiciones de diseño que establecen las Normas.

Artículo 98.- Las rampas peatonales que se proyecten en cualquier edificación deben cumplir con las dimensiones y características que establecen las Normas.

Artículo 99.- Salida de emergencia es el sistema de circulaciones que permite el desalojo total de los ocupantes de una edificación en un tiempo mínimo en caso de sismo, incendio u otras contingencias y que cumple con lo que se establece en las Normas; comprenderá la ruta de evacuación y las puertas correspondientes, debe estar debidamente señalizado y cumplir con las siguientes disposiciones:

I. En los edificios de riesgo se debe asegurar que todas las circulaciones de uso normal permitan este desalojo previendo los casos en que cada una de ellas o todas resulten bloqueadas. En los edificios de riesgos (sic) alto se exigirá una ruta adicional específica para este fin;

II. Las edificaciones de más de 25 m de altura requieren escalera de emergencia, y

III. En edificaciones de riesgo alto hasta de 25 m de altura cuya escalera de uso normal desembarque en espacios cerrados en planta baja, se requiere escalera de emergencia.

Artículo 100.- Las edificaciones de entretenimiento y sitios de reunión, en las que se requiera instalar butacas deben ajustarse a lo que se establece en las Normas.

Artículo 101.- Las edificaciones para deportes, aulas, teatros u otros espacios para actos y espectáculos al aire libre en las que se requiera de graderías debe cumplir con lo que se establece en las Normas.

Artículo 102.- Los elevadores, escaleras eléctricas y bandas transportadoras deben cumplir con las Normas y las Normas Oficiales Mexicanas.

(REFORMADO, G.O. 17 DE JUNIO DE 2016)

Artículo 103.- Los locales destinados a cines, auditorios, teatros, salas de concierto, aulas o espectáculos deportivos deben cumplir con las Normas aplicables.

Artículo 104.- Los equipos y maquinaria instalados en las edificaciones y/o espacios abiertos que produzcan ruido y/o vibración deben cumplir con lo que establece la Ley Ambiental del Distrito Federal, las Normas Oficiales Mexicanas y las Normas.

Los establecimientos de alimentos y bebidas y los centros de entretenimiento en ningún caso deben rebasar 65 decibeles a 0.50 m del paramento exterior del local o límite del predio.

Artículo 105.- Todo estacionamiento público a descubierto debe tener drenaje o estar drenado y bardeado en sus colindancias con los predios vecinos.

Artículo 106.- Los estacionamientos públicos y privados, en lo relativo a las circulaciones horizontales y verticales, deben ajustarse con lo establecido en las Normas.

Artículo 107.- Los estacionamientos públicos deben contar con carriles separados para entrada y salida de los vehículos, área de espera techada para la entrega y recepción de vehículos y caseta o casetas de control.

Artículo 108.- Todas las edificaciones deben contar con buzones para recibir comunicación por correo, accesibles desde el exterior.

SECCIÓN SEGUNDA. DE LAS PREVENCIONES CONTRA INCENDIO

Artículo 109.- Las edificaciones deben contar con las instalaciones y los equipos necesarios para prevenir y combatir los incendios.

(REFORMADO, G.O. 17 DE JUNIO DE 2016)

Los equipos y sistemas contra incendio deben mantenerse en condiciones para funcionar en cualquier momento, para lo cual deben ser revisados y probados periódicamente según se establezca en los manuales del fabricante, las Normas y las Normas Oficiales Mexicanas.

(REFORMADO, G.O. 10 DE DICIEMBRE DE 2021)

En las obras que requieran Visto Bueno de Seguridad y Operación de las Instalaciones según el artículo 69 de este Reglamento, el propietario o poseedor del inmueble llevará un libro de bitácora donde el Director Responsable de Obra y el Corresponsable, en su caso, registrarán los resultados de estas pruebas, debiendo mostrarlo a las autoridades competentes cuando éstas lo requieran.

Para cumplir con el dictamen de prevención de incendios a que se refiere la Ley del H. Cuerpo de Bomberos del Distrito Federal, se deben aplicar con las disposiciones de esta Sección y con lo establecido en las Normas.

(REFORMADO, G.O. 17 DE JUNIO DE 2016)

Artículo 110.- Las características que deben tener los elementos constructivos y arquitectónicos para resistir al fuego, así como los espacios y circulaciones previstos para el resguardo o el desalojo de personas en caso de siniestro y los dispositivos para prevenir y combatir incendios se establecen en las Normas y en las Normas Oficiales Mexicanas.

Artículo 111.- Durante las diferentes etapas de la construcción de cualquier obra deben tomarse las precauciones necesarias para evitar incendios, y en su caso, para combatirlos mediante el equipo de extinción adecuado de acuerdo con las Normas y demás disposiciones aplicables.

Esta protección debe proporcionarse en el predio, en el área ocupada por la obra y sus construcciones provisionales.

Los equipos de extinción deben ubicarse en lugares de fácil acceso y se identificarán mediante señales, letreros o símbolos claramente visibles.

Artículo 112.- El diseño, selección, ubicación e instalación de los sistemas contra incendio en edificaciones de riesgo alto deben estar avalados por un Corresponsable en Instalaciones.

Artículo 113.- Los casos no previstos en esta Sección quedarán sujetos a la responsabilidad del Director Responsable de Obra y/o Corresponsable, en su caso, quienes deben exigir que se hagan las adecuaciones respectivas al proyecto y durante la ejecución de la obra.

SECCIÓN TERCERA. DE LOS DISPOSITIVOS DE SEGURIDAD Y PROTECCIÓN

(REFORMADO, G.O. 17 DE JUNIO DE 2016)

Artículo 114.- Los locales destinados a la guarda y exhibición de animales y las edificaciones de deportes y recreación deben contar con rejas y/o desniveles para protección al público, en el número, dimensiones mínimas y condiciones de diseño que establezcan las Normas y las Normas Oficiales Mexicanas.

Artículo 115.- Los aparatos mecánicos de ferias deberán contar con rejas o barreras de por lo menos 1.20 m de altura en todo su perímetro y a una distancia de por lo menos 1.50 m de la proyección vertical de cualquier giro o movimiento del aparato mecánico.

Las líneas de conducción y los tableros eléctricos deben estar aislados y protegidos, eléctrica y mecánicamente para evitar que causen daño al público, cuyo diseño y fijación se establezca en las Normas y demás disposiciones aplicables.

(REFORMADO, G.O. 17 DE JUNIO DE 2016)

Artículo 116.- Los locales destinados al depósito o venta de explosivos y combustibles deben ajustarse con lo establecido en las Normas, en las Normas Oficiales Mexicanas y demás disposiciones aplicables y, en su caso, en la Ley Federal de Armas de Fuego y Explosivos.

(REFORMADO, G.O. 17 DE JUNIO DE 2016)

Artículo 117.- Las edificaciones deben estar equipadas de pararrayos en los casos y bajo las condiciones que se mencionan en las Normas, en las Normas Oficiales Mexicanas y demás disposiciones aplicables.

Artículo 118.- Los vanos, ventanas, cristales y espejos de piso a techo, en cualquier edificación, deben contar con barandales y manguetes a una altura de 0.90 m del nivel del piso, diseñados de manera que impidan el paso de niños a través de ellos, o estar protegidos con elementos que impidan el choque del público contra ellos.

Artículo 119.- Las edificaciones destinadas a la educación, centros culturales, recreativos, centros deportivos, de alojamiento, comerciales e industriales deben contar con un local de servicio médico para primeros auxilios de acuerdo con lo establecido en las Normas.

(REFORMADO, G.O. 17 DE JUNIO DE 2016)

Artículo 120.- Las albercas deben contar con los elementos y medidas de protección establecidas en las Normas y demás disposiciones aplicables.

CAPÍTULO V
DE LA INTEGRACIÓN AL CONTEXTO E IMAGEN URBANA

(REFORMADO, G.O. 17 DE JUNIO DE 2016)

Artículo 121.- Las edificaciones que se proyecten en Áreas de Conservación Patrimonial o inmuebles afectos al patrimonio cultural urbano de la Ciudad de México de limitadas (sic) e indicados en los Programas General, Delegacionales y/o Parciales, deben sujetarse a las restricciones de altura, vanos, materiales, acabados, colores y todas las demás que señale la Secretaría de Desarrollo Urbano y Vivienda, en los términos que establecen las Normas de Ordenación de los Programas de Desarrollo Urbano y las Normas; así como las que señalen el Instituto Nacional de Antropología e Historia y el Instituto Nacional de Bellas Artes, en el ámbito de su competencia, de acuerdo con lo señalado por la Ley Federal sobre Monumentos y Zonas Arqueológicos, Artísticos e Históricos.

(REFORMADO, G.O. 17 DE JUNIO DE 2016)

Artículo 122.- El empleo de vidrios espejo y otros materiales que produzcan reflexión total en superficies exteriores aisladas mayores a 20 m^2 o que cubran más del 30% de los paramentos de fachada se permitirá siempre y cuando se demuestre, mediante estudios de asoleamiento y reflexión especular, que el reflejo de los rayos solares no provocará en ninguna época del año ni hora del día deslumbramientos peligrosos o molestos, o incrementos en la carga térmica en edificaciones vecinas o vía pública. En Áreas de Conservación Patrimonial, el empleo de este material en fachadas principales está condicionado a la aprobación de la Secretaría de Desarrollo Urbano y Vivienda en el ámbito de sus atribuciones en materia de patrimonio cultural urbano.

Artículo 123.- Las fachadas de colindancia de las edificaciones de cinco niveles o más que formen parte de los paramentos de patios de iluminación y ventilación de edificaciones vecinas deben tener acabados de color claro.

CAPÍTULO VI
DE LAS INSTALACIONES

SECCIÓN PRIMERA. DE LAS INSTALACIONES HIDRÁULICAS Y SANITARIAS

(REFORMADO PRIMER PÁRRAFO, G.O. 17 DE JUNIO DE 2016)

Artículo 124.- Las edificaciones nuevas de más de tres niveles deben contar con un almacenamiento con capacidad para satisfacer dos veces la demanda diaria de agua potable y estar equipadas con sistema de bombeo.

(ADICIONADO, G.O. 17 DE JUNIO DE 2016)

Toda construcción nueva de más de 200 m2 de azotea deberá contar con un sistema de captación y aprovechamiento de agua pluvial de la superficie construida a nivel azotea, para lo cual deberá contarse con una cisterna para este fin, dicho aprovechamiento se dará en todos aquellos usos que no requieran agua con calidad potable como inodoros, riego de áreas jardineadas y actividades de limpieza conforme a lo establecido en la Ley de Aguas del Distrito Federal y sus Reglamentos.

(REFORMADO, G.O. 17 DE JUNIO DE 2016)

Artículo 125.- Las instalaciones hidráulicas y sanitarias, los muebles y accesorios de baño, las válvulas, tuberías y conexiones deben contar con accesorios y muebles de bajo consumo de agua potable, conforme a lo que disponga la Ley de Aguas del Distrito Federal y sus Reglamentos, las Normas y, en su caso, las Normas Oficiales Mexicanas y Normas Mexicanas aplicables.

Artículo 126.- Queda prohibido el uso de gárgolas o canales que descarguen agua a chorro fuera de los límites propios de cada predio.

Artículo 127.- Durante el proceso de construcción, no se permitirá desalojar agua freática o residual al arroyo de la calle. Cuando se requiera su desalojo al exterior del predio, se debe encausar esta agua entubada directamente a la coladera pluvial evitando descargar sólidos que azolven la red de alcantarillado en tanto la Dependencia competente construya el albañal autorizado.

(REFORMADO PRIMER PÁRRAFO, G.O. 17 DE JUNIO DE 2016)

Artículo 128.- En los predios ubicados en calles con redes de agua potable, de alcantarillado público y, en su caso, de agua tratada, el propietario, poseedor o representante legal debe solicitar en el formato correspondiente al Sistema de Aguas de la Ciudad de México, por conducto de la Delegación, las conexiones de los servicios solicitados con dichas redes, de conformidad con lo que disponga la Ley de Aguas del Distrito Federal y sus Reglamentos, y pagar los derechos que establezca el Código Fiscal del Distrito Federal.

(ADICIONADO, G.O. 17 DE JUNIO DE 2016)

Previo al pago de los derechos a que se refiere el párrafo anterior y para el correcto cobro de los derechos por el suministro de agua el propietario y/o poseedor, deberá entregar al Sistema de Aguas de la Ciudad de México dos tantos del proyecto de las instalaciones hidráulicas, el cual deberá incluir la ubicación, dimensión y arreglo de la tubería donde se instalará el medidor que registrará el volumen de agua que ingresará al predio y en su caso, la misma documentación para los proyectos que involucren la construcción de locales y/o departamentos, mismos que deberán contar con medidores individuales para cada uno de ellos.

(ADICIONADO, G.O. 17 DE JUNIO DE 2016)

La documentación que se señala en el párrafo anterior será requisito indispensable para emitir la aprobación de la factibilidad de instalación de medidores en tomas, y en su caso, de ramificaciones de agua potable.

(ADICIONADO, G.O. 17 DE JUNIO DE 2016)

En caso de que el propietario y/o poseedor no cuente con la aprobación de la factibilidad de instalación de medidor, el Sistema de Aguas de la Ciudad de México no estará obligado a autorizar la conexión ni a prestar el servicio de suministro de agua.

(ADICIONADO, G.O. 17 DE JUNIO DE 2016)

En ningún caso se podrán instalar bombas que succionen agua en forma directa de la red de distribución, de acuerdo a lo establecido en la Ley de Aguas del Distrito Federal.

(ADICIONADO, G.O. 17 DE JUNIO DE 2016)

La conexión de los servicios tanto de agua potable, de agua residual tratada, así como las descargas sanitarias y pluviales, deberán quedar por arriba de los niveles de las redes municipales de agua potable, residual tratada y drenaje.

SECCIÓN SEGUNDA. DE LAS INSTALACIONES ELÉCTRICAS

Artículo 129.- Los proyectos deben contener, como mínimo en su parte de instalaciones eléctricas, lo siguiente:

I. Planos de planta y elevación, en su caso;

II. Diagrama unifilar;

III. Cuadro de distribución de cargas por circuito;

IV. Croquis de localización del predio en relación a las calles más cercanas;

V. Especificación de materiales y equipo por utilizar, y

VI. Memorias técnica descriptiva y de cálculo, conforme a las Normas y Normas Oficiales Mexicanas.

Artículo 130.- Las instalaciones eléctricas de las edificaciones deben ajustarse a las disposiciones establecidas en las Normas y las Normas Oficiales Mexicanas y Normas Mexicanas.

Artículo 131.- Los locales habitables, cocinas y baños domésticos deben contar, por lo menos, con un contacto y salida para iluminación con la capacidad nominal que se establezca en la Norma Oficial Mexicana.

Artículo 132.- El sistema de iluminación eléctrica de las edificaciones de vivienda debe tener, al menos, un apagador para cada local; para otros usos o destinos, se debe prever un interruptor o apagador por cada 50 m2 o fracción de superficie iluminada. La instalación se sujetará a lo dispuesto en la Norma Oficial Mexicana.

Artículo 133.- Las edificaciones de salud, recreación, comunicaciones y transportes deben tener sistemas de iluminación de emergencia con encendido automático, para iluminar pasillos, salidas, vestíbulos, sanitarios, salas y locales de concurrentes, salas de curaciones, operaciones y expulsión y letreros indicadores de salidas de emergencia en los niveles de iluminación establecidos en las Normas y las Normas Oficiales Mexicanas.

SECCIÓN TERCERA. DE LAS INSTALACIONES DE COMBUSTIBLES

Artículo 134.- Las edificaciones que requieran instalaciones de combustibles deben ajustarse con las disposiciones establecidas en las Normas, así como en las Normas Oficiales Mexicanas y demás disposiciones aplicables.

SECCIÓN CUARTA. DE LAS INSTALACIONES TELEFÓNICAS, DE VOZ Y DATOS

Artículo 135.- Las instalaciones telefónicas, de voz y datos y de telecomunicaciones de las edificaciones, deben ajustarse con lo que establecen las Normas y demás disposiciones aplicables.

SECCIÓN QUINTA. DE LAS INSTALACIONES DE ACONDICIONAMIENTO DE AIRE Y DE EXPULSIÓN DE AIRE

Artículo 136.- Las edificaciones que requieran instalaciones para acondicionamiento de aire o expulsión de aire hacia el exterior deben sujetarse a las disposiciones establecidas en las Normas, así como en las Normas Oficiales Mexicanas.

TÍTULO SEXTO
DE LA SEGURIDAD ESTRUCTURAL DE LAS CONSTRUCCIONES

CAPÍTULO I
GENERALIDADES

(REFORMADO, G.O. 17 DE JUNIO DE 2016)

Artículo 137.- Este título se refiere al proyecto estructural de los edificios comunes. Los procedimientos de revisión de la seguridad estructural para construcciones como puentes, túneles, torres, chimeneas y estructuras no convencionales deben ser aprobados por la Secretaría de Obras y Servicios.

(REFORMADO, G.O. 17 DE JUNIO DE 2016)

Artículo 138.- La Secretaría de Obras y Servicios ha expedido un cuerpo de normas en las que se definen los requisitos específicos de ciertos materiales y sistemas estructurales, así como procedimientos de diseño para los efectos de las distintas acciones y de sus combinaciones, incluyendo tanto las acciones permanentes (cargas muertas), las variables, cargas vivas, y las acciones accidentales, en particular los efectos de sismo y viento.

Artículo 139.- Para los efectos de este Título las construcciones se clasifican en los siguientes grupos:

(REFORMADA, G.O. 17 DE JUNIO DE 2016)

I. Grupo A: Edificaciones cuya falla estructural podría causar un número elevado de pérdidas de vidas humanas, o constituir un peligro significativo por contener sustancias tóxicas o explosivas, y edificaciones cuyo funcionamiento es esencial ante una emergencia urbana, las que se subdividen en:

(ADICIONADO, G.O. 17 DE JUNIO DE 2016)

Subgrupo A1: Construcciones para las que se requiere mantener mayores niveles de seguridad:

a) Edificios que es necesario mantener en operación aún después de un sismo de magnitud importante, como: hospitales, aeropuertos, terminales y estaciones de transporte, instalaciones militares, centros de operación de servicios de emergencia, subestaciones eléctricas y nucleares, estructuras para la transmisión y distribución de electricidad, centrales telefónicas y repetidoras, estaciones de radio y televisión, antenas de transmisión y los inmuebles que las soportan o contienen, estaciones de bomberos, sistemas de almacenamiento, bombeo, distribución y abastecimiento de agua potable, estructuras que alojen equipo cuyo funcionamiento sea esencial para la población, tanques de agua, puentes vehiculares y pasarelas peatonales;

b) Construcciones o depósitos cuya falla puede implicar un severo peligro para la población, por contener cantidades importantes de sustancias tóxicas, inflamables o explosivas.

(ADICIONADO, G.O. 17 DE JUNIO DE 2016)

Subgrupo A2: Estructuras cuya falla podría causar:

a) Un impacto social importante, como estadios, salas de reuniones, templos, auditorios y otras, que puedan albergar más de 1000 personas.

b) Una afectación a la población particularmente vulnerable, como: escuelas de educación preescolar, primaria y secundaria.

c) La pérdida de material de gran valor histórico o cultural: museos, monumentos y estructuras que contengan archivos jurídicos o registros públicos.

(ADICIONADO [N. DE E. ESTE PÁRRAFO], G.O. 15 DE DICIEMBRE DE 2017)

Para fines de aplicación de las Normas Técnicas Complementarias para la Revisión de la Seguridad Estructural de las Edificaciones, las construcciones del Grupo A se subdividen en:

(ADICIONADO, G.O. 15 DE DICIEMBRE DE 2017)

Caso 1: Edificaciones con altura de entre 30 y 70 m o con área total construida de entre 6,000 y 15,000 m2, ubicadas en las zonas I y II a que se aluden en el artículo 170 de este Reglamento;

(ADICIONADO, G.O. 15 DE DICIEMBRE DE 2017)

Caso 2: Construcciones con más de 70 m de altura o con más de 15,000 m2 de área total construida, ubicadas en las zonas I y II; y

Caso 3: Edificaciones de más de 15 m de altura o más de 3,000 m2 de área total construida, en la zona III; en ambos casos las áreas se refieren a cada cuerpo de edificio que cuente con medios propios de desalojo e incluyen las áreas de anexos. El área de un cuerpo que no cuente con medios propios de desalojo se adicionará a la de aquel otro a través del cual se desaloje.

II. Grupo B: Edificaciones comunes destinadas a viviendas, oficinas y locales comerciales, hoteles y construcciones comerciales e industriales no incluidas en el Grupo A, las que se subdividen en:

(ADICIONADO, G.O. 17 DE JUNIO DE 2016)

Subgrupo B1:

(REFORMADO, G.O. 17 DE JUNIO DE 2016)

a) Edificaciones de más de 30 m de altura o con más de 6,000 m2 de área total construida, ubicadas en las zonas I y II a que se aluden en el artículo 170 de este Reglamento, y construcciones de más de 15 m de altura o más de 3,000 m2 de área total construida, en la zona III; en ambos casos las áreas se refieren a cada cuerpo de edificio que cuente con medios propios de desalojo e incluyen las áreas de anexos. El área de un cuerpo que no cuente con medios propios de desalojo se adicionará a la de aquel otro a través del cual se desaloje;

(REFORMADO, G.O. 17 DE JUNIO DE 2016)

b) Edificaciones anexas a los hospitales, aeropuertos o terminales de transporte, como estacionamientos, restaurantes, así como edificios destinados a educación media superior y superior.

c) (DEROGADO, G.O. 17 DE JUNIO DE 2016);

(ADICIONADO, G.O. 15 DE DICIEMBRE DE 2017)

Caso 4: Edificaciones con altura de entre 30 y 70 m o con área total construida de entre 6,000 y 15,000 m2, ubicadas en las zonas I y II a que se aluden en el artículo 170 de este Reglamento;

(ADICIONADO, G.O. 15 DE DICIEMBRE DE 2017)

Caso 5: Construcciones con más de 70 m de altura o con más de 15,000 m2 de área total construida, ubicadas en las zonas I y II;

(ADICIONADO, G.O. 15 DE DICIEMBRE DE 2017)

Caso 6: Edificaciones de más de 15 m de altura o más de 3,000 m2 de área total construida, en la zona III; en ambos casos las áreas se refieren a cada cuerpo de edificio que cuente con medios propios de desalojo e incluyen las áreas de anexos. El área de un cuerpo que no cuente con medios propios de desalojo se adicionará a la de aquel otro a través del cual se desaloje;

(ADICIONADO, G.O. 15 DE DICIEMBRE DE 2017)

Caso 7: Construcciones anexas a los hospitales, aeropuertos o terminales de transporte, como estacionamientos, restaurantes, así como edificios destinados a educación media superior y superior.

(REFORMADO [N. DE E. ESTE PÁRRAFO], G.O. 15 DE DICIEMBRE DE 2017)

Subgrupo B2:

(ADICIONADO, G.O. 15 DE DICIEMBRE DE 2017)

Caso 8: Edificaciones con una altura de entre 15 y 30 m o con un área total construida entre 3,000 y 6,000 m2, ubicadas en las zonas I y II a que se aluden en el artículo 170 de este Reglamento;

(ADICIONADO, G.O. 15 DE DICIEMBRE DE 2017)

Caso 9: Construcciones con una altura de entre 10 m y 15 m o con un área total construida entre 1,500 y 3,000 m2, en la zona III; en ambos casos las áreas se refieren a cada cuerpo de edificio que cuente con medios propios de desalojo e incluyen las áreas de anexos. El área de un cuerpo que no cuente con medios propios de desalojo se adicionará a la de aquel otro a través del cual se desaloje; y

(ADICIONADO, G.O. 15 DE DICIEMBRE DE 2017)

Caso 10: Las demás de este grupo.

CAPÍTULO II
DE LAS CARACTERÍSTICAS GENERALES DE LAS EDIFICACIONES

(REFORMADO PRIMER PÁRRAFO, G.O. 17 DE JUNIO DE 2016)

Artículo 140.- El proyecto de las edificaciones debe considerar una estructuración eficaz para resistir las acciones que puedan afectar la estructura, con especial atención a los efectos sísmicos.

El proyecto, de preferencia, considerará una estructuración regular que cumpla con los requisitos que establecen las Normas.

Las edificaciones que no cumplan con los requisitos de regularidad se diseñarán para condiciones sísmicas más severas, en la forma que se especifique en las Normas.

Artículo 141.- Toda edificación debe separarse de sus linderos con predios vecinos la distancia que señala la Norma correspondiente, la que regirá también las separaciones que deben dejarse en juntas de construcción entre cuerpos distintos de una misma edificación. Los espacios entre edificaciones vecinas y las juntas de construcción deben quedar libres de toda obstrucción.

Las separaciones que deben dejarse en colindancias y juntas de construcción se indicarán claramente en los planos arquitectónicos y en los estructurales.

(ADICIONADO, G.O. 17 DE JUNIO DE 2016)

Los espacios entre edificaciones colindantes y entre cuerpos de un mismo edificio deben quedar libres de todo material, debiendo usar tapajuntas que permitan el libre movimiento entre ellos.

(REFORMADO, G.O. 17 DE JUNIO DE 2016)

Artículo 142.- Los acabados y recubrimientos cuyo desprendimiento pudiera ocasionar daños a los ocupantes de la edificación o a quienes transiten en su exterior, deben fijarse mediante procedimientos expresamente aprobados por el Director Responsable de Obra o por el Corresponsable en Seguridad Estructural, en su caso. Particular atención deberá darse a los recubrimientos pétreos en fachadas y escaleras, a las fachadas prefabricadas de concreto, así como a los plafones de elementos prefabricados, de yeso y de otros materiales pesados.

(REFORMADO PRIMER PÁRRAFO, G.O. 17 DE JUNIO DE 2016)

Artículo 143.- Los elementos no estructurales que puedan restringir las deformaciones de la estructura, como muros divisorios, de colindancia y de fachada, pretiles, escaleras y otros elementos rígidos en fachadas, o que tengan un peso considerable, como equipos pesados, tanques, tinacos y casetas, deben estar definidos en los planos de proyecto y ser aprobados en sus características y en su forma de sustentación por el Director Responsable de Obra y por el Corresponsable en Seguridad Estructural en obras en que éste sea requerido.

El mobiliario, los equipos y otros elementos cuyo volteo o desprendimiento puedan ocasionar daños físicos o materiales ante movimientos sísmicos, como libreros altos, anaqueles, tableros eléctricos o telefónicos y aire acondicionado, etcétera, deben fijarse de tal manera que se eviten estos daños ante movimientos sísmicos.

(REFORMADO, G.O. 17 DE JUNIO DE 2016)

Artículo 144.- Los anuncios adosados o colgantes, en azotea, auto soportados y en marquesina, deben ser objeto de diseño estructural en los términos de este Título y de sus Normas, con particular atención a los efectos del viento; además, deben diseñarse en detalle sus apoyos y fijaciones a la estructura principal y revisar su efecto en la estructura.

Artículo 145.- Cualquier perforación o alteración de un elemento estructural para alojar ductos o instalaciones deberá ser aprobada por el Director Responsable de Obra o por el Corresponsable en Seguridad Estructural, en su caso.

Las instalaciones, particularmente las de gas, agua y drenaje que crucen juntas constructivas estarán provistas de conexiones flexibles o de tramos flexibles.

CAPÍTULO III
DE LOS CRITERIOS DE DISEÑO ESTRUCTURAL

(REFORMADO, G.O. 17 DE JUNIO DE 2016)

Artículo 146.- Toda edificación debe contar con un sistema estructural que permita el flujo adecuado de las fuerzas que generan las distintas acciones de diseño, para que dichas fuerzas puedan ser transmitidas de manera continua y eficiente hasta la cimentación. Debe contar además con una cimentación que garantice la correcta transmisión de dichas fuerzas al subsuelo considerando las condiciones en materia de hundimientos, emersiones, agrietamientos del subsuelo, oquedades o galerías de minas.

Artículo 147.- Toda estructura y cada una de sus partes deben diseñarse para cumplir con los requisitos básicos siguientes:

I. Tener seguridad adecuada contra la aparición de todo estado límite de falla posible ante las combinaciones de acciones más desfavorables que puedan presentarse durante su vida esperada, y

II. No rebasar ningún estado límite de servicio ante combinaciones de acciones que corresponden a condiciones normales de operación.

El cumplimiento de estos requisitos se comprobará con los procedimientos establecidos en este Capítulo y en las Normas.

(ADICIONADO, G.O. 17 DE JUNIO DE 2016)

Los criterios generales de diseño aplicables a todos los tipos de estructuras se definen en las Normas sobre Criterios y Acciones de Diseño.

Artículo 148.- Se considerará como estado límite de falla cualquier situación que corresponda al agotamiento de la capacidad de carga de la estructura o de cualquiera de sus componentes, incluyendo la cimentación, o al hecho de que ocurran daños irreversibles que afecten significativamente su resistencia ante nuevas aplicaciones de carga.

Las Normas establecerán los estados límite de falla más importantes para cada material y tipo de estructura.

Artículo 149.- Se considerará como estado límite de servicio la ocurrencia de desplazamientos agrietamientos, vibraciones o daños que afecten el correcto funcionamiento de la edificación, pero que no perjudiquen su capacidad para soportar cargas. Los valores específicos de estos estados límite se definen en las Normas.

(REFORMADO PRIMER PÁRRAFO, G.O. 17 DE JUNIO DE 2016)

Artículo 150.- En el diseño de toda estructura deben tomarse en cuenta los efectos de las cargas muertas, de las cargas vivas, del sismo, del viento cuando este último sea significativo. Las intensidades de estas acciones y sus combinaciones habrán de considerarse en el diseño y la forma en que deben calcularse sus efectos se especifican en las Normas correspondientes.

Cuando sean significativos, deben tomarse en cuenta los efectos producidos por otras acciones, como los empujes de tierras y líquidos, los cambios de temperatura, las contracciones de los materiales, los hundimientos de los apoyos y las solicitaciones originadas por el funcionamiento de maquinaria y equipo que no estén tomadas en cuenta en las cargas especificadas en las Normas correspondientes.

Artículo 151.- Se considerarán tres categorías de acciones, de acuerdo con la duración en que obren sobre las estructuras con su intensidad máxima, las cuales están contenidas en las Normas correspondientes.

(REFORMADO, G.O. 17 DE JUNIO DE 2016)

Artículo 152.- Cuando deba considerarse en el diseño el efecto de acciones cuyas intensidades no estén especificadas en este Reglamento ni en sus Normas, estas intensidades deberán establecerse siguiendo los procedimientos aprobados por el Instituto y con base en los criterios generales que se mencionan en las Normas.

Artículo 153.- La seguridad de una estructura debe verificarse para el efecto combinado de todas las acciones que tengan una probabilidad no despreciable de ocurrir simultáneamente, considerándose dos categorías de combinaciones que se describen en las Normas.

Artículo 154.- (DEROGADO, G.O. 17 DE JUNIO DE 2016).

Artículo 155.- Las fuerzas internas y las deformaciones producidas por las acciones se determinarán mediante un análisis estructural realizado por un método reconocido que tome en cuenta las propiedades de los materiales ante los tipos de carga que se estén considerando.

Artículo 156.- Los procedimientos para la determinación de la resistencia de diseño y de los factores de resistencia correspondientes a los materiales y sistemas constructivos más comunes se establecen en las Normas de este Reglamento.

(REFORMADO, G.O. 17 DE JUNIO DE 2016)

En los casos no comprendidos en las Normas mencionadas, la resistencia de diseño se determinará con procedimientos analíticos basados en evidencia teórica y experimental, o con procedimientos experimentales de acuerdo con el artículo 157 de este Reglamento. En ambos casos, el procedimiento para la determinación de la resistencia de diseño deberá ser aprobado por un Corresponsable en Seguridad Estructural y con el visto bueno del Instituto, que podrá exigir una verificación directa de la resistencia por medio de una prueba de carga realizada de acuerdo con lo descrito en el capítulo XII de este Título.

(REFORMADO PRIMER PÁRRAFO, G.O. 17 DE JUNIO DE 2016)

Artículo 157.- La determinación experimental de la resistencia contemplada en el artículo anterior debe llevarse a cabo por medio de ensayes diseñados para simular, en modelos físicos de la estructura o de porciones de ella, el efecto de las combinaciones de acciones que deban considerarse de acuerdo con las Normas.

Cuando se trate de estructuras o elementos estructurales que se produzcan en forma industrializada, los ensayes se harán sobre muestras de la producción o de prototipos. En otros casos, los ensayes podrán efectuarse sobre modelos de la estructura en cuestión.

La selección de las partes de la estructura que se ensayen y del sistema de carga que se aplique, debe hacerse de manera que se obtengan las condiciones más desfavorables que puedan presentarse en la práctica, pero tomando en cuenta la interacción con otros elementos estructurales.

Con base en los resultados de los ensayes, se deducirá una resistencia de diseño, tomando en cuenta las posibles diferencias entre las propiedades mecánicas y geométricas medidas en los especímenes ensayados y las que puedan esperarse en las estructuras reales.

(REFORMADO, G.O. 17 DE JUNIO DE 2016)

El tipo de ensaye, el número de especímenes y el criterio para la determinación de la resistencia de diseño se fijarán con base en criterios probabilísticos y deben ser aprobados por el Instituto, el cual podrá exigir una comprobación de la resistencia de la estructura mediante una prueba de carga de acuerdo con el Capítulo XII de este Título.

(REFORMADO PRIMER PÁRRAFO, G.O. 17 DE JUNIO DE 2016)

Artículo 158.- Se revisará que para las distintas combinaciones de acciones y para cualquier estado límite de falla posible, la resistencia de diseño sea mayor o igual al efecto de las acciones que intervengan en la combinación de cargas en estudio, multiplicado por los factores de carga correspondientes, según lo especificado en las Normas.

(DEROGADO SEGUNDO PÁRRAFO, G.O. 17 DE JUNIO DE 2016)

También se revisará que bajo el efecto de las posibles combinaciones de acciones sin multiplicar por factores de carga, no se rebase algún estado límite de servicio.

(REFORMADO, G.O. 17 DE JUNIO DE 2016)

Artículo 159.- Se podrán emplear criterios de diseño estructural diferentes de los especificados en este Capítulo y en las Normas si se justifica, a satisfacción del Instituto, que los procedimientos de diseño empleados dan lugar a niveles de seguridad no menores que los que se obtengan empleando los previstos en este Reglamento; tal justificación debe realizarse previamente a la declaración de la manifestación de construcción o a la solicitud de la licencia de construcción especial.

CAPÍTULO IV
DE LAS CARGAS MUERTAS

Artículo 160.- Se consideran como cargas muertas los pesos de todos los elementos constructivos, de los acabados y de todos los elementos que ocupan una posición permanente y tienen un peso que no cambia sustancialmente con el tiempo.

La determinación de las cargas muertas se hará conforme a lo especificado en las Normas.

CAPÍTULO V
DE LAS CARGAS VIVAS

Artículo 161.- Se consideran cargas vivas las fuerzas que se producen por el uso y ocupación de las edificaciones y que no tienen carácter permanente. A menos que se justifiquen racionalmente otros valores, estas cargas se tomarán iguales a las especificadas en las Normas.

Artículo 162.- Para la aplicación de las cargas vivas unitarias se deben tomar en consideración las que se indican en las Normas.

Artículo 163.- Durante el proceso de la edificación deben considerarse las cargas vivas transitorias que puedan producirse; éstas incluirán el peso de los materiales que se almacenen temporalmente, el de los vehículos y equipo, el de colado de plantas superiores que se apoyen en la planta que se analiza y del personal necesario, no siendo este último peso menor de 1.5 KN/m2 (150 kg/m2). Se considerará, además, una concentración de 1.5 KN (150 kg) en el lugar más desfavorable.

CAPÍTULO VI
DEL DISEÑO POR SISMO

Artículo 164.- En las Normas se establecen las bases y requisitos generales mínimos de diseño para que las estructuras tengan seguridad adecuada ante los efectos de los sismos. Los métodos de análisis y los requisitos para estructuras específicas se detallarán en las Normas.

Artículo 165.- Las estructuras se analizarán bajo la acción de dos componentes horizontales ortogonales no simultáneos del movimiento del terreno. En el caso de estructuras que no cumplan con las condiciones de regularidad, deben analizarse mediante modelos tridimensionales, como lo especifican las Normas.

(ADICIONADO, G.O. 15 DE DICIEMBRE DE 2017)

Adicionalmente, todas las estructuras pertenecientes al Grupo A Caso 3 y al Subgrupo B1 Caso 6 deberán instrumentarse mediante la instalación de acelerógrafos cuyos registros deberán ser enviados al Instituto después de un sismo con magnitud mayor a 6 grados en la escala de Richter.

Artículo 166.- Toda edificación debe separarse de sus linderos con los predios vecinos o entre cuerpos en el mismo predio según se indica en las Normas.

En el caso de una nueva edificación en que las colindancias adyacentes no cumplan con lo estipulado en el párrafo anterior, la nueva edificación debe cumplir con las restricciones de separación entre colindancias como se indica en las Normas.

(DEROGADO TERCER PÁRRAFO, G.O. 17 DE JUNIO DE 2016)

Artículo 167.- El análisis y diseño estructural de otras construcciones que no sean edificios, se harán de acuerdo con lo que marquen las Normas y, en los aspectos no cubiertos por ellas, se hará de manera congruente con ellas y con este Capítulo, previa aprobación de la Secretaría de Obras y Servicios.

CAPÍTULO VII
DEL DISEÑO POR VIENTO

(REFORMADO, G.O. 17 DE JUNIO DE 2016)

Artículo 168.- Las bases para la revisión de la seguridad y condiciones de servicio de las estructuras ante los efectos de viento y los procedimientos de diseño se establecen en las Normas Técnicas Complementarias de Diseño por Viento.

CAPÍTULO VIII
DEL DISEÑO DE CIMENTACIONES

(REFORMADO PRIMER PÁRRAFO, G.O. 17 DE JUNIO DE 2016)

Artículo 169.- Toda edificación se soportará por medio de una cimentación que cumpla con los requisitos relativos al diseño y construcción que se establecen en las Normas Técnicas Complementarias de Diseño y Construcción de Cimentaciones.

Las edificaciones no podrán en ningún caso desplantarse sobre tierra vegetal, suelos o rellenos sueltos o desechos. Sólo será aceptable cimentar sobre terreno natural firme o rellenos artificiales que no incluyan materiales degradables y hayan sido adecuadamente compactados.

Artículo 170.- Para fines de este Título, el Distrito Federal se divide en tres zonas con las siguientes características generales:

(REFORMADA, G.O. 17 DE JUNIO DE 2016)

Zona I. Lomas, formadas por rocas o suelos generalmente firmes que fueron depositados fuera del ambiente lacustre, pero en los que pueden existir, superficialmente o intercalados, depósitos arenosos en estado suelto o cohesivos relativamente blandos. En esta Zona, es frecuente la presencia de rellenos artificiales no compactados, o de oquedades en rocas y de cavernas y túneles excavados en suelo para explotar minas de arena;

Zona II. Transición, en la que los depósitos profundos se encuentran a 20 m de profundidad, o menos, y que está constituida predominantemente por estratos arenosos y limoarenosos intercalados con capas de arcilla lacustre, el espesor de éstas es variable entre decenas de centímetros y pocos metros, y

Zona III. Lacustre, integrada por potentes depósitos de arcilla altamente comprensible, separados por capas arenosos (sic) con contenido diverso de limo o arcilla. Estas capas arenosas son de consistencia firme a muy dura y de espesores variables de centímetros a varios metros. Los depósitos lacustres suelen estar cubiertos superficialmente por suelos aluviales y rellenos artificiales; el espesor de este conjunto puede ser superior a 50 m.

La zona a que corresponda un predio se determinará a partir de las investigaciones que se realicen en el subsuelo del predio objeto de estudio, tal como se establecen en las Normas. En caso de edificaciones ligeras o medianas, cuyas características se definan en dichas Normas, podrá determinarse la zona mediante el mapa incluido en las mismas, si el predio está dentro de la porción zonificada; los predios ubicados a menos de 200 m de las fronteras entre dos de las zonas antes descritas se supondrán ubicados en la más desfavorable.

Artículo 171.- La investigación del subsuelo del sitio mediante exploración de campo y pruebas de laboratorio debe ser suficiente para definir de manera confiable los parámetros de diseño de la cimentación, la variación de los mismos en la planta del predio y los procedimientos de edificación. Además, debe ser tal que permita definir:

I. En la zona I a que se refiere el artículo 170 de este Reglamento, si existen materiales sueltos superficiales, grietas, oquedades naturales o galerías de minas, y en caso afirmativo su apropiado tratamiento, y

II. En las zonas II y III a que se refiere el artículo 170 de este Reglamento, la existencia de restos arqueológicos, cimentaciones antiguas, grietas, variaciones fuertes de estratigrafía, historia de carga del predio o cualquier otro factor que pueda originar asentamientos diferenciales de importancia, de modo que todo ello pueda tomarse en cuenta en el diseño.

Artículo 172.- Deben investigarse el tipo y las condiciones de cimentación de las edificaciones colindantes en materia de estabilidad, hundimientos, emersiones, agrietamientos del suelo y desplomos, y tomarse en cuenta en el diseño y construcción de la cimentación en proyecto.

(REFORMADO, G.O. 17 DE JUNIO DE 2016)

Asimismo, se investigarán la localización y las características de las obras subterráneas cercanas, existentes o proyectadas, pertenecientes al Sistema de Transporte Colectivo, de drenaje y de otros servicios públicos, con objeto de verificar que la edificación no cause daños a tales instalaciones ni sea afectada por ellas.

Artículo 173.- En el diseño de toda cimentación, se considerarán los estados límite de falla y de servicio tal y como se indican en las Normas.

(REFORMADA SU DENOMINACIÓN, G.O. 17 DE JUNIO DE 2016)

CAPÍTULO IX
DE LAS OBRAS SUBTERRÁNEAS

Artículo 174.- En el diseño de las excavaciones se considerarán los estados límite de falla y de servicio tal y como se indican en las Normas.

(REFORMADO PRIMER PÁRRAFO, G.O. 17 DE JUNIO DE 2016)

Artículo 175.- Los muros de contención exteriores construidos para dar estabilidad a desniveles del terreno, deben diseñarse de tal forma que no se rebasen los siguientes estados límite de falla: volteo, desplazamiento del muro, falla de la cimentación del mismo o del talud que lo soporta, falla del terreno o dela (sic) estructura. Además, se revisarán los estados límite de servicio, como asentamiento, giro o deformación excesiva del muro. Los empujes se estimarán tomando en cuenta la flexibilidad del muro, el tipo de relleno y el método de colocación del mismo. Los muros incluirán un sistema de drenaje adecuado que limite el desarrollo de empujes superiores a los de diseño por efectos de presión del agua.

Los empujes debidos a solicitaciones sísmicas se calcularán de acuerdo con el criterio definido en el Capítulo VI de este Título.

(REFORMADO, G.O. 17 DE JUNIO DE 2016)

Artículo 176.- En las edificaciones del grupo A y subgrupo B1 a que se refiere el artículo 139 de este Reglamento, si se encuentran ubicadas en las zonas II y III conforme al artículo 170 de este Reglamento, deben hacerse nivelaciones durante su construcción y hasta que los movimientos diferidos se estabilicen, a fin de observar su comportamiento durante las excavaciones a fin de prevenir daños a la propia edificación, a las edificaciones vecinas y a los servicios públicos. Será obligación del propietario o poseedor de la edificación, proporcionar copia de los resultados de estas mediciones, así como los planos, memorias de cálculo y otros documentos sobre el diseño de la cimentación a los diseñadores de edificios que se construyan en predios contiguos.

CAPÍTULO X
DE LAS CONSTRUCCIONES DAÑADAS

(REFORMADO PRIMER PÁRRAFO, G.O. 17 DE JUNIO DE 2016)

Artículo 177.- Será necesario revisar de manera cuantitativa la seguridad y estabilidad estructural de las edificaciones, de conformidad con lo establecido en este Reglamento, cuando se presente alguna de las siguientes condiciones:

(DEROGADO SEGUNDO PÁRRAFO, G.O. 17 DE JUNIO DE 2016)

(REFORMADA, G.O. 17 DE JUNIO DE 2016)

I. Que haya evidencia de que el edificio en cuestión tiene daños estructurales o los ha tenido o no han sido reparados, o que el comportamiento de la cimentación no ha sido satisfactorio; la evidencia se obtendrá de inspección exhaustiva de los elementos principales de la estructura, así como del comportamiento de la cimentación;

(REFORMADA, G.O. 17 DE JUNIO DE 2016)

II. Que existan defectos en la calidad de los materiales y en la ejecución de la estructura, según conste en los datos disponibles sobre la construcción de la edificación, en la inspección de la estructura y en los resultados de las pruebas realizadas a los materiales;

(REFORMADA, G.O. 17 DE JUNIO DE 2016)

III. Que el sistema estructural no sea idóneo para resistir fuerzas sísmicas o presente excesivas asimetrías, discontinuidades e irregularidades en planta o elevación que pudieran ser perjudiciales;

(ADICIONADA, G.O. 19 DE ABRIL DE 2021)

IV. Que se trate de una escuela de educación inicial, preescolar, primaria, media, media superior, o superior y que presente daño, para lo cual se revisarán de conformidad con el artículo 177 Bis.

(ADICIONADA, G.O. 17 DE JUNIO DE 2016)

V. Que se hayan modificado sus muros u otros elementos estructurales o se hayan incrementado significativamente las cargas originales.

(REFORMADO, G.O. 19 DE ABRIL DE 2021)

La verificación de que la edificación se encuentra en alguna de las condiciones anteriores deberá asentarse en un Dictamen Técnico de Estabilidad y de Seguridad Estructural suscrito por un Corresponsable en Seguridad Estructural y deberá cumplir con el artículo 71 Ter y con lo establecido en el Capítulo Undécimo de las Normas Técnicas Complementarias para la Revisión de la Seguridad Estructural de las Edificaciones. El Dictamen deberá señalar el grado de cumplimiento de la edificación o de la instalación en revisión, de los estados límite de falla y de servicio, prescritos en el Reglamento de Construcciones y en sus Normas Técnicas Complementarias vigentes a la fecha de la revisión.

(ADICIONADO, G.O. 19 DE ABRIL DE 2021)

En caso de que se requiera la rehabilitación de estructuras, con o sin daño, se hará de tal manera que se alcancen los estados límite de falla y de servicio prescritos en el Reglamento de Construcciones y en sus Normas Técnicas Complementarias vigentes en la fecha del proyecto de rehabilitación.

(REFORMADO PRIMER PÁRRAFO, G.O. 19 DE ABRIL DE 2021)

Artículo 177 Bis.- Para el caso de planteles escolares donde se imparta educación a nivel inicial, preescolar, primaria, secundaria, media, media superior y superior, se deberá realizar la revisión de la seguridad estructural de conformidad con los Lineamientos Técnicos para la Revisión Estructural de Planteles Educativos en la Ciudad de México después de un Sismo, siempre y cuando la "estación acelerométrica SCT" de la red acelerográfica de la Universidad Nacional Autónoma de México, ubicada en zona geotécnica III de la Ciudad de México, registre aceleraciones en los siguientes supuestos:

(REFORMADO, G.O. 19 DE ABRIL DE 2021)

a) Cuando se registren aceleraciones de 30 a 60 cm/s2, se deben revisar los planteles educativos de la Ciudad de México que reporten daños;

(REFORMADO, G.O. 19 DE ABRIL DE 2021)

b) Cuando se registren aceleraciones de 61 a 90 cm/s2, se deben revisar los planteles educativos referidos en el inciso anterior y aquellos que se encuentren localizados dentro de la zona de actuación prioritaria a que se refiere el último párrafo del presente artículo;

(REFORMADO, G.O. 19 DE ABRIL DE 2021)

c) Cuando se registren aceleraciones mayores que 90 cm/s2 y la Administración, a través del Instituto Local para la Infraestructura Educativa en la Ciudad de México en coordinación con la Autoridad Educativa Federal en la Ciudad de México, haya emitido la Declaratoria de Emergencia correspondiente, se deben revisar todos los planteles educativos de la Ciudad de México.

(DEROGADO SEGUNDO PÁRRAFO, G.O. 19 DE ABRIL DE 2021)

(ADICIONADO, G.O. 26 DE JULIO DE 2019)

La zona de actuación prioritaria (Figura 1) está delimitada por la siguiente poligonal:

(ADICIONADO, G.O. 26 DE JULIO DE 2019)

– Al Norte: Eje 3 Norte y Avenida 602 en la Alcaldía Gustavo A. Madero; y Calle Oriente 16 y Vía Tapo, en el límite de la Ciudad de México.

(ADICIONADO, G.O. 26 DE JULIO DE 2019)

– Al Oriente: Eje 4 Oriente en las Alcaldías Venustiano Carranza e Iztacalco; y Eje 3 Oriente en las Alcaldías Iztapalapa y Coyoacán.

(ADICIONADO, G.O. 26 DE JULIO DE 2019)

– Al Sur: Anillo Periférico en las Alcaldías Tlalpan y Coyoacán.

(ADICIONADO, G.O. 26 DE JULIO DE 2019)

– Al Poniente: Av. Insurgentes Sur en la Alcaldía Coyoacán; Av. Revolución en la Alcaldía Benito Juárez; y Eje 4 Poniente en las Alcaldías Miguel Hidalgo y Azcapotzalco.

[N. DE E. VÉASE MAPA EN LA G.O. DE 26 DE JULIO DE 2019, PÁGINA 14.]

Figura 1

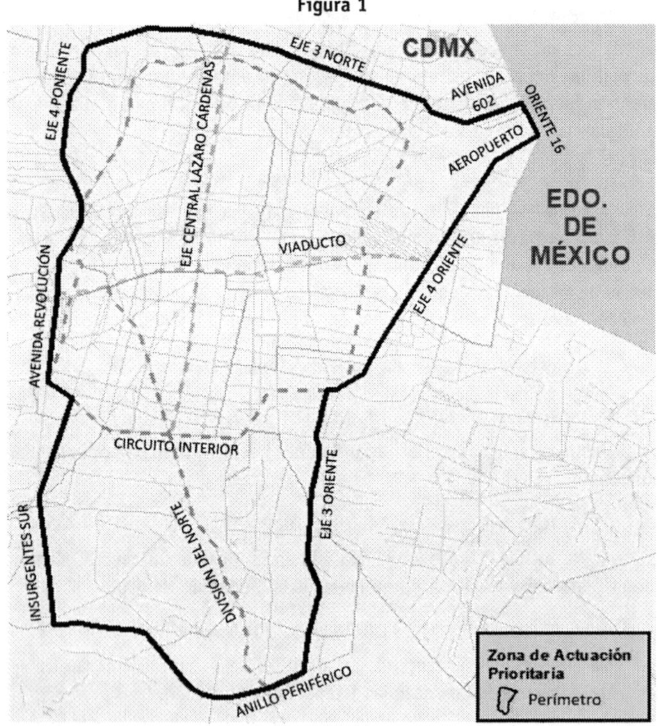

Artículo 178.- Todo propietario o poseedor de un inmueble tiene obligación de denunciar ante la Delegación los daños de que tenga conocimiento que se presenten en dicho inmueble, como los que pueden ser debidos a efectos del sismo, viento, explosión, incendio, hundimiento, peso propio de la edificación y de las cargas adicionales que obran sobre ella, o a deterioro de los materiales e instalaciones.

(REFORMADO PRIMER PÁRRAFO, G.O. 19 DE ABRIL DE 2021)

Artículo 179.- Los propietarios o poseedores de las edificaciones que presenten daños deberán obtener el Dictamen Técnico de Estabilidad y de Seguridad Estructural elaborado por un Corresponsable en Seguridad Estructural de conformidad con la Norma Técnica Complementaria para la Revisión de la Seguridad Estructural de las Edificaciones, así como un informe del estado actual de las instalaciones por parte del Corresponsable respectivo. Si se demuestra que los daños no afectan la estabilidad y buen funcionamiento de las instalaciones de la edificación en su conjunto o de una parte significativa de la misma puede dejarse en su situación actual, o bien solo repararse o reforzarse localmente. De lo contrario, el propietario o poseedor de la edificación está obligado a llevar a cabo las obras de rehabilitación y renovación de las instalaciones que se especifiquen en el proyecto respectivo, según lo que se establece en el artículo siguiente.

(ADICIONADO, G.O. 17 DE JUNIO DE 2016)

En caso de que los daños en la edificación hayan sido generados por la construcción de una obra colindante y así lo indique el dictamen técnico de estabilidad o de seguridad estructural, el propietario o poseedor o constructor de la obra colindante estará obligado a reparar los daños.

(ADICIONADO, G.O. 15 DE DICIEMBRE DE 2017)

En el caso de daños provocados por sismo, deberán considerarse las Normas para la rehabilitación sísmica correspondientes.

(REFORMADO PRIMER PÁRRAFO, G.O. 19 DE ABRIL DE 2021)

Artículo 180.- El proyecto de rehabilitación estructural, así como las renovaciones de las instalaciones de una edificación, a que se refiere el artículo anterior, debe cumplir con lo siguiente:

(REFORMADA, G.O. 19 DE ABRIL DE 2021)

I. Diseñarse para que la edificación satisfaga cuando menos los niveles de seguridad por cumplimiento de los estados límite de falla y de servicio establecidos en este Reglamento para las edificaciones nuevas;

II. Basarse en una inspección detallada de los elementos estructurales y de las instalaciones, en la que se retiren los acabados y recubrimientos que puedan ocultar daños estructurales, y de las instalaciones;

(REFORMADA, G.O. 19 DE ABRIL DE 2021)

III. Contener las consideraciones hechas sobre la participación de la estructura existente y de la rehabilitación en la seguridad del conjunto, así como detalles de liga entre ambas, y las modificaciones de las instalaciones;

IV. Basarse en el diagnóstico del estado de la estructura y las instalaciones dañadas, así como en la eliminación de las causas de los daños que se hayan presentado;

(REFORMADA, G.O. 19 DE ABRIL DE 2021)

V. Incluir una revisión detallada de la cimentación y de las instalaciones ante las condiciones que resulten de las modificaciones a la estructura;

(REFORMADA, G.O. 19 DE ABRIL DE 2021)

VI. Someterse al proceso de revisión que establezca el Instituto, dando aviso al mismo previo el registro de manifestación de construcción o la expedición de la licencia de construcción especial respectiva; y

(REFORMADA [N. DE E. ADICIONADA], G.O. 19 DE ABRIL DE 2021)

VII. Cumplir con lo dispuesto en las Normas de Rehabilitación vigentes. En edificaciones en las que no sean aplicables las Normas de Rehabilitación, el Corresponsable en Seguridad Estructural deberá proponer a la Administración los procedimientos alternativos para su aprobación.

Artículo 181.- Para la revisión de la seguridad estructural en edificaciones que estén inclinadas más de **1%** de su altura, se incrementarán los coeficientes de diseño sísmico, según se establece en las Normas.

Artículo 182.- Antes de iniciar las obras de refuerzo y reparación, debe demostrarse que la edificación dañada cuenta con la capacidad de soportar las cargas verticales estimadas y 30% de las laterales que se obtendrían aplicando las presentes disposiciones con las cargas vivas previstas durante la ejecución de las obras. Para alcanzar dicha resistencia será necesario en los casos que se requieran, recurrir al apuntalamiento o rigidización temporal de la estructura, completa o alguna de sus partes.

CAPÍTULO XI
DE LAS OBRAS PROVISIONALES Y MODIFICACIONES

Artículo 183.- Las obras provisionales, como tribunas para eventos especiales, pasos de carácter temporal para peatones o vehículos durante obras viales o de otro tipo, tapiales, obras falsas y cimbras, deben proyectarse para cumplir los requisitos de seguridad de este Reglamento.

(REFORMADO, G.O. 17 DE JUNIO DE 2016)

Las obras provisionales que puedan ser ocupadas por más de 100 personas, deben contar con la responsiva de un Corresponsable en Seguridad Estructural de conformidad con lo señalado en el Artículo 36 del presente Reglamento y sus normas.

(REFORMADO, G.O. 17 DE JUNIO DE 2016)

Artículo 184.- Las modificaciones en edificaciones existentes, que impliquen una alteración en su funcionamiento estructural, o un cambio en su uso y ocupación (cargas vivas) serán objeto de un proyecto estructural que garantice que tanto la zona modificada como la estructura en su conjunto y su cimentación cumplan con los requisitos de seguridad de este Reglamento. El proyecto debe incluir los apuntalamientos, rigidizaciones y demás precauciones que se necesiten durante la ejecución de las modificaciones, el mismo deberá ser avalado por un Corresponsable en Seguridad Estructural.

(ADICIONADO, G.O. 17 DE JUNIO DE 2016)

Artículo 184 Bis.- El propietario o poseedor del inmueble es responsable de los daños que ocasione el cambio de uso de una edificación, cuando produzca cargas muertas o vivas mayores o con una distribución más desfavorable que las del diseño aprobado. También será responsable de los daños que puedan ser ocasionados por modificaciones a la estructura y al proyecto arquitectónico que alteren la respuesta de la estructura ante acciones sísmicas.

CAPÍTULO XII
DE LAS PRUEBAS DE CARGA

Artículo 185.- Será necesario comprobar la seguridad de una estructura por medio de pruebas de carga en los siguientes casos:

(REFORMADA, G.O. 17 DE JUNIO DE 2016)

I. En las obras provisionales o de recreación que puedan albergar a más de 100 personas; determinado por el dictamen técnico de estabilidad o seguridad estructural expedido por un Corresponsable en Seguridad Estructural;

II. Cuando no exista suficiente evidencia teórica o experimental para juzgar en forma confiable la seguridad de la estructura en cuestión, y

III. Cuando la Delegación previa opinión de la Secretaría de Obras y Servicios lo determine conveniente en razón de duda en la calidad y resistencia de los materiales o en cuanto al proyecto estructural y a los procedimientos constructivos. La opinión de la Secretaría tendrá el carácter de vinculatorio.

Artículo 186.- Para realizar una prueba de carga mediante la cual se requiera verificar la seguridad de la estructura, se seleccionará la forma de aplicación de la carga de prueba y la zona de la estructura sobre la cual se aplicará, de acuerdo con las siguientes disposiciones:

I. Cuando se trate de verificar la seguridad de elementos o conjuntos que se repiten, bastará seleccionar una fracción representativa de ellos, pero no menos de tres, distribuidas en distintas zonas de la estructura;

II. La intensidad de la carga de prueba deberá ser igual a 85% de la de diseño incluyendo los factores de carga que correspondan;

III. La zona en que se aplique será la que produzca los efectos más desfavorables, en los elementos o conjuntos seleccionados;

IV. Previamente a la prueba se someterán a la aprobación de la Secretaría de Obras y Servicios, el procedimiento de carga y el tipo de datos que se recabarán en dicha prueba, tales como deflexiones, vibraciones y agrietamientos;

V. Para verificar la seguridad ante cargas permanentes, la carga de prueba se dejará actuando sobre la estructura no menos de 24 horas;

VI. Se considerará que la estructura ha fallado si ocurre una falla local o incremento local brusco de desplazamiento o de la curvatura de una sección. Además, si 24 horas después de quitar la sobrecarga la estructura no muestra una recuperación mínima de 75% de su deflexión, se repetirá la prueba;

VII. La segunda prueba de carga no debe iniciarse antes de 72 horas de haberse terminado la primera;

VIII. Se considerará que la estructura ha fallado si después de la segunda prueba la recuperación no alcanza, en 24 horas, el 75% de las deflexiones debidas a dicha segunda prueba;

IX. Si la estructura pasa la prueba de carga, pero como consecuencia de ello se observan daños tales como agrietamientos excesivos, debe repararse localmente y reforzarse.

Podrá considerarse que los elementos horizontales han pasado la prueba de carga, aún si la recuperación de las flechas no alcanzaran en 75%, siempre y cuando la flecha máxima no exceda de 2 mm + L 2 /(20,000h), donde L, es el claro libre del miembro que se ensaye y h su peralte total en las mismas unidades que L; en voladizos se tomará L como el doble del claro libre;

X. En caso de que la prueba no sea satisfactoria, debe presentarse a la Delegación un estudio proponiendo las modificaciones pertinentes, el cual será objeto de opinión por parte de la Secretaría de Obras y Servicios. Una vez realizadas las modificaciones, se llevará a cabo una nueva prueba de carga;

XI. Durante la ejecución de la prueba de carga, deben tomarse las medidas necesarias para proteger la seguridad de las personas;

El procedimiento para realizar pruebas de carga de pilotes será el incluido en las Normas, y

XII. Cuando se requiera evaluar mediante pruebas de carga la seguridad de una edificación ante efectos sísmicos, deben diseñarse procedimientos de ensaye y criterios de evaluación que tomen en cuenta las características peculiares de la acción sísmica, como son la aplicación de efectos dinámicos y de repeticiones de carga alternadas. Estos procedimientos y criterios deben ser aprobados por la Secretaría de Obras y Servicios.

TÍTULO SÉPTIMO
DE LA CONSTRUCCIÓN

CAPÍTULO I
GENERALIDADES

(REFORMADO PRIMER PÁRRAFO, G.O. 17 DE JUNIO DE 2016)

Artículo 187.- Una copia de los planos o croquis registrados y de la licencia de construcción especial, debe conservarse en las obras durante la ejecución de éstas y estar a disposición de la Administración.

Durante la ejecución de una obra deben tomarse las medidas necesarias para no alterar la accesibilidad y el funcionamiento de las edificaciones e instalaciones en predios colindantes o en la vía pública.

Deben observarse, las disposiciones establecidas por la Ley Ambiental del Distrito Federal y su Reglamento, así como las demás disposiciones aplicables para la Protección del Medio Ambiente.

(REFORMADO, G.O. 17 DE JUNIO DE 2016)

Artículo 188.- Los materiales de construcción, escombros u otros residuos con excepción de los peligrosos, generados en las obras, podrán colocarse en las banquetas de vía pública por no más de 24 horas, sin invadir la superficie de rodamiento y sin obstruir o impedir el paso de peatones y de personas con discapacidad, previo permiso otorgado por la Administración en el que deberán constar las condiciones y horarios para ello.

(REFORMADO, G.O. 17 DE JUNIO DE 2016)

Artículo 189.- Los vehículos que carguen o descarguen materiales para una obra podrán realizar sus maniobras en la vía pública durante los horarios que autorice la Administración, mismo que será visible en el letrero de la obra a que hace referencia el artículo 35 fracción VI de este Reglamento; y se apegará a lo que disponga al efecto el Reglamento de Tránsito del Distrito Federal.

(ADICIONADO, G.O. 17 DE JUNIO DE 2016)

No se podrá afectar la funcionalidad de la vía pública con equipos, maquinaria y actividades de obra relacionadas con la misma de lo contrario será motivo de sanción por parte de la autoridad competente, conforme al Reglamento.

(REFORMADO, G.O. 17 DE JUNIO DE 2016)

Artículo 190.- Los escombros, excavaciones y cualquier otro obstáculo para el tránsito en la vía pública, originados por obras públicas o privadas, serán protegidos con barreras, cambio de textura o borde en piso a una distancia mínima de un metro para ser percibidos por las personas con discapacidad y señalados por los responsables de las obras con banderas y letreros durante el día y con señales luminosas claramente visibles durante la noche, de acuerdo al Manual de Dispositivos para el Control de Tránsito en Zonas Urbanas y Suburbanas emitido por la Secretaría de Movilidad y a la NOM-086-SCT vigente o la que la sustituye, de señalamiento y dispositivos para protección en zonas de obras viales.

(REFORMADO, G.O. 17 DE JUNIO DE 2016)

Artículo 191.- Los propietarios o poseedores de los predios o inmuebles de obras en construcción, están obligados a reparar o reponer por su cuenta las banquetas, guarniciones, brocales y todo aquel elemento que se haya deteriorado con motivo de la ejecución de la obra, con iguales características y calidad de las existentes. Estos trabajos se consideran implícitos en el registro de manifestación de construcción o en la licencia de construcción especial. En su defecto, la Administración ordenará los trabajos de reparación o reposición con cargo a los propietarios o poseedores. Si se trata de esquinas y no existen rampas peatonales, éstas se construirán de acuerdo a los requerimientos de accesibilidad que establezcan las Normas.

Artículo 192.- Los equipos eléctricos en instalaciones provisionales, utilizados durante la obra, deben cumplir con las Normas Oficiales Mexicanas que correspondan.

(REFORMADO, G.O. 17 DE JUNIO DE 2016)

Artículo 193.- Los propietarios o poseedores de las obras cuya construcción sea suspendida por cualquier causa por más de 45 días naturales, están obligados a dar aviso a la autoridad correspondiente, a limitar sus predios con la vía pública por medio de cercas o bardas y a clausurar los vanos que fuere necesario, a fin de impedir el acceso a la construcción.

Artículo 194.- Los tapiales, de acuerdo con su tipo, deberán ajustarse a las siguientes disposiciones:

I. De barrera: cuando se ejecuten obras de pintura, limpieza o similares, se colocarán barreras que se puedan remover al suspenderse el trabajo diario. Estarán pintadas y tendrán leyendas de "Precaución". Se construirán de manera que no obstruyan o impidan la vista de las señales de tránsito, de las placas de nomenclatura o de los aparatos y accesorios de los servicios públicos, en caso necesario, se solicitará a la Administración su traslado provisional a otro lugar;

(REFORMADA, G.O. 17 DE JUNIO DE 2016)

II. De marquesina: cuando los trabajos se ejecuten a más de 5 m de altura, se colocarán marquesinas que cubran suficientemente la zona inferior de las obras, tanto sobre la banqueta como sobre los predios colindantes. Se colocarán de tal manera que la altura de caída de los materiales de demolición o de construcción sobre ellas, no exceda de cinco metros;

(REFORMADA, G.O. 17 DE JUNIO DE 2016)

III. Fijos: en las obras que se ejecuten en un predio a una distancia menor de 10 m de la vía pública, se colocarán tapiales fijos que cubran todo el frente o frentes de la misma. Serán de madera, lámina, concreto, mampostería o de otro material que ofrezca garantías de seguridad. Tendrán una altura mínima de 2.40 m; deben estar pintados y no tener más claros que los de las puertas, las cuales se mantendrán cerradas. Cuando la fachada quede al paño del alineamiento, el tapial podrá abarcar una franja anexa hasta de 0.50 m sobre la banqueta. Previa solicitud, la Administración podrá conceder mayor superficie de ocupación de banquetas; siempre y cuando no se impida el paso de peatones incluyendo a personas con discapacidad;

(REFORMADA, G.O. 17 DE JUNIO DE 2016)

IV. De paso cubierto: en obras cuya altura sea mayor de 10 m y en aquellas en que la invasión de banqueta lo amerite, la Administración exigirá la colocación de un tapial de paso cubierto, además del tapial de barrera. Tendrá, cuando menos, una altura de 2.40 m y una anchura libre de 1.20 m. Sobre el tapial en el primer nivel, se podrá instalar de manera temporal una oficina de obra o depósito de materiales, y

(REFORMADO, G.O. 17 DE JUNIO DE 2016)

En casos especiales, el Director Responsable de Obra podrá solicitar a la Administración la colocación, en su caso, de tapiales diferentes a los especificados en este artículo.

Ningún elemento de los tapiales quedará a menos de 0.50 m de la vertical sobre la guarnición de la banqueta.

CAPÍTULO II
DE LA SEGURIDAD E HIGIENE EN LAS OBRAS

(REFORMADO, G.O. 17 DE JUNIO DE 2016)

Artículo 195.- Durante la ejecución de cualquier edificación u obra, el Director Responsable de Obra, el propietario o poseedor, o representante legal de la misma, si ésta no requiere Director Responsable de Obra, tomarán las precauciones, adoptarán las medidas técnicas y realizarán los trabajos necesarios para proteger la vida y la integridad física de los trabajadores y la de terceros, para lo cual deberán cumplir con lo establecido en este Capítulo, en la NOM-031-STPS-2011 de la Secretaría del Trabajo y Previsión Social vigente o la que la sustituye, en el Reglamento Federal de Seguridad y Salud en el Trabajo, así como en la Ley del Sistema de Protección Civil del Distrito Federal y su Reglamento.

(REFORMADO PRIMER PÁRRAFO, G.O. 17 DE JUNIO DE 2016)

Artículo 196.- Durante la construcción de cualquier edificación, deben tomarse las precauciones necesarias para evitar los incendios y para combatirlos mediante el equipo de extinción adecuado. Esta protección debe proporcionarse tanto al área ocupada por la obra en sí, como a las colindancias, bodegas, almacenes y oficinas. El equipo de extinción de fuego debe ubicarse en lugares de fácil acceso en las zonas donde se ejecuten soldaduras u otras operaciones que puedan originar incendios y se identificará mediante señales, letreros o símbolos claramente visibles.

(REFORMADO, G.O. 17 DE JUNIO DE 2016)

Los extintores de fuego deben cumplir con lo indicado en este Reglamento y sus Normas, en las Normas Oficiales Mexicanas vigentes y en el Reglamento Federal de Seguridad y Salud en el Trabajo, así como, en la Ley del Sistema de Protección Civil del Distrito Federal y su Reglamento.

Los aparatos y equipos que se utilicen en la edificación, que produzcan humo o gas proveniente de la combustión, deben ser colocados de manera que se evite el peligro de incendio o de intoxicación.

(REFORMADO, G.O. 17 DE JUNIO DE 2016)

Artículo 197.- Deben usarse redes de seguridad donde exista la posibilidad de caída de los trabajadores de las edificaciones, además de uso de arnés y líneas de vida, así como cumplir con lo indicado en la (sic) Normas Oficiales Mexicanas en la materia, cuando no puedan usarse cinturones de seguridad, líneas de amarre o andamios con barandales.

(REFORMADO, G.O. 17 DE JUNIO DE 2016)

Artículo 198.- Los trabajadores deben usar los equipos de protección personal en los casos que se requiera, de conformidad con lo indicado por las Normas Oficiales Mexicanas en la materia, en el Reglamento Federal de Seguridad y Salud en el Trabajo; así como en la Ley del Sistema de Protección Civil del Distrito Federal y su Reglamento.

(REFORMADO, G.O. 17 DE JUNIO DE 2016)

Artículo 199.- En las obras deben proporcionarse a los trabajadores por separado servicios provisionales de agua potable y un sanitario portátil, excusado o letrina por cada 25 trabajadores o fracción excedente de 15; para hombres y uno para mujeres y mantener permanentemente un botiquín portátil con el material, manual y equipo de curación necesarios para proporcionar losprimeros (sic) auxiliosen (sic) la obra, de igual manera se deberá tener un directorio que contenga los números telefónicos de los servicios de urgencias.

CAPÍTULO III
DE LOS MATERIALES Y PROCEDIMIENTOS DE CONSTRUCCIÓN

Artículo 200.- Los materiales empleados en la construcción deben ajustarse a las siguientes disposiciones:

I. La resistencia, calidad y características de los materiales empleados en la construcción, serán las que se señalen en las especificaciones de diseño y los planos constructivos registrados, y deben satisfacer las Normas de este Reglamento, y las Normas Oficiales Mexicanas o Normas Mexicanas, y

II. Cuando se proyecte utilizar en una construcción algún material nuevo del cual no existan Normas o Normas Oficiales Mexicanas o Normas Mexicanas, el Director Responsable de Obra debe solicitar la aprobación previa de la Secretaría de Obras y Servicios para lo cual presentará los resultados de las pruebas de verificación de calidad de dicho material.

Artículo 201.- Los materiales de construcción deben ser almacenados en las obras de tal manera que se evite su deterioro y la intrusión de materiales extraños que afecten las propiedades y características del material.

(REFORMADO PRIMER PÁRRAFO, G.O. 17 DE JUNIO DE 2016)

Artículo 202.- El Director Responsable de Obra debe vigilar que se cumpla con este Reglamento, las Normas y con lo especificado en el proyecto, principalmente en lo que se refiere a los siguientes aspectos:

I. Propiedades mecánicas de los materiales;

II. Tolerancias en las dimensiones de los elementos estructurales, como medidas de claros, secciones de las piezas, áreas y distribución del acero y espesores de recubrimientos;

III. Nivel y alineamiento de los elementos estructurales, y

IV. Cargas muertas y vivas en la estructura, incluyendo las que se deban a la colocación de materiales durante la ejecución de la obra.

Artículo 203.- Podrán utilizarse los nuevos procedimientos de construcción que el desarrollo de la técnica introduzca, previa autorización de la Secretaría de Obras y Servicios, para lo cual el Director Responsable de Obra debe presentar una justificación de idoneidad detallando el procedimiento propuesto y anexando, en su caso, los datos de los estudios y los resultados de las pruebas experimentales efectuadas.

Artículo 204.- Deben realizarse las pruebas de verificación de calidad de materiales que señalen las normas oficiales correspondientes y las Normas. En caso de duda, la Administración podrá exigir los muestreos y las pruebas necesarias para verificar la calidad y resistencia especificadas de los materiales, aún en las obras terminadas.

El muestreo debe efectuarse siguiendo métodos estadísticos que aseguren que el conjunto de muestras sea representativo en toda la obra.

La Secretaría de Obras y Servicios llevará un registro de los laboratorios o empresas que, a su juicio, puedan realizar estas pruebas.

Artículo 205.- Los elementos estructurales que se encuentren en ambiente corrosivo o sujetos a la acción de agentes físicos, químicos o biológicos que puedan hacer disminuir su resistencia, deben ser de material resistente a dichos efectos, o recubiertos con materiales o sustancias protectoras y tendrán un mantenimiento preventivo que asegure su funcionamiento dentro de las condiciones previstas en el proyecto.

En los paramentos exteriores de los muros debe impedirse el paso de la humedad; el mortero de las juntas debe resistir el intemperismo.

CAPÍTULO IV
DE LAS MEDICIONES Y TRAZOS

(REFORMADO PRIMER PÁRRAFO, G.O. 17 DE JUNIO DE 2016)

Artículo 206.- En las edificaciones en que se requiera llevar registro de posibles desplazamientos y/o movimientos verticales, de acuerdo con el artículo 176 de este Reglamento, así como en aquellas en que el Director Responsable de Obra lo considere necesario o la Administración lo ordene, se instalarán referencias fijas o bancos de nivel, suficientemente alejados de la cimentación o estructura de que se trate, para no ser afectados por los movimientos de las mismas o de otras cargas cercanas, y se referirán a éstos las nivelaciones que se hagan.

En este caso, también se efectuarán nivelaciones a las edificaciones ubicadas en los predios colindantes a la construcción con objeto de observar su comportamiento.

Artículo 207.- Antes de iniciarse una construcción debe verificarse el trazo del alineamiento del predio con base en la constancia de alineamiento y número oficial, y las medidas de la poligonal del perímetro, así como la situación del predio en relación con los colindantes, la cual debe coincidir con los datos correspondientes del título de propiedad, en su caso. Se trazarán después los ejes principales del proyecto, refiriéndolos a puntos que puedan conservarse fijos. Si los datos que arroje el levantamiento del predio exigen un ajuste de las distancias entre los ejes consignados en los planos arquitectónicos, debe dejarse constancia de las diferencias mediante anotaciones en bitácora o elaborando planos del proyecto ajustado. El Director Responsable de Obra debe hacer constar que las diferencias no afectan la seguridad estructural ni el funcionamiento de la construcción, ni la separación exigida entre edificaciones adyacentes a que se refiere el artículo 166 de este Reglamento. En caso necesario deben hacerse las modificaciones pertinentes al proyecto arquitectónico y al estructural.

CAPÍTULO V
DE LAS EXCAVACIONES Y CIMENTACIONES

Artículo 208.- Para la ejecución de las excavaciones y la construcción de cimentaciones se observarán las disposiciones del Capítulo VIII del Título Sexto de este Reglamento, así como las Normas. En particular se cumplirá lo relativo a las precauciones para que no resulten afectadas las edificaciones y predios vecinos ni los servicios públicos, de acuerdo con lo dispuesto en el artículo 172 de este Reglamento.

(REFORMADO, G.O. 17 DE JUNIO DE 2016)

Artículo 209.- Si en el proceso de una excavación se encuentran restos fósiles o arqueológicos, se debe suspender de inmediato la excavación en ese lugar y notificar a la Administración para que lo haga del conocimiento de las dependencias de la Administración Pública Federal y/o Local competentes.

(REFORMADO, G.O. 17 DE JUNIO DE 2016)

Artículo 210.- El uso de explosivos en excavaciones queda condicionado a la autorización y cumplimiento de los ordenamientos que señale la Secretaría de la Defensa Nacional y a las restricciones y elementos de protección que ordene la Administración.

CAPÍTULO VI
DEL DISPOSITIVO PARA TRANSPORTE VERTICAL EN LAS OBRAS

Artículo 211.- Los dispositivos empleados para transporte vertical de materiales o de personas durante la ejecución de las obras, deben ofrecer adecuadas condiciones de seguridad.

Sólo se permitirá transportar personas en las obras por medio de elevadores cuando éstos hayan sido diseñados, construidos e instalados con barandales, freno automático que impida la caída libre y guías en toda su altura que eviten el volteamiento.

Los elevadores deben contar con todas las medidas de seguridad adecuadas.

Artículo 212.- Las máquinas elevadoras y bandas transportadoras empleadas durante la ejecución de las obras, incluidos sus elementos de sujeción, anclaje y sustentación, deben:

I. Ser de buena construcción mecánica y resistencia adecuada;

II. Mantenerse en buen estado de conservación y funcionamiento;

III. Revisarse y examinarse periódicamente durante la operación en la obra y antes de ser utilizadas, particularmente en sus elementos mecánicos tales como: cables, anillos, cadenas, garfios, manguitos, poleas, y eslabones giratorios usados para izar y/o descender materiales o como medio de suspensión;

IV. Indicar claramente la carga útil máxima de la máquina de acuerdo con sus características, incluyendo la carga admisible para cada caso, si ésta es variable, y

V. Estar provistas de los accesorios necesarios para evitar descensos accidentales.

(REFORMADO PRIMER PÁRRAFO, G.O. 17 DE JUNIO DE 2016)

Artículo 213.- Cuando el desarrollo de una obra pública o privada en construcción, requiera de la instalación y uso de una o más grúas-torre, el propietario y/o el constructor deberán presentar ante la Administración para su visto bueno, la información correspondiente a su localización céntrica dentro del predio, sus rangos de operación y áreas de proyección del brazo giratorio, asegurándose de que dicha operación no dañe edificaciones vecinas, infraestructura urbana, ni ponga en peligro el libre y seguro tránsito de personas o vehículos en la vía pública, presentando una fianza de responsabilidad civil.

Se debe hacer una prueba completa de todas las funciones de las grúas-torre después de su erección o extensión y antes de que entren en operación.

Semanalmente deben revisarse y corregirse, en su caso, cables, contraventeos, malacates, brazo giratorio, frenos, sistema de control de sobrecarga y todos los elementos de seguridad. Debe elaborarse un reporte de verificación de esta revisión semanal y anexarse a la bitácora de obra.

CAPÍTULO VII
DE LAS INSTALACIONES

(REFORMADO, G.O. 17 DE JUNIO DE 2016)

Artículo 214.- Las instalaciones eléctricas, hidráulicas, sanitarias, contra incendio, de gas, vapor, combustible, líquidos, calentamiento de agua por el aprovechamiento de la energía solar, aire acondicionado, telefónicas, de comunicación y todas aquellas que se coloquen en las edificaciones, serán las que indique el proyecto, y garantizarán la eficiencia de las mismas, así como la seguridad de la edificación, trabajadores y usuarios, para lo cual deben cumplir con lo señalado en este Capítulo, en las Normas Oficiales Mexicanas, Normas Mexicanas aplicables y las demás disposiciones aplicables a cada caso.

Artículo 215.- En las instalaciones se emplearán únicamente tuberías, válvulas, conexiones materiales y productos que satisfagan las Normas y las demás disposiciones aplicables.

Artículo 216.- Los procedimientos para la colocación de instalaciones se sujetarán a las siguientes disposiciones:

I. El Director Responsable de Obra programará la colocación de las tuberías de instalaciones en los ductos destinados a tal fin en el proyecto, los pasos complementarios y las preparaciones necesarias para no romper los pisos, muros, plafones y elementos estructurales;

II. En los casos que se requiera ranurar muros y elementos estructurales para la colocación de tuberías, se trazarán previamente las trayectorias de dichas tuberías, y su ejecución será aprobada por el Director Responsable de Obra y el Corresponsable en Seguridad Estructural y el Corresponsable en Instalaciones, en su caso. Las ranuras en elementos de concreto no deben afectar a los recubrimientos mínimos del acero de refuerzo señalados en las Normas;

III. Los tramos verticales de las tuberías de instalaciones se colocarán empotrados en los muros o elementos estructurales o sujetos a éstos mediante abrazaderas, y

IV. Las tuberías alojadas en terreno natural se sujetarán a las disposiciones indicadas en las Normas.

(REFORMADO, G.O. 17 DE JUNIO DE 2016)

Artículo 217.- Los tramos de tuberías de las instalaciones hidráulicas, sanitarias, contra incendio, de gas, vapor, combustibles líquidos, calentamiento de agua por medio del aprovechamiento de la energía solar, aire comprimido, oxígeno y otros, deben unirse y sellarse herméticamente, de manera que se impida la fuga del fluido que conduzcan, para lo cual debe observarse lo que se establece en las Normas Oficiales Mexicanas, Normas Mexicanas aplicables y demás disposiciones aplicables

Artículo 218.- Las tuberías para las instalaciones a que se refiere el artículo anterior se probarán según el uso y tipo de instalación, de acuerdo con lo indicado en las Normas y demás disposiciones aplicables.

CAPÍTULO VIII
DE LAS FACHADAS

(REFORMADO, G.O. 17 DE JUNIO DE 2016)

Artículo 219.- Los materiales de recubrimientos en fachadas se fijarán mediante el sistema que proporcione el anclaje o la adherencia necesarios, y se tomarán las medidas que permitan los movimientos estructurales previsibles, así como para evitar el paso de humedad a través del revestimiento.

(REFORMADO, G.O. 17 DE JUNIO DE 2016)

Artículo 220.- Los vidrios, cristales y materiales frágiles deben colocarse tomando en cuenta los posibles movimientos de la edificación y contracciones ocasionadas por cambios de temperatura. Los asientos y selladores empleados en la colocación de piezas mayores a 1.5 m2 deberán absorber tales deformaciones y conservar su elasticidad, debiendo observarse lo dispuesto en el Capítulo VI del Título Sexto de este Reglamento y las Normas, respecto de las holguras necesarias para absorber movimientos sísmicos.

(REFORMADO, G.O. 17 DE JUNIO DE 2016)

Artículo 221.- Las ventanas, canceles, fachadas integrales y otros elementos de fachada deben resistir las cargas ocasionadas por los efectos de viento, según lo que establece el Capítulo VII del Título Sexto de este Reglamento y las Normas.

Para estos elementos, la Administración, previa opinión de la Secretaría de Obras y Servicios o por sí misma, podrán exigir pruebas de resistencia al viento a tamaño natural.

CAPÍTULO IX
DE LAS MEDIDAS DE SEGURIDAD

(REFORMADO, G.O. 17 DE JUNIO DE 2016)

Artículo 222.- Cuando se interrumpa una excavación, se ejecutarán las obras necesarias para evitar que se presenten movimientos que puedan dañar a las edificaciones y predios colindantes o a las instalaciones de la vía pública y que ocurran fallas en los taludes o fondo de la excavación por intemperismo prolongado, descompensación del terreno o por cualquier otra causa.

Se tomarán también las precauciones necesarias para impedir el acceso al sitio de la excavación mediante señalamiento adecuado y barreras para evitar accidentes, asimismo se deberá cumplir con lo indicado por las Normas Oficiales Mexicanas aplicables en la materia.

(REFORMADO PRIMER PÁRRAFO, G.O. 17 DE JUNIO DE 2016)

Artículo 223.- El propietario, poseedor o representante legal y el constructor acatarán las instrucciones indicadas en la bitácora de obra por el Director Responsable de Obra y/o Corresponsables, en su caso, para asegurar que las obras suspendidas a que se refiere el artículo 193 de este Reglamento, queden en condiciones de estabilidad y seguridad, que no impliquen un riesgo para los peatones y construcciones contiguas, asimismo se deberá cumplir con lo indicado por las Normas Oficiales Mexicanas aplicables en la materia.

(DEROGADO SEGUNDO PÁRRAFO, G.O. 17 DE JUNIO DE 2016)

(REFORMADO PRIMER PÁRRAFO, G.O. 17 DE JUNIO DE 2016)

Artículo 224.- Cuando la Administración tenga conocimiento de que una edificación, estructura o instalación presente algún peligro para las personas o los bienes, previo dictamen técnico de la autoridad competente o de un Corresponsable en Seguridad Estructural o en Instalaciones o un Director Responsable de Obra, requerirá al propietario, poseedor o representante legal con la urgencia que el caso amerite, para que realice las reparaciones, obras o demoliciones necesarias, de conformidad con la Ley.

(ADICIONADO, G.O. 17 DE JUNIO DE 2016)

Cuando la demolición tenga que hacerse en forma parcial, ésta comprenderá también la parte que resulte afectada por la misma demolición para garantizar la continuidad estructural.

(ADICIONADO, G.O. 17 DE JUNIO DE 2016)

La Administración podrá intervenir en la edificación, estructura o instalación para tomar las medidas necesarias que garanticen la seguridad de las personas o bienes, en los casos previstos en la Ley.

(REFORMADO, G.O. 17 DE JUNIO DE 2016)

Artículo 225.- Una vez concluidas las obras o los trabajos que hayan sido ordenados de acuerdo con el artículo anterior de este Reglamento, el propietario, poseedor o constructor y el Director Responsable de Obra darán aviso de terminación a la autoridad que ordenó los trabajos, quien verificará la correcta ejecución de los mismos, pudiendo, en su caso, ordenar su modificación o corrección debiendo realizarlas en un período no mayor a 30 días hábiles posteriores a dicho evento.

(REFORMADO, G.O. 17 DE JUNIO DE 2016)

Artículo 226.- Si como resultado del dictamen técnico referido en el artículo 224de (sic) este Reglamento y una vez que el propietario o poseedor hubiese sido requerido para realizar las reparaciones, obras o demoliciones indispensables y se presentara una negativa del propietario, poseedor o representante legal, así como de los habitantes del inmueble para desocuparlo de manera parcial o total, la Administración podrá intervenir en la edificación, estructura o instalación para tomar las medidas necesarias que garanticen la seguridad de las personas o bienes, haciendo uso de la fuerza pública, en su caso, para hacer cumplir la orden.

Artículo 227.- En caso de desacuerdo del o los ocupantes de una construcción, en contra de la orden de desocupación a que se refiere el artículo anterior, los afectados podrán interponer recurso de inconformidad de acuerdo con lo previsto en la Ley de Procedimiento Administrativo del Distrito Federal. Si se confirma la orden de desocupación y persiste la renuencia a acatarla, la Administración podrá hacer uso de la fuerza pública para hacer cumplir la orden.

El término para la interposición del recurso a que se refiere este precepto será de tres días hábiles contados a partir de la fecha en que se haya notificado al interesado la orden de desocupación, La Autoridad debe resolver el recurso dentro de un plazo de tres días hábiles, contados a partir de la fecha de interposición del mismo.

La orden de desocupación no implica la pérdida de los derechos u obligaciones que existan entre el propietario y los inquilinos del inmueble.

Artículo 228.- La autoridad competente podrá imponer como medida de seguridad la suspensión total de las obras, terminadas o en ejecución, de acuerdo con lo dispuesto por la Ley y el Reglamento de Verificación Administrativa del Distrito Federal, cuando la construcción:

I. No se ajuste a las medidas de seguridad y demás protecciones que señala este Reglamento;

II. Se ejecute sin ajustarse al proyecto registrado o aprobado, con excepción de las diferencias permitidas en el artículo 70 de este Reglamento;

III. Represente peligro grave o inminente, con independencia de aplicar en su caso el supuesto señalado en el artículo 254 de este Reglamento.

Cuando la autoridad imponga alguna medida de seguridad debe señalar el plazo que concede al visitado para efectuar las correcciones y trabajos necesarios, procediendo el levantamiento de sellos de suspensión, previa solicitud del interesado, para el solo efecto de que se realicen los trabajos y acciones que corrijan las causas que motivaron la imposición de la medida de seguridad.

(REFORMADO, G.O. 12 DE ENERO DE 2015)

La corrección de las causas que motiven la imposición de medidas de seguridad no exime al interesado de las sanciones económicas aplicables.

(ADICIONADO, G.O. 12 DE ENERO DE 2015)

En ningún caso podrá implementarse la suspensión de la obra cuando la irregularidad detectada pueda solventarse al momento mismo de la realización de la visita de verificación o sea subsanable dando un plazo perentorio no mayor a tres días, como puede ser en los siguientes supuestos:

a) Que los trabajadores realicen actividad sin contar con alguno de los siguientes aditamentos de seguridad: guantes, botas, arnés de seguridad, líneas de vida, chaleco, cascos y en general por cualquier situación que afecte de manera directa la seguridad de un trabajador. Caso en el cual bastará que el Director Responsable de Obra, Propietario y/o responsable de obra solicite o bien que el trabajador subsane la falta del aditamento de seguridad o bien que se de el retiro inmediato de los trabajadores que se encuentren en dicha hipótesis, de lo que el personal Especializado en Funciones de Verificación deberá tomar nota en el desahogo de la visita de verificación, de tal forma que se garantice que ninguno de tales trabajadores se encuentre en una situación de riesgo durante el desarrollo de la actividad;

b) Que la obra no cuente con la totalidad de extintores en adecuadas condiciones de uso. En este caso se dará un plazo de tres días al verificado para que subsane la irregularidad, en caso de no hacerlo se procederá a la suspensión inmediata de la obra.

c) Por ausencia de protección a vacíos y/o a predios colindantes. En este caso se dará un plazo de tres días al verificado para que subsane la irregularidad, en caso de no hacerlo se procederá a la suspensión inmediata de la obra;

d) Por ausencia de botiquín. De no solventarse al momento de la visita se dará un plazo de tres días al verificado para que subsane la irregularidad, en caso de no hacerlo se procederá a la suspensión inmediata de la obra;

e) Ausencia de señalizaciones para ruta de evacuación, salida de emergencia, extintores, ¿Qué hacer en caso de incendio o sismo?. En este caso se dará un plazo de tres días al verificado para que subsane la irregularidad, en caso de no hacerlo se procederá a la suspensión inmediata de la obra.

f) Obstrucción de la banqueta o vía pública. En este caso se dará un plazo de tres días al verificado para que subsane la irregularidad, en caso de no hacerlo se procederá a la suspensión inmediata de la obra.

(ADICIONADO, G.O. 12 DE ENERO DE 2015)

Los plazos señalados en los incisos anteriores, se computarán a partir del día siguiente en que se circunstancie el acta de verificación y/o inspección que determine tales hechos y una vez cumplido el mismo se emitirá orden a efecto de que el Personal Especializado en Funciones de Verificación constate la solventación de tales irregularidades y en caso contrario procederá a la suspensión de la obra.

(ADICIONADO, G.O. 12 DE ENERO DE 2015)

El hecho de que se subsane la causa de riesgo sólo evitará la ejecución de una suspensión, pero ello no implica que el verificado quede exento de la aplicación de las multas señaladas en el presente reglamento al momento de emitir la resolución de la visita de verificación. De igual forma, no se concederá plazo alguno para subsanar alguna causa de riesgo en casos de reincidencia.

(ADICIONADO, G.O. 12 DE ENERO DE 2015)

En caso que dentro del plazo de los tres días que se haya otorgado para subsanar el supuesto detectado, ocurriera un accidente derivado de no solventar dicho supuesto, el Director Responsable de Obra y/o Corresponsables de la obra y/o Constructor y/o Propietario de predio u obra, serán responsables de tal circunstancia, y les será aplicable la sanción prevista en el artículo 42, fracción III, inciso a) del presente reglamento.

(ADICIONADO, G.O. 12 DE ENERO DE 2015)

Las hipótesis planteadas en los incisos a) al f), no restringen las atribuciones de la Secretaria de Protección Civil respecto de una posible determinación de riesgo inminente en términos de la Ley del Sistema de Protección Civil del Distrito Federal.

TÍTULO OCTAVO
DEL USO, OPERACIÓN Y MANTENIMIENTO

CAPÍTULO ÚNICO
DEL USO Y CONSERVACIÓN DE PREDIOS Y EDIFICACIONES

Artículo 229.- La Delegación establecerá las medidas de protección que, además de lo dispuesto en la Ley Ambiental del Distrito Federal, deben cumplir los inmuebles cuando:

I. Produzcan, almacenen, distribuyan, vendan o manejen objetos o sustancias tóxicas, contaminantes, corrosivas, reactivas, explosivas o flamables, según el área en que se encuentren: habitacional, industrial, entre otras;

II. Acumulen escombro o basura;

III. Se trate de excavaciones profundas;

IV. Impliquen la aplicación de cargas o la transmisión de vibraciones a las edificaciones, mayores a las de diseño autorizado, y

V. Produzcan humedad, salinidad, gases, humos, polvos, ruidos, cambios importantes de temperatura, malos olores, u otros efectos perjudiciales o molestos que puedan ocasionar daño al medio ambiente, a terceros en su persona, sus propiedades o posesiones.

(REFORMADO PRIMER PÁRRAFO, G.O. 17 DE JUNIO DE 2016)

Artículo 230.- Ningún inmueble podrá utilizarse para un uso diferente del autorizado ni modificar el funcionamiento estructural del proyecto aprobado, sin haber obtenido previamente el cambio de uso de edificaciones, señaladas en el artículo 73 de este Reglamento, de lo contrario, la Administración ordenará, con base en el dictamen técnico, lo siguiente:

I. La restitución de inmediato al uso aprobado, en caso de que pueda hacerse sin la necesidad de efectuar obras, y

II. La ejecución de obras, adaptaciones, instalaciones y otros trabajos que sean necesarios para el correcto funcionamiento del inmueble y restitución al uso aprobado, dentro del plazo que para ello se señale.

Artículo 231.- Los propietarios o poseedores de las edificaciones y predios tienen obligación de conservarlos en buenas condiciones de estabilidad, servicio, aspecto e higiene, evitar que se conviertan en molestia o peligro para las personas o los bienes, reparar y corregir los desperfectos, fugas, de no rebasar las demandas de consumo del diseño autorizado en las instalaciones y observar, las siguientes disposiciones:

I. Los acabados en las fachadas deben mantenerse en buen estado de conservación, aspecto e higiene;

II. Los predios, excepto los que se ubiquen en zonas que carezcan de servicios públicos de urbanización, deben contar con cercas en sus límites que no colinden con edificaciones permanentes o con cercas existentes, de una altura mínima de 2.50 m, construidas con cualquier material, excepto madera, cartón, alambrado de púas y otros similares que pongan en peligro la seguridad de personas y bienes;

III. Los predios no edificados deben estar libres de escombros, basura y drenados adecuadamente;

IV. Quedan prohibidas las instalaciones y edificaciones precarias en las azoteas, cualquiera que sea el uso que pretenda dárseles, y

V. El suelo de cimentación debe protegerse contra deterioro por intemperismo, arrastre por flujo de aguas superficiales o subterráneas y secado local por la operación de calderas o equipos similares.

Artículo 232.- Las edificaciones que requieran de dictamen de impacto urbano o impacto urbano-ambiental, según lo establecido en el Título Cuarto de este Reglamento, deben contar con manuales de operación y mantenimiento, cuyo contenido mínimo será:

I. Tendrá tantos capítulos como sistemas de instalaciones, estructura, acabados y mobiliario tenga la edificación;

II. En cada capítulo se hará la descripción del sistema en cuestión y se indicarán las acciones mínimas de mantenimiento preventivo y correctivo.

Los equipos de extinción de fuego deben someterse a lo que establezcan las Normas;

III. Para mantenimiento preventivo se indicarán los procedimientos y materiales a utilizar, así como su periodicidad. Se señalarán también los casos que requieran la intervención de especialistas, y

IV. Para mantenimiento correctivo se indicarán los procedimientos y materiales a utilizar para los casos más frecuentes, así como las acciones que requieran la intervención de especialistas.

(REFORMADO, G.O. 17 DE JUNIO DE 2016)

Artículo 233.- Los propietarios o poseedores de las edificaciones deben conservar y exhibir, cuando sean requeridos por la Administración, los planos, memoria de cálculo y la bitácora de obra, autorizados o registrados por la autoridad competente, que avalen la seguridad estructural de la edificación en su proyecto original y en caso de existir modificaciones en elementos estructurales, dichos planos y memoria deben estar actualizados y avalados por un Corresponsable en Seguridad Estructural, quien emitirá un dictamen técnico de estabilidad de Seguridad Estructural.

TÍTULO NOVENO
DE LAS AMPLIACIONES DE OBRAS

CAPÍTULO ÚNICO
DE LAS AMPLIACIONES DE OBRAS

(REFORMADO, G.O. 17 DE JUNIO DE 2016)

Artículo 234.- Las obras de ampliación sólo podrán ser autorizadas si los Programas permiten el uso del suelo, la densidad y/o intensidad de ocupación del suelo y además, se cumpla con los requerimientos establecidos en la Ley y este Reglamento. El propietario o poseedor, que cuente con el certificado de acreditación de uso del suelo por derechos adquiridos, no podrá ampliar la superficie de uso acreditada.

Artículo 235.- En las obras de ampliación no se podrán sobrepasar los límites de resistencia estructural, las capacidades de servicio de las instalaciones eléctricas, hidráulicas y sanitarias de las edificaciones en uso, excepto en los casos que exista la infraestructura necesaria para proporcionar el servicio, previa solicitud y aprobación de las autoridades correspondientes.

TÍTULO DÉCIMO
DE LAS DEMOLICIONES

CAPÍTULO ÚNICO
DE LAS MEDIDAS PREVENTIVAS EN DEMOLICIONES

(REFORMADO PRIMER PÁRRAFO, G.O. 17 DE JUNIO DE 2016)

Artículo 236.- Con la solicitud de licencia de construcción especial para demolición considerada en el Título Cuarto de este Reglamento, se debe presentar el programa en el que se indicará el orden en que se realizará cada una de las etapas de los trabajos, el volumen estimado y fechas aproximadas en que se demolerán los elementos de la edificación. En caso de prever el uso de explosivos, el programa señalará con toda precisión él o los días y la hora o las horas en que se realizarán las explosiones, que estarán sujetas a la aprobación de la Delegación.

El uso de explosivos para demoliciones queda condicionado a que la Secretaría de la Defensa Nacional otorgue el permiso correspondiente.

Artículo 237.- Las demoliciones de edificaciones con un área mayor de 60 m2 en planta baja o de un cuarto en cualquier otro nivel con un área mayor a 16 m2, deben contar con la responsiva de un Director Responsable de Obra o Corresponsable, en su caso, según lo dispuesto en el Título Cuarto de este Reglamento.

(REFORMADO, G.O. 17 DE JUNIO DE 2016)

Artículo 238.- Cualquier demolición en zonas declaradas de Monumentos Históricos, Artísticos y Arqueológicos de la Federación o cuando se trate de inmuebles afectos al patrimonio cultural urbano y/o ubicados dentro del Área de Conservación Patrimonial de la Ciudad de México requerirá, previo a la licencia de construcción especial para demolición, la autorización por parte de las autoridades federales que correspondan y el dictamen técnico favorable de la Secretaría de Desarrollo Urbano y Vivienda, debiendo contar en todos los casos, con responsiva de un Director Responsable de Obra y de los Corresponsables.

(REFORMADO, G.O. 17 DE JUNIO DE 2016)

Artículo 239.- Previo al inicio de la demolición, durante su ejecución y posterior a ella, se deben proveer todas las medidas de seguridad que determine el Director Responsable de Obra y el Corresponsable en Seguridad Estructural, en su caso.

(REFORMADO PRIMER PÁRRAFO, G.O. 17 DE JUNIO DE 2016)

Artículo 240.- En caso de prever el uso de explosivos, el programa señalará con toda precisión él o los días y la hora o las horas en que se realizarán las explosiones, las cuales estarán sujetas a la aprobación de la Administración. En los casos autorizados de demolición con explosivos, la Administración debe avisar a los vecinos la fecha y hora exacta de las explosiones, cuando menos con tres días naturales de anticipación.

(ADICIONADO, G.O. 17 DE JUNIO DE 2016)

El uso de explosivos para demoliciones queda condicionado a que la Secretaría de la Defensa Nacional otorgue el permiso correspondiente.

Artículo 241.- El procedimiento de demolición será propuesto por el Director Responsable de Obra y el Corresponsable en su caso y autorizado por la Delegación.

Artículo 242.- El horario de trabajo en el proceso de las obras de demolición quedará comprendido entre las 8:00 y las 18:00 horas. En caso de que sea necesario ampliar o modificar este horario, previo consentimiento de los vecinos, se deberá solicitar a la Delegación su aprobación.

(REFORMADO, G.O. 17 DE JUNIO DE 2016)

Artículo 243.- Los materiales, desechos y escombros provenientes de una demolición u obra en construcción, deben ser retirados en su totalidad en un plazo no mayor de 10 días naturales contados a partir del término de la demolición y bajo las condiciones que establezcan las autoridades correspondientes en materia de medio ambiente, movilidad y sitio de disposición final.

TÍTULO DÉCIMO PRIMERO
DE LAS VISITAS DE VERIFICACIÓN, SANCIONES Y RECURSOS

CAPÍTULO I
DE LAS VISITAS DE VERIFICACIÓN

(REFORMADO, G.O. 10 DE DICIEMBRE DE 2021)

Artículo 244.- Una vez registrada la manifestación de construcción, expedida la licencia de construcción especial o el Visto Bueno de Seguridad y Operación de las Instalaciones, la Administración ejercerá las funciones de vigilancia y verificación que correspondan, de conformidad con lo previsto en la Ley, la Ley de Procedimiento Administrativo para el Distrito Federal y el Reglamento de Verificación Administrativa para el Distrito Federal.

(REFORMADO, G.O. 10 DE DICIEMBRE DE 2021)

Artículo 245.- Las verificaciones a que se refiere este Reglamento tienen por objeto comprobar que los datos y documentos contenidos en el registro de manifestación de construcción, la licencia de construcción especial o el Visto Bueno de Seguridad y Operación de las Instalaciones, referentes a las edificaciones o instalaciones que se encuentren en proceso o terminadas, cumplan con las disposiciones de la Ley, de los Programas, de este Reglamento, sus Normas y demás ordenamientos jurídicos aplicables.

CAPÍTULO II
DE LAS SANCIONES

(REFORMADO, G.O. 17 DE JUNIO DE 2016)

Artículo 246.- La autoridad competente ordenará la implementación de las medidas de seguridad que estime pertinentes y a falta de su cumplimiento, aplicará las sanciones que resulten procedentes, en los términos de este Reglamento y demás disposiciones aplicables, independientemente de la responsabilidad civil o penal que resulte.

Las sanciones previstas en este Reglamento podrán ser impuestas conjunta o separadamente al propietario, poseedor, constructor, Director Responsable de Obra y/o Corresponsables en su caso, independientemente de las medidas de seguridad que ordene la autoridad competente.

La imposición y cumplimiento de las sanciones no eximirá al propietario, poseedor y/o constructor de la obligación de corregir las irregularidades que hayan dado motivo al levantamiento de la infracción.

Artículo 247.- La autoridad competente para fijar la sanción, debe tomar en cuenta las condiciones personales del infractor, la gravedad de la infracción y las modalidades y demás circunstancias en que la misma se haya cometido.

Artículo 248.- Las sanciones por infracciones a este Reglamento son las siguientes:

I. Amonestación por escrito;

(REFORMADA, G.O. 17 DE JUNIO DE 2016)

II. Multa que podrá ser de50 (sic) a 800 veces el valor de la Unidad de Cuenta de la Ciudad de México vigente, la que podrá incrementarse al doble en los casos de reincidencia;

III. Suspensión temporal del registro de Director Responsable de Obra y/o Corresponsable;

IV. Cancelación del registro del Director Responsable de Obra y/o Corresponsable;

(REFORMADA, G.O. 17 DE JUNIO DE 2016)

V. Suspensión, total o parcial;

(REFORMADA, G.O. 17 DE JUNIO DE 2016)

VI. Clausura, parcial o total;

(REFORMADA, G.O. 17 DE JUNIO DE 2016)

VII. Revocación;

(REFORMADA, G.O. 17 DE JUNIO DE 2016)

VIII. Nulidad, y

(ADICIONADA, G.O. 17 DE JUNIO DE 2016)

IX. Demolición, parcial o total.

(ADICIONADO, G.O. 12 DE ENERO DE 2015)

Todos los montos determinados en multas en el presente reglamento, se actualizarán año con año de acuerdo al índice de inflación que dé a conocer oficialmente el Banco de México adicionando dos puntos a dicho índice de inflación.

Artículo 249.- Independientemente de la aplicación de las sanciones pecuniarias a que se refiere el presente Capítulo, la autoridad competente procederá a clausurar las obras o instalaciones en ejecución, cuando:

I. Previo dictamen técnico emitido u ordenado por la Administración, se declare en peligro inminente la estabilidad o seguridad de la construcción;

(REFORMADO PRIMER PÁRRAFO, G.O. 17 DE JUNIO DE 2016)

II. La ejecución de una obra o de una demolición, que se realice sin las debidas precauciones y ponga en peligro la vida o la integridad física de las personas, pueda causar daños a bienes públicos y/o pongan en riesgo la prestación de los servicios públicos urbanos, la movilidad y funcionalidad de la vía pública;

(ADICIONADO, G.O. 12 DE ENERO DE 2015)

En cualquiera de estas hipótesis, previo a imponer los sellos de clausura, se notificará al propietario y/o encargado de la obra que cuenta con tres días naturales a partir del día siguiente en que sea notificada de la resolución que determine dicha clausura, para subsanar la irregularidad detectada, apercibiéndola que en caso de no hacerlo se procederá a la imposición de los sellos respectivos.

(REFORMADA, G.O. 17 DE JUNIO DE 2016)

III. No se dé cumplimiento a una orden de las previstas por el artículo 224 de este Reglamento, dentro del plazo que se haya fijado para tal efecto;

(REFORMADA, G.O. 17 DE JUNIO DE 2016)

IV. La construcción no se ajuste a las restricciones impuestas en el certificado único de zonificación de uso de suelo o certificado único de zonificación del suelo digital o certificado de acreditación de uso del suelo por derechos adquiridos y en la constancia de alineamiento y número oficial;

V. (DEROGADA, G.O. 12 DE ENERO DE 2015);

VI. La obra se ejecute sin registro de manifestación de construcción, en su caso;

(REFORMADA, G.O. 17 DE JUNIO DE 2016)

VII. La obra se ejecute sin la licencia de construcción especial;

(REFORMADA, G.O. 12 DE ENERO DE 2015)

VIII. El registro de manifestación de construcción sea declarado nulo;

En el caso de que haya expirado la vigencia de la manifestación de construcción, sólo ameritará el pago de una multa que irá del 1% y hasta el 10% del valor total de la construcción de acuerdo al avalúo correspondiente que emita un valuador registrado ante la Secretaría de Finanzas;

(REFORMADA, G.O. 12 DE ENERO DE 2015)

IX. La licencia de construcción especial sea revocada;

En el caso de que haya expirado la vigencia de la manifestación de construcción, sólo ameritará el pago de una multa que irá del 1% y hasta el 10% del valor total de la construcción de acuerdo al avalúo correspondiente que emita un valuador registrado ante la Secretaría de Finanzas;

X. La obra se ejecute sin la intervención y vigilancia, en su caso del Director Responsable de Obra y de los Corresponsables, en los términos de este Reglamento, y

XI. Se usen explosivos sin el permiso correspondiente.

(REFORMADO, G.O. 17 DE JUNIO DE 2016)

No obstante, el estado de clausura, en el caso de las fracciones I, II, III, y IV de este artículo, la autoridad competente podrá ordenar que se lleven a cabo las obras que procedan para hacer cesar el peligro, corregir los daños o violaciones, garantizar la prestación de los servicios públicos urbanos, la movilidad urbana y la funcionalidad de la vía pública, quedando el propietario o poseedor obligado a realizarlas.

El estado de clausura impuesto con base en este artículo no será levantado en tanto el propietario o poseedor no dé cabal cumplimiento a lo ordenado por la autoridad competente y se realicen las correcciones correspondientes y se hayan pagado las multas derivadas de las violaciones a este Reglamento.

Artículo 250.- Independientemente de la imposición de las sanciones pecuniarias a que haya lugar, la autoridad competente procederá a la clausura de las obras o instalaciones terminadas cuando:

I. La obra se haya ejecutado sin registro de manifestación de construcción, en su caso;

II. La obra se haya ejecutado sin licencia de construcción especial, en su caso;

III. La obra se haya ejecutado sin observar el proyecto aprobado fuera de los límites de tolerancia y sin sujetarse a lo previsto por los Títulos Cuarto, Quinto, Sexto y Séptimo de este Reglamento y las Normas;

IV. (DEROGADA, G.O. 12 DE ENERO DE 2015);

(REFORMADA, G.O. 10 DE DICIEMBRE DE 2021)

V. No se haya registrado ante la Administración el Visto Bueno de Seguridad y Operación de las Instalaciones a que se refiere el artículo 68 de este Reglamento, y

VI. (DEROGADA, G.O. 12 DE ENERO DE 2015);

El estado de clausura podrá ser total o parcial y no será levantado hasta en tanto no se hayan regularizado las obras o ejecutado los trabajos ordenados, en los términos del artículo 66 de este Reglamento.

(REFORMADO PRIMER PÁRRAFO, G.O. 17 DE JUNIO DE 2016)

Artículo 251.- Se sancionará al Director Responsable de Obra o al propietario o poseedor, y/o constructor, según sea el caso, con independencia de la reparación de los daños ocasionados a las personas o a los bienes, en los siguientes casos:

(REFORMADO PRIMER PÁRRAFO, G.O. 17 DE JUNIO DE 2016)

I. Con multa equivalente de50 (sic) a 100 veces el valor de la Unidad de Cuenta de la Ciudad de México vigente, cuando:

a) En la obra o instalación no muestre indistintamente, a solicitud del Verificador, copia del registro de manifestación de construcción o de la licencia de construcción especial, los planos sellados y la bitácora de obra, en su caso;

(REFORMADO, G.O. 17 DE JUNIO DE 2016)

b) Se obstaculice o impida la prestación de los servicios públicos urbanos, la funcionalidad de la vía pública; o se ocupe temporalmente con materiales de cualquier naturaleza la vía pública, sin contar con el permiso o autorización correspondiente, y

c) Se obstaculice o se impida en cualquier forma las funciones de los verificadores señaladas en el Capítulo anterior y en las disposiciones relativas del Reglamento de Verificación Administrativa para el Distrito Federal.

(REFORMADO PRIMER PÁRRAFO, G.O. 17 DE JUNIO DE 2016)

II. Con multa equivalente de100 (sic) a 250 veces el valor de la Unidad de Cuenta de la Ciudad de México vigente, cuando:

a) Se violen las disposiciones relativas a la conservación de edificaciones y predios previstas en este Reglamento, y

b) El propietario o poseedor no realice el trámite de Aviso de Terminación de Obra, según lo previsto en este Reglamento.

(REFORMADO PRIMER PÁRRAFO, G.O. 17 DE JUNIO DE 2016)

III Con multa equivalente de200 (sic) a 500 veces el valor de la Unidad de Cuenta de la Ciudad de México vigente, cuando:

a) Se hagan cortes en banquetas, arroyos, guarniciones y/o pavimentos, sin contar con el permiso o autorización correspondiente;

b) Por la vía de un dictamen de seguridad estructural, que emita u ordene la Administración, se determine que por la realización de excavaciones u otras obras, se afecten la estabilidad del propio inmueble o de las edificaciones y predios vecinos;

c) En la obra o instalación no se respeten las previsiones contra incendio previstas en este Reglamento;

(REFORMADO, G.O. 17 DE JUNIO DE 2016)

d) Que no cumplan con lo previsto por los artículos 35, 46 Bis y 46 Ter de este Reglamento

e) (DEROGADO, G.O. 17 DE JUNIO DE 2016)

f) (DEROGADO, G.O. 17 DE JUNIO DE 2016)

(ADICIONADO, G.O. 12 DE ENERO DE 2015)

g) Se obstaculice o se impida en alguna forma el cumplimiento de las funciones de verificación reglamentaria del personal autorizado por la Administración. En caso de reincidencia, procederá la clausura de la construcción hasta en tanto se permita hacer la acción de verificación obstaculizada.

IV. Con multa equivalente del uno al cinco por ciento del valor de las construcciones o instalaciones, de acuerdo al avalúo correspondiente que emita un valuador registrado ante la Secretaría de Finanzas, en el caso de que en la obra o instalación se excedan las tolerancias permitidas en el artículo 70 de este Reglamento.

(ADICIONADA, G.O. 17 DE JUNIO DE 2016)

V. Con multa equivalente de 1,000 a 2,000 veces el valor de la Unidad de Cuenta de la Ciudad de México vigente, cuando:

(ADICIONADO, G.O. 17 DE JUNIO DE 2016)

a) Haya hecho uso de documentos apócrifos o alterados para obtener el registro de manifestación de construcción, la expedición de licencia de construcción especial, permisos o autorizaciones, durante la ejecución y ocupación de la edificación;

(ADICIONADO, G.O. 17 DE JUNIO DE 2016)

b) Con motivo de la ejecución de la obra, instalación, demolición o excavación, se deposite material producto de estos trabajos en barrancas, escurrimientos naturales o afluentes hidrológicos, y

(ADICIONADO, G.O. 17 DE JUNIO DE 2016)

c) En la ejecución de la obra o instalación y sin previa autorización de la autoridad competente se dañe, mutile o demuela algún elemento de edificaciones consideradas monumentos o en las zonas declaradas de monumentos a que se refiere la Ley Federal sobre Monumentos y Zonas Arqueológicos, Artísticos e Históricos o en aquellas que hayan sido determinadas como Áreas de Conservación Patrimonial por el Programa, o inmuebles afectos al patrimonio cultural urbano de acuerdo con el catálogo publicado en la Gaceta Oficial de la Ciudad de México en los Programas de Desarrollo Urbano, sin recabar previamente dictamen, ficha técnica u oficio la autorización emitida por la Secretaría de Desarrollo Urbano y Vivienda y la del Instituto Nacional de Antropología e Historia o del Instituto Nacional de Bellas Artes, respectivamente, con las características de dimensiones, materiales y acabados de las piezas originales o los que en su caso indiquen las autoridades federales o locales en los ámbitos de su competencia.

(REFORMADO PRIMER PÁRRAFO, G.O. 17 DE JUNIO DE 2016)

Artículo 252.- Se sancionará al Director Responsable de Obra, al Corresponsable y al constructor que incurra en las siguientes infracciones:

(REFORMADO PRIMER PÁRRAFO, G.O. 17 DE JUNIO DE 2016)

I. Con multa equivalente de 150 a 300 veces el valor de la Unidad de Cuenta de la Ciudad de México vigente, cuando:

a) No se observen las disposiciones de este Reglamento durante la ejecución de la obra, en lo que se refiere a los dispositivos de elevación de materiales o de personas, así como en el uso de transportadores electromecánicos en la edificación;

b) Sin autorización previa de la Secretaría de Obras y Servicios, se utilicen los procedimientos de construcción a que se refiere el artículo 203 de este Reglamento;

c) No se acaten las disposiciones relativas contenidas en el Título Quinto de este Reglamento en la edificación de que se trate, salvo en el caso de las infracciones que prevé y sanciona el artículo 250 de este Reglamento, y

(REFORMADO, G.O. 10 DE DICIEMBRE DE 2021)

d) Los Directores Responsables de Obra y Corresponsables en Instalaciones que en la elaboración del Visto Bueno de Seguridad y Operación de las Instalaciones, no hayan observado las normas de seguridad, prevención de emergencias.

(REFORMADO PRIMER PÁRRAFO, G.O. 17 DE JUNIO DE 2016)

II. Con multa equivalente de 200 a 500 veces el valor de la Unidad de Cuenta de la Ciudad de México vigente, cuando:

(REFORMADO, G.O. 17 DE JUNIO DE 2016)

a) Los Directores Responsables de Obra y Corresponsables que no cumplan con lo previsto por los artículos 35 y 39 de este Reglamento, con excepción de la fracción VIII del artículo 35 y fracción IV del artículo 39;

b) En la construcción, demolición de obras o para llevar a cabo excavaciones, se usen explosivos sin contar con la autorización previa correspondiente, y

c) No se vigile que se cumplan las resoluciones dictadas por la Administración y/o no se denuncie ante la misma, la negativa del propietario o poseedor de acatar dichas resoluciones.

(REFORMADA, G.O. 17 DE JUNIO DE 2016)

III. Con multa equivalente de 300 a 800 veces el valor de la Unidad de Cuenta de la Ciudad de México vigente, cuando en una obra no se tomen las medidas necesarias para proteger la vida y salud de los trabajadores y de cualquier otra persona a la que pueda causarse daño.

Artículo 253.- Se sancionará al propietario o poseedor con multa equivalente del cinco al 10 por ciento del valor de las construcciones en proceso o terminadas, en su caso, de acuerdo con el al (sic) avalúo emitido por un valuador registrado ante la Secretaría de Finanzas, cuando:

I. Se realicen las obras o instalaciones sin haber obtenido previamente el registro de manifestación de construcción, la licencia de construcción especial, la autorización o permiso respectivo de acuerdo con lo establecido en este Reglamento, y

(REFORMADA, G.O. 17 DE JUNIO DE 2016)

II. Las obras o instalaciones no concuerden con el proyecto autorizado, y no se cumpla con las disposiciones contenidas en las Normas de Ordenación de los Programas, o no se respeten las características señaladas en el certificado de acreditación de uso del suelo por derechos adquiridos, certificado único de zonificación de uso de suelo o certificado único de zonificación del suelo digital o en la constancia de alineamiento y número oficial.

(REFORMADO PRIMER PÁRRAFO, G.O. 17 DE JUNIO DE 2016)

Artículo 254.- En caso de que el propietario o poseedor de un predio o de un inmueble no cumpla con las órdenes de la Administración, la misma autoridad, previo dictamen que emita u ordene, está facultada para ejecutar, a costa del propietario o poseedor, las obras, reparaciones, demoliciones o retiro de cualquier material que se haya ordenado, en los siguientes casos:

I. Cuando un inmueble se utilice total o parcialmente para algún uso diferente al autorizado, sin haber cumplido con lo previsto en el artículo 73 de este Reglamento;

(REFORMADA, G.O. 17 DE JUNIO DE 2016)

II. Cuando el propietario o poseedor de una construcción señalada como peligrosa, no cumpla con las órdenes emitidas con base en los artículos 224 y 226 de este Reglamento, dentro del plazo fijado para tal efecto;

(REFORMADA, G.O. 17 DE JUNIO DE 2016)

III. Cuando se invada la vía pública con una construcción y/o cualquier material que afecte o impida la prestación de los servicios públicos urbanos, la movilidad urbana y funcionalidad de la vía pública, y

(REFORMADA, G.O. 17 DE JUNIO DE 2016)

IV. Cuando no se respeten las afectaciones y las restricciones físicas y de uso impuestas a los predios en: el certificado único de zonificación de uso de suelo o el certificado único de zonificación del suelo digital o el certificado de acreditación de uso del suelo por derechos adquiridos y en la constancia de alineamiento y número oficial.

En caso de que el propietario o poseedor del inmueble obstaculice o impida que la Administración realice las obras de reparación o de demolición señaladas en el dictamen respectivo, la propia Administración podrá hacer uso de la fuerza pública para hacer cumplir sus resoluciones.

Si el propietario o poseedor del predio en el que la Administración se vea obligada a ejecutar obras de reparación o de demolición conforme a este artículo, se negare a pagar el costo de las mismas, la Administración por conducto de la Secretaría de Finanzas, efectuará su cobro por medio del procedimiento económico coactivo.

Artículo 255.- Al infractor reincidente se le aplicará el doble de la sanción que le haya sido impuesta, sin que su monto exceda del doble del máximo establecido para esa infracción.

Para los efectos de este Reglamento se considera reincidente al infractor que incurra en otra falta igual a aquélla por la que haya sido sancionado con anterioridad.

(ADICIONADO, G.O. 17 DE JUNIO DE 2016)

Para los casos en que la Agencia solicite información conforme a lo establecido en el último párrafo del artículo 9 del presente Reglamento y el ente público o privado requerido haga caso omiso a la solicitud, se le impondrá la siguiente sanción:

(ADICIONADO, G.O. 17 DE JUNIO DE 2016)

a) Con multa de 500 a 1,000 veces el valor de la Unidad de Cuenta de la Ciudad de México vigente, en el caso de omitir la solicitud por primera vez.

(ADICIONADO, G.O. 17 DE JUNIO DE 2016)

b) Con multa de 1,100 a 2,000 veces el valor de la Unidad de Cuenta de la Ciudad de México vigente, en el caso de ser reincidente.

Artículo 256.- La autoridad competente declarará la nulidad del registro de manifestación de construcción, de la licencia de construcción especial, de la autorización o del permiso, cuando:

(REFORMADA, G.O. 17 DE JUNIO DE 2016)

I. Se hayan registrado o expedido, con base en informes o documentos que no hayan sido emitidos y/o validados por la autoridad competente, en los trámites que gestione ante la Administración, y

(REFORMADA, G.O. 17 DE JUNIO DE 2016)

II. Los documentos relacionados con el registro de manifestación de construcción o con la expedición de licencia de construcción especial, que se hubieren registrado u otorgado en contravención a lo dispuesto por la Ley y el presente Reglamento.

(REFORMADO, G.O. 17 DE JUNIO DE 2016)

Procederá la nulidad del registro de manifestación de construcción o la revocación de la licencia de construcción especial, cuando sobrevengan cuestiones de oportunidad o interés público en los términos de la Ley de Procedimiento Administrativo del Distrito Federal.

CAPÍTULO III
DE LOS RECURSOS

Artículo 257.- Los interesados afectados por los actos y resoluciones que emitan las autoridades administrativas, podrán interponer el recurso de inconformidad o juicio de nulidad, según lo previsto por la Ley de Procedimiento Administrativo del Distrito Federal.

TRANSITORIOS

Artículo Primero.- El presente Reglamento entrará en vigor a partir del día 16 de febrero de 2004.

Artículo Segundo.- Se abroga el Reglamento de Construcciones para el Distrito Federal publicado en la Gaceta Oficial del Departamento del Distrito Federal el 2 de agosto de 1993.

Artículo Tercero.- La Secretaría de Obras y Servicios expedirá las Normas Técnicas Complementarias a que hace referencia este Reglamento dentro de los 120 (sic) siguientes a la fecha de su publicación.

En tanto se expiden dichas Normas, se seguirán aplicando las Normas Técnicas Complementarias vigentes al momento de publicación del presente Reglamento.

Artículo Cuarto.- Las solicitudes que se encuentren en trámite se resolverán de conformidad con lo establecido en el Reglamento de Construcciones para el Distrito Federal publicado en la Gaceta Oficial del Departamento del Distrito Federal el 2 de agosto de 1993, o bien el interesado podrá optar por efectuar el trámite establecido en el presente Reglamento.

Artículo Quinto.- En los casos en que la Ley hace referencia a la licencia de construcción se entenderá la señalada en el Reglamento de Construcciones para el Distrito Federal publicado en la Gaceta Oficial del Departamento del Distrito Federal el 2 de agosto de 1993.

Dado en la Residencia oficial del Jefe de Gobierno del Distrito Federal, en la Ciudad de México, a los veintisiete días del mes de enero del año dos mil cuatro.- **EL JEFE DE GOBIERNO DEL DISTRITO FEDERAL, ANDRÉS MANUEL LÓPEZ OBRADOR.- FIRMA EL SECRETARIO DE GOBIERNO, ALEJANDRO ENCINAS RODRÍGUEZ.- FIRMA.- LA SECRETARIA DE DESARROLLO URBANO Y VIVIENDA, LAURA ITZEL CASTILLO JUÁREZ.- FIRMA.- EL SECRETARIO DE OBRAS Y SERVICIOS, CESAR BUENROSTRO HERNÁNDEZ.- FIRMA.**

LEY DE OBRAS PÚBLICAS DE LA CIUDAD DE MÉXICO

Publicada en la Gaceta Oficial el 29 de diciembre de 1998 (última reforma publicada el 17 de septiembre de 2015)

TÍTULO PRIMERO
DISPOSICIONES GENERALES

CAPÍTULO ÚNICO

Artículo 1°.- La presente Ley es de orden público e interés general, y tiene por objeto normar las acciones referentes a la planeación, programación, presupuestación, gasto, ejecución, conservación, mantenimiento y control de la obra pública y de los servicios relacionados con ésta, que realicen las Dependencias, Órganos Desconcentrados, Delegaciones y Entidades de la Administración Pública del Distrito Federal.

El Jefe de Gobierno del Distrito Federal emitirá las Políticas Administrativas, Bases y Lineamientos para las materias que se refiere esta Ley y su Reglamento, así como los acuerdos que se referirán a la creación del Comité Central de Obras del Distrito Federal, los subcomités de obras de las áreas del sector obras, sus funciones, responsabilidades e integración de sus elementos.

I.- El Jefe de Gobierno del Distrito Federal establecerá un Comité Central de Obras con representantes de las dependencias de la Administración Pública Centralizada del Distrito Federal que ejecuten obra pública, cuya integración será conforme lo establece el Reglamento.

En cada delegación se establecerá un Subcomité Delegacional de Obras el cual tendrá autonomía funcional respecto del Comité Central y de los demás subcomités delegacionales, y su integración será conforme lo establezca el Reglamento. Tratándose de obras públicas que incidan, se realicen o se relacionen con el conjunto de la Ciudad o tengan impacto en dos o más Delegaciones corresponderá conocer y resolver al Comité Central.

Las entidades establecerán Comités de Obras Públicas, por aprobación expresa de sus órganos de gobierno, cuya integración y funcionamiento quedaran sujetos a lo dispuesto en esta Ley y su Reglamento, debiendo considerar en su integración a dos ciudadanos designados por el Jefe de Gobierno.

En auxilio de sus funciones el comité establecerá Subcomités en cada una de las dependencias, que contarán en el ámbito de sus respectivas competencias, con las atribuciones señaladas en esta Ley y su reglamento para los comités y sin perjuicio del ejercicio directo; excepto en el aspecto técnico y normativo, que se encuentra reservado exclusivamente para el Comité Central.

Los Comités a que hace referencia este artículo, tendrán cada uno, en su respectiva competencia; las facultades que se especifican en el Reglamento correspondiente.

La Administración Pública del Distrito Federal se abstendrá de crear Fideicomisos, otorgar mandatos o celebrar actos o cualquier tipo de contratos, cuya finalidad sea evadir lo previsto en este ordenamiento.

Los trabajos de intercambio educativo y tecnológico, estudios, investigaciones y en su caso, obras especializadas que la Administración Pública del Distrito Federal lleve a cabo con las Dependencias, Entidades o Estados de la Federación, o con Instituciones Públicas de Investigación y de Enseñanza Superior, no podrán ser contratados ni subcontratados por éstos con terceros y se regirán de acuerdo con las particularidades de cada caso en concreto, no siendo objeto de esta Ley.

No estarán sujetas a las disposiciones de esta Ley, las Obras que deban ejecutarse para la infraestructura necesaria en la prestación de servicios públicos que los particulares tengan específicamente concesionados, salvo que ante la falta de cumplimiento de la prestación del servicio público sea necesaria la realización de Obra Pública durante la construcción u operación de la concesión, en cuyo caso se aplicará la presente Ley.

Artículo 2°.- Para los efectos de esta Ley, se entenderá por:

I.- Administración Pública del Distrito Federal: el conjunto de órganos que componen la Administración Centralizada, Desconcentrada y Paraestatal del Distrito Federal.

II.- Secretaría: La Secretaría de Obras y Servicios del Distrito Federal;

III.- Contraloría: La Contraloría General del Distrito Federal.

IV. Dependencias: La Jefatura de Gobierno, las Secretarías, la Contraloría General y la Procuraduría General de Justicia del Distrito Federal, que integran la Administración Pública Centralizada del Distrito Federal;

V.- Entidades: Organismos descentralizados, las empresas de participación estatal mayoritarias y los fideicomisos públicos del Distrito Federal;

VI.- Órganos Desconcentrados: Los Órganos Administrativos diferentes de los Órganos Políticos Administrativos de las demarcaciones territoriales, que están subordinados al Jefe de Gobierno del Distrito Federal, o bien a la Dependencia que éste determine;

VII.- Delegaciones: Los Órganos Político Administrativos en cada un de las demarcaciones territoriales en que se divide el Distrito Federal.

VIII.- Reglamento: El Reglamento de la Ley de Obras Públicas del Distrito Federal;

IX.- Políticas: Son las Políticas Administrativas, Bases y Lineamientos en Materia de Obra Pública que establecen detalladamente procedimientos a seguir en materia de obras públicas por la Administración Pública del Distrito Federal y las personas físicas y morales que participen en cualquiera de sus procesos, para dar cumplimiento a los aspectos establecidos en la Ley y su Reglamento;

X.- Tratados: los definidos como tales en la fracción I del artículo 2 de la Ley Sobre Celebración de tratados;

XI.- Concurso: Llamamiento a quienes estén en condiciones de encargarse de ejecutar una Obra Pública a fin de elegir la propuesta que ofrezca las mayores ventajas;

XII.- Concursante: La persona física o moral interesada, que adquiere bases y participa en el proceso de concurso de una Obra Pública;

XIII.- Contratista: La persona física o moral que celebre contratos para la ejecución, suministros o servicios en la realización de la Obra Pública;

XIV.- Comité: El Comité de Obras y Servicios relacionados con las mismas del Distrito Federal, Central, Delegacional o de las Entidades.

XV.- Cámara: La Asociación Privada que agrupa personas físicas o morales con intereses comunes;

XVI.- Colegio: La Asociación Privada que agrupa profesionales de una misma disciplina académica con intereses comunes;

XVII.- Proyecto Ejecutivo de Obra: El conjunto de planos, memorias descriptivas y de cálculo, catálogo de conceptos, normas y especificaciones que contiene la información y definen los aspectos para la construcción de una obra;

XVIII.- Análisis Económico de Obra Pública: El estudio técnico financiero que muestra la viabilidad de la obra; o bien, el estudio del costo/beneficio correspondiente a la evaluación de propuestas en licitaciones de proyectos integrales;

XIX.- Normatividad de la Administración Pública del Distrito Federal: El conjunto de disposiciones internas cuyo objeto es definir el marco de referencia para la elaboración de precios unitarios y otros conceptos relacionados con las obras públicas;

XX.- Arrendamiento: Acto jurídico por el cual se obtiene el uso y goce temporal de bienes muebles a plazo forzoso, mediante el pago de un precio cierto y determinado; y

XXI.- Arrendamiento Financiero: El contrato de arrendamiento financiero establecido en la Ley General de Títulos y Operaciones de Crédito;

XXII.- Bases: Son los documentos que contienen las condiciones o cláusulas necesarias para regular el procedimiento de licitación, el contrato y la ejecución de una obra pública;

XXIII.- Convocatoria: Publicación en la Gaceta Oficial del Distrito Federal para llamar al proceso de licitación pública nacional o internacional de una obra pública, a las personas físicas o morales interesadas para que presenten sus propuestas;

XXIV.- Entrega-Recepción: Acto mediante el cual un contratista realiza la entrega física de una obra pública contratada con la Administración Pública y ésta a su vez recibe, previa revisión del cumplimiento de las disposiciones contractuales correspondientes;

XXV.- Estimación: Documentación comprobatoria de la aplicación de las condiciones de pago establecidas en el contrato, para la obra ejecutada en el periodo autorizado;

XXVI.- Residencia de Obra: Servidor(es) público(s) de la estructura de la organización de las dependencias, órganos desconcentrados, delegaciones y entidades, con los conocimientos, capacidad y experiencia necesarios, designado(s) por el titular de las mismas, para llevar a cabo la dirección, coordinación y supervisión de la obra pública;

XXVII.- Supervisión de Obra Pública: Servidor(es) público(s) de la estructura de la organización de las dependencias, órganos desconcentrados, delegaciones y entidades o contratista de servicios relacionados con la obra pública, con los conocimientos, capacidad y experiencia necesarios, designado(s) por el titular de las mismas, para llevar a cabo la supervisión de una obra pública conforme se establece en las Normas de Construcción;

XXVIII.- Normas de Construcción: Son los libros de Normas de Construcción de la Administración Pública del Distrito Federal, elaborados conforme indican las Políticas, mismos que emite la Secretaría a través de la Coordinación Sectorial de Normas, Especificaciones y Precios Unitarios que establecen los requisitos de ejecución de los conceptos de trabajo, determinan el alcance del mismo en términos de costos directos, indirectos, financiamiento, utilidad y cargos adicionales, unidades de medición y base de pago en función de lo que el Gobierno del Distrito Federal entiende como concepto de trabajo y el contratista puede cobrar por él; y

XXIX.- Contrato Multianual: Un contrato cuya vigencia comprenda más de un ejercicio presupuestal.

XXX.- Proveedores Salarialmente Responsables: Los proveedores que hayan comprobado fehacientemente, a través de mecanismos y/o la documentación idónea, que sus trabajadores y trabajadores de terceros que presten servicios en sus instalaciones perciban un salario equivalente a 1.18 veces la Unidad de Cuenta de la Ciudad de México o en su caso el salario mínimo vigente, sí este fuese mayor al múltiplo de la Unidad de Cuenta antes referido, y cumplir con sus obligaciones en materia de seguridad social.

Artículo 3°.- Para los efectos de esta Ley, se considera Obra Pública:

a. La obra, dentro de la cual podrán estar:

I.- La excavación, construcción, instalación, conservación, mantenimiento, reparación y demolición de bienes inmuebles;

II.- Los trabajos de localización, exploración geotécnica, y perforación para estudio y aprovechamiento del subsuelo;

III.- El despalme, desmonte y mejoramiento de suelos;

IV.- El mantenimiento, conservación, rehabilitación, reacondicionamiento, operación, reparación y limpieza de bienes no considerados en la Ley aplicable en la materia relativa a Adquisiciones, Arrendamientos y Servicios en el Distrito Federal, Equipos e Instalaciones cuyo objetivo sea la impartición de un servicio público a cargo de cualquier Dependencia, Órgano Desconcentrado, Delegación o Entidad;

V.- El suministro de materiales, mobiliario y equipos que se vayan a incorporar a obras nuevas, a las de rehabilitación o aquéllas que se construyan para su mejoramiento, cuya adquisición quede exceptuada de lo establecido por la Ley de Adquisiciones para el Distrito Federal.;

VI.- Los trabajos de infraestructura agropecuaria;

VII.- Los trabajos destinados a la preservación, mantenimiento y restauración del medio ambiente, y

VIII.- Todos aquellos de naturaleza análoga a las fracciones anteriores.

b. Servicios relacionados con la obra pública, dentro de los cuales podrán estar:

I.- Estudios Previos.- Investigaciones generales y de experimentación, estudios de tenencia de la tierra o de uso del suelo, topográficos, hidráulicos, hidrológicos, geohidrológicos, de mecánica de suelos, sismológicos, batimétricos, aerofotométricos, de impacto ambiental, de impacto social y de impacto urbano, del medio ambiente, ecológicos, sociológicos, demográficos, urbanísticos, arquitectónicos, otros del ámbito de la ingeniería y anteproyectos diversos;

II.- Estudios Técnicos.- Trabajos de investigación específica, interpretación y emisión de resultados, de agrología y desarrollo pecuario, hidrología, mecánica de suelos, sismología, geología, geodesia, geotécnia, geofísica, geotermia, meteorología; así como los pertenecientes a la rama de gestión, incluyendo los económicos y de planeación de preinversión, factibilidad técnico-económica, ecológica o social, de afectación para indemnizaciones; de evaluación, adaptación, financieros, de desarrollo y restitución de la eficiencia de las instalaciones, catálogos de conceptos, precios unitarios, presupuestos de referencia, así como estudios de mercado; peritajes y avalúos;

III.- Proyectos.- Planeación y Diseños de ingeniería civil, industrial, electromecánica y de cualquier otra especialidad de la ingeniería; la planeación, y diseños urbanos, arquitectónicos, de restauración, gráficos, industriales y artísticos, y de cualquier otra especialidad de la arquitectura y del diseño;

IV.- Supervisión de Obras.- Revisión de planos, especificaciones y procedimientos de construcción; coordinación y dirección de obras, cuantificación o revisión de volumetría, preparación y elaboración de documentos para las licitaciones; verificación de programas propuestos por los contratistas, control de calidad de las obras incluyendo laboratorios de análisis y control de calidad, mecánica de suelos, resistencia de materiales, radiografías industriales, cuantificación de volúmenes ejecutados, revisión, conciliación y aprobación de números generadores y verificación del cumplimiento respecto a programas; verificación del cumplimiento de esta Ley y de las disposiciones que de ella emanen, así como del contrato de que se trate; recepción, liquidación y finiquito de la obra, integración de grupos técnico-administrativos, capacitación, actualización continua, acorde con las disposiciones de la dependencia, órgano desconcentrado, delegación o entidad;

V.- Coordinación de Supervisión.- Actividades consistentes en el establecimiento de criterios, procedimientos y normas de operación con el fin de lograr la concurrencia armónica de todos los elementos que participan en la ejecución de proyectos, obras y otros trabajos objeto de los contratos; dichas actividades se basan en la concertación interdisciplinaria para organizar y conjuntar información sistemática de las diversas obras cuya supervisión se coordina. Tal información, proporcionada por las respectivas residencias de supervisión de obra, se verificará mediante visitas periódicas a obras y a otros sitios de trabajo, asistencia a juntas de coordinación y avances de obras y de actividades, corroborando que las supervisiones cumplan con sus funciones. Con objeto de poder evaluar e interpretar esta información se elaborarán informes del estado que guardan las obras que se coordinan, que incluirán el desempeño de las supervisiones, para permitir a la dependencia, órgano desconcentrado, delegación o entidad, la oportuna toma de decisiones y lograr que las obras se ejecuten conforme los proyectos, especificaciones, programas y presupuestos;

VI.- Gerencia de Obra.- Trabajos con un enfoque integrador que propicien con eficacia y eficiencia alcanzar los objetivos y propósitos que para un proyecto tiene la dependencia, órgano desconcentrado, delegación o entidad, y que colateralmente incluyan los correspondientes a las fracciones IV y VII de este artículo, asimismo ejecutará las acciones pertinentes para la realización oportuna de proyectos específicos;

VII.- Supervisión de estudios y proyectos.- verificación del cumplimiento de programas propuestos por los contratistas, control de calidad de ejecución de los trabajos, verificación de cumplimiento de esta Ley y de las disposiciones que de ella emanen, del contrato específico, su recepción, liquidación y finiquito;

VIII.- Administración de Obras.- Los trabajos relativos a la Administración de Obras, incluyendo los de registro, seguimiento y control, coordinación y dirección de obras, tales como gerencia de proyectos o de construcción, trabajos de coordinación, de organización, de mercadotecnia, los de administración de empresas u organismos, los estudios de producción, de distribución y transporte, de informática, sistemas y comunicaciones, los de desarrollo y administración de recursos humanos, los de inspección y de certificación;

IX.- Consultorías.- Los dictámenes, tercerías, opiniones profesionales y auditorías que podrán ser requeridas en cualquier etapa de la obra pública; los servicios de apoyo tecnológico, incluyendo los de desarrollo y transferencia de tecnología, entre otros, y

X.- Todos los servicios que se vinculen con las acciones y el objeto de esta Ley.

c. Proyecto integral: Es aquel en el cual el contratista se obliga desde el diseño de la obra hasta su terminación total, incluyendo investigaciones previas, estudios, diseños, elaboración del proyecto ejecutivo y proyectos de todo tipo, la obra civil, producción, fabricación, traslado, instalación, equipamiento, bienes muebles, construcción total de la obra, capacitación, pruebas e inicio de operación del bien construido, incluyendo, cuando se requiera, transferencia de tecnología.

Esta ley no será aplicable a los proyectos de prestación de servicios a largo plazo regulados por la Ley de Adquisiciones para el Distrito Federal y el Código Financiero del Distrito Federal, ni a las concesiones reguladas por la Ley del Régimen Patrimonial y del Servicio Público.

Artículo 4°.- La aplicación de esta Ley será sin perjuicio de lo dispuesto en los tratados y convenios de coordinación interinstitucional que resulten de observancia obligatoria para la Administración Pública del Distrito Federal.

Artículo 5°.- Estará sujeta a las disposiciones de esta Ley, la Obra Pública que se realice con cargo total a recursos del Presupuesto de Egresos del Distrito Federal, excepto los casos citados en el artículo 1°, noveno párrafo de la misma, así como las obras financiadas total o parcialmente con fondos federales, conforme a los convenios que se celebren con el ejecutivo federal, y distintos de los ingresos de coordinación fiscal, fondos de aportaciones federales y deuda pública.

Artículo 6°.- Concluida la Obra Pública, o recibida parte utilizable de la misma, será obligación de la dependencia, órgano desconcentrado, delegación o entidad vigilar que el área que debe operarla reciba oportunamente, de la responsable de su realización, el inmueble en condiciones de operación, con planos actualizados, normas y especificaciones que fueron aplicadas durante su ejecución, así como los manuales e instructivos de operación, conservación y mantenimiento correspondientes, y los certificados de garantía de calidad de los bienes instalados.

Será responsabilidad de las dependencias, órganos desconcentrados, delegaciones o entidades dar de alta los bienes con que cuenten en patrimonio del gobierno, a fin de que sean asegurados; asimismo, las Dependencias, Órganos Desconcentrados, Delegaciones o Entidades deberán mantener adecuada y satisfactoriamente en condiciones de uso óptimo estos bienes.

Artículo 7°.- El Jefe de Gobierno del Distrito Federal, establecerá las políticas necesarias para la adopción e instrumentación de las acciones que se deban llevar a cabo en cumplimiento de esta Ley, y para que se observen criterios que promuevan la simplificación administrativa, la descentralización de las funciones y la efectiva delegación de facultades.

Artículo 8°.- En lo no previsto por esta Ley, será aplicable el Código Civil para el Distrito Federal en materia común y para toda la república en materia federal, el Código de Procedimientos Civiles para el Distrito Federal y la Ley del Régimen Patrimonial y del Servicio Público.

Artículo 9°.- Cuando en la construcción de una obra pública, una dependencia, delegación, órgano desconcentrado o entidad sea el encargado de la planeación, programación y presupuestación, y otra dependencia, delegación, órgano desconcentrado o entidad sea el encargado de la ejecución quedará en cada uno la responsabilidad que le corresponda en dicha obra, de conformidad con el ámbito de su competencia.

Artículo 10.- Las diferencias que en el ámbito administrativo se susciten con motivo de la interpretación y aplicación de esta Ley, serán resueltas por la Contraloría.

En lo relativo a las controversias en la interpretación y aplicación de los contratos, convenios y actos de que éstos se deriven y que hayan sido celebrados con base en esta Ley, serán resueltas por los tribunales competentes del Distrito Federal.

Artículo 11.- Los contratos que celebren las dependencias, órganos desconcentrados, delegaciones o entidades para ejecutar obra pública fuera del territorio del Distrito Federal, se regirán en lo conducente por esta Ley, sin perjuicio de lo dispuesto por la legislación del lugar donde se formalice el acto.

Artículo 12.- El gasto de la Obra Pública, incluyendo el de inversión que haya que hacer a las obras concesionadas cuando han pasado a poder del Distrito Federal, se sujetará a las disposiciones específicas anuales de los Presupuestos de Egresos del Distrito Federal, así como a lo previsto en el Código Financiero del Distrito Federal y demás disposiciones aplicables.

Artículo 13.- Estarán facultados para interpretar esta Ley:

a) La Secretaría en lo relativo para efectos técnicos.

b) La Contraloría en lo relativo a efectos administrativos.

c) La Consejería Jurídica y de Servicios en lo relativo a efectos jurídicos.

d) La Secretaría de Finanzas en lo relativo a las acciones relativas a la programación, presupuestación y gasto por concepto de obras públicas.

Dichas autoridades en el ámbito de su competencia, dictarán los criterios específicos necesarios para su aplicación, en un plazo no mayor a quince días hábiles contados a partir del día siguiente a la presentación de solicitud de interpretación, y salvo que las mismas requieran ampliar el plazo, la autoridad hará del conocimiento por escrito al interesado dentro del período inicial.

Cuando lo juzgue pertinente, la autoridad podrá hacer del conocimiento al interesado del criterio tomado, a través de su publicación en la Gaceta Oficial del Distrito Federal.

La Contraloría, a través de sus órganos de control interno, intervendrá conforme a lo dispuesto en esta Ley, en los procedimientos para contratar obra pública, a fin que de manera preventiva se vigile que las dependencias, delegaciones, órganos desconcentrados y entidades de la Administración Pública del Distrito Federal, cumplan con la contratación y ejecución de la obra pública.

Artículo 14.– La Secretaría, la Secretaría de Finanzas y la Contraloría, en el ámbito de sus respectivas competencias, podrán contratar asesoría técnica para la realización de investigaciones de mercado, de mejoramiento del sistema de contratación de Obra Pública, verificación de precios, pruebas de calidad y otras actividades vinculadas con el objeto de esta Ley.

Para los efectos del párrafo anterior, las citadas dependencias pondrán a disposición entre sí, los resultados de los trabajos objeto de los respectivos contratos de asesoría técnica.

Artículo 15.– Los actos, contratos y convenios que celebren las dependencias, órganos desconcentrados, delegaciones y entidades en contravención a lo dispuesto por esta Ley, serán nulos de pleno derecho.

TÍTULO SEGUNDO
DE LA PLANEACIÓN, PROGRAMACIÓN Y PRESUPUESTACIÓN

CAPÍTULO ÚNICO

Artículo 16.- En la planeación de la obra pública, incluyendo las obras concesionadas cuando éstas han pasado a poder de la Administración Pública del Distrito Federal, las dependencias, órganos desconcentrados, delegaciones y entidades deberán sujetarse a los objetivos y prioridades de:

I. El Plan Nacional de Desarrollo;

II. El Programa General de Desarrollo del Distrito Federal;

III. El Programa General de Desarrollo Urbano del Distrito Federal;

IV. Los Programas Delegacionales y Parciales de Desarrollo Urbano, y

V. Otros planes y programas que señalen las disposiciones legales aplicables.

Asimismo, se escuchará y evaluará la opinión de órganos de participación ciudadana a través de sus representantes, dentro del contexto correspondiente.

Artículo 17.- Las dependencias, órganos desconcentrados, delegaciones y entidades elaborarán sus programas y presupuestos de obra pública, considerando:

I. Los objetivos y metas a corto, mediano y largo plazo en los planes correspondientes;

II. Las investigaciones, asesorías, consultorías y estudios de campo que se requieran, incluyendo los anteproyectos de urbanismo, de arquitectura y de ingeniería necesarios;

III. Las características ambientales, climatológicas y geográficas del lugar en que deba realizarse el trabajo;

IV. Los estudios técnicos, financieros, de impacto ambiental, de impacto urbano y de impacto social que se requieran para definir la factibilidad técnica, económica, ecológica, urbana y social en la realización de la obra;

V. Los anteproyectos de acuerdo con el tipo de obra de que se trate;

VI. Las acciones previas, durante y posteriores a la ejecución de los trabajos, incluyendo obras de infraestructura principales, complementarias, accesorias, así como de inicio de operación de las mismas;

VII. Los trabajos en conjunto como proyectos integrales a realizar;

VIII. La calendarización física y financiera de los recursos necesarios para su ejecución, así como los gastos de operación;

IX. Las unidades responsables de su ejecución, así como las fechas previstas de iniciación y terminación de cada trabajo;

X. La adquisición, regulación de la tenencia de la tierra, así como la obtención de los dictámenes, licencias y permisos, y demás autorizaciones que se deban tramitar y obtener, necesarios para la ejecución de los trabajos que establezcan las disposiciones jurídicas aplicables;

XI. La ejecución de los trabajos, en donde se deberá estimar lo que se vaya a realizar por contrato, separado de lo que se vaya a realizar con personal de su organización; en cuyo caso habrá que desglosar los costos de los recursos necesarios por aplicar, por concepto de suministro de materiales, maquinaria, equipos o de accesorios, los cargos para pruebas y la asignación de personal tanto para la ejecución como para la supervisión. En caso de contrato deberán preverse los precios unitarios en el mercado, de los trabajos a ejecutar;

XII. Los trabajos de conservación y mantenimiento, preventivo y correctivo de los bienes inmuebles actuales a su cargo y los que se vayan incorporando;

XIII. Tratándose de obra pública financiada, total o parcialmente por los contratistas, se sujetará a lo señalado por la Secretaría de Finanzas, y

XIV. Las demás previsiones que deban tomarse en cuenta, de acuerdo con la naturaleza y características de la obra.

Artículo 18.– Las dependencias, órganos desconcentrados, delegaciones y entidades estarán obligadas a prever los efectos sobre el medio ambiente y el medio urbano que pueda causar la ejecución de la obra pública, con sustento en los estudios de impacto ambiental, impacto urbano, y los referentes a la materia de protección civil, previstos en las Leyes aplicables en la materia. Los proyectos deberán incluir las obras necesarias para que se preserven o restauren las condiciones ambientales cuando éstas pudieran deteriorarse, y se dará la intervención que corresponda a las dependencias, órganos desconcentrados, delegaciones y entidades con atribuciones en la materia. En cuanto a impacto urbano, se deberán prever los trabajos de restauración de monumentos arqueológicos, históricos y artísticos, así como que se tengan en cuenta los aspectos básicos sobre factibilidad de dotación de servicios, vialidad y facilidades para los discapacitados, atendiendo las Leyes y Reglamentos respectivos, debiéndose evitar las barreras arquitectónicas que se pudieran producir con los proyectos.

Cuando se trate de obra pública en monumentos, predios colindantes a estos o zonas de monumentos arqueológicos, artísticos o históricos se dará intervención a las instituciones competentes en los términos de la Ley de la materia.

Artículo 19.– Las dependencias, órganos desconcentrados, delegaciones y entidades que requieran contratar o realizar estudios o proyectos, primero verificarán si en sus archivos o en los de las dependencias, órganos desconcentrados, delegaciones y entidades afines dentro del Distrito Federal, existen estudios o proyectos estrictamente aplicables, o técnica y económicamente adaptables sobre la materia. De resultar positiva la verificación y de comprobarse que el estudio o proyecto localizado satisface los requerimientos de la dependencia, órgano desconcentrado, delegación y entidad, solamente se procederá a la contratación de la adecuación que haya que hacerle al proyecto.

Artículo 20.– Las dependencias, órganos desconcentrados, delegaciones y entidades de la Administración Pública del Distrito Federal, remitirán sus programas y presupuestos de obra pública a la Secretaría de Finanzas, en la fecha y forma que ésta señale.

La planeación del gasto deberá ajustarse, en su caso, por las dependencias, órganos desconcentrados, delegaciones y entidades de la Administración Pública del Distrito Federal, a los Programas y Presupuestos de Obra Pública remitidos a la Secretaría de Finanzas, conforme al presupuesto de egresos definitivo autorizado por la Asamblea Legislativa.

Artículo 20 bis.– Las dependencias, órganos desconcentrados, delegaciones y entidades, podrán prever en los Contratos Multianuales los mecanismos y estructuras financieras que se requieran para garantizar el pago al contratista, en términos de lo dispuesto por el artículo 7 del Código Financiero del Distrito Federal.

Artículo 21.– Las dependencias, órganos desconcentrados, delegaciones y entidades de la Administración Pública del Distrito Federal, a más tardar dentro de los treinta días posteriores a la recepción de la autorización presupuestal, darán a conocer a través de la Gaceta Oficial del Distrito Federal, la disponibilidad de sus programas anuales de obra pública, salvo que medie causa debidamente justificada para no hacerlo en dicho plazo.

Artículo 22.- Cuando la ejecución de una obra pública rebase un ejercicio presupuestal, deberá elaborarse tanto el presupuesto total como los correspondientes a cada ejercicio, los presupuestos de los ejercicios subsecuentes al primero, se actualizarán con los costos vigentes en el mercado al inicio del ejercicio correspondiente.

Los proyectos de infraestructura productiva de largo plazo que inicien en el ejercicio fiscal siguiente o continúen durante varios ejercicios fiscales se realizarán conforme a lo previsto en el Código Financiero, y estarán regidos por esta Ley únicamente en lo referente a los procedimientos de contratación y ejecución de obra pública.

Para efectos de este artículo, las dependencias, órganos desconcentrados, delegaciones y entidades, observarán lo dispuesto en el Código Financiero del Distrito Federal y las disposiciones que emita la Secretaría de Finanzas.

TÍTULO TERCERO
DE LA LICITACIÓN PÚBLICA Y LOS CONTRATOS

CAPÍTULO I
ASPECTOS GENERALES

Artículo 23.- Las dependencias, órganos desconcentrados, delegaciones y entidades podrán convocar, adjudicar o llevar a cabo obra pública, solamente cuando cuenten con recursos disponibles dentro de su presupuesto aprobado.

En casos excepcionales y previa autorización de la Secretaría de Finanzas, las dependencias, órganos desconcentrados, delegaciones y entidades podrán convocar, adjudicar y formalizar contratos sin contar con los recursos disponibles en su presupuesto del ejercicio en curso, así como también contratos cuya vigencia inicie en el ejercicio fiscal siguiente de aquél en el que se formalizan. Los referidos contratos estarán sujetos a la disponibilidad presupuestaria del año en el que se prevé el inicio de la erogación correspondiente, por lo que sus efectos estarán condicionados a la existencia de los recursos presupuestarios respectivos, sin que la no realización de la condición suspensiva origine responsabilidad alguna para las partes. Cualquier pacto en contrario a lo dispuesto en este párrafo se considerará nulo.

Tratándose de obra se requerirá, además de contar con los estudios y con el proyecto ejecutivo de la obra o, en su caso, con un grado de avance que asegure que la obra se desarrollará ininterrumpidamente al contarse con las oportunas soluciones en el proceso ejecutivo de aspectos que hubieran quedado pendientes; normas de construcción; especificaciones en su caso, especificaciones particulares de cada proyecto; programa de ejecución, y cuando sea necesario el programa de suministro y un costo estimado de la obra.

Se exceptúan de lo anterior:

a) Los casos en los que de acuerdo con la obra a realizar, técnicamente solo sean necesarios los términos de referencia o las especificaciones de trabajo o los planos o croquis que precisen los trabajos a realizar, independientemente de las especificaciones técnicas y normas de construcción que emita la secretaría y resulten aplicables; y

b) Las obras para mantenimiento preventivo o correctivo en infraestructura que pueden ejecutarse sin necesidad de alguno de los elementos citados en el inciso anterior, como pueden ser el caso del bacheo, reparación de fuga en instalaciones hidráulicas y otras en las que tan sólo será necesaria su presupuestación.

c) Los proyectos integrales a precio alzado en los que el contratista se obliga a realizar las obras desde el diseño incluyendo el proyecto ejecutivo hasta su terminación.

Concluido el proyecto ejecutivo, el contratista deberá realizar el catálogo de conceptos, el cual debe contener la descripción de todos y cada uno de los conceptos a ejecutar para la realización de la construcción, clasificados en partidas por especialidad de trabajo, con unidad de medida, así como las cantidades de obra a ejecutarse en apego a las Normas de Construcción de la Administración Pública del Distrito Federal.

Los servidores públicos que autoricen actos en contravención a lo dispuesto en este artículo, serán responsables en términos de lo dispuesto por la Ley Federal de Responsabilidades de los Servidores Públicos.

Artículo 24.- La Obra Pública por regla general se adjudicará a través de licitaciones públicas mediante convocatoria pública para que libremente se presenten proposiciones que cumplan legal, técnica, económica, financiera, y administrativamente de acuerdo con lo solicitado por las dependencias, órganos desconcentrados, delegaciones y entidades de la Administración Pública del Distrito Federal, en sobre cerrado, que serán abiertos públicamente a fin de asegurar a la Administración Pública del Distrito Federal las mejores condiciones disponibles en cuanto a calidad, financiamiento, oportunidad, precio, y demás circunstancias pertinentes de acuerdo a lo que establece la presente Ley.

Las dependencias, órganos desconcentrados, delegaciones y entidades, bajo su responsabilidad, y cumpliendo los requisitos establecidos en esta Ley y su Reglamento, podrán contratar obra pública mediante los procedimientos que a continuación se señalan:

A) Licitación pública;

B) Invitación restringida a cuando menos tres concursantes, y

C) Adjudicación directa.

Artículo 25.– Las licitaciones públicas podrán ser:

a. Tratándose de obras públicas:

I. Nacionales, cuando únicamente puedan participar personas de nacionalidad mexicana, o

II. Internacionales, cuando puedan participar tanto personas de nacionalidad mexicana como extranjera.

b. Tratándose de suministros para obra nueva, para rehabilitaciones y para reacondicionamientos:

I. Nacionales, cuando únicamente puedan participar personas de nacionalidad mexicana, y los bienes por adquirir tengan cuando menos el 50% de contenido nacional, o

II. Internacionales, cuando puedan participar tanto personas de nacionalidad mexicana como extranjera, y los bienes a adquirir sean de origen nacional o extranjero.

Solamente se llevarán a cabo licitaciones internacionales en los siguientes casos:

a) Cuando resulte obligatorio para la Administración Pública para el Distrito Federal conforme a lo establecido en los tratados o cuando la obra sea financiada con créditos externos;

b) Cuando, previa investigación que realice la dependencia, órgano desconcentrado, delegación o entidad, los contratistas nacionales no cuenten con la capacidad para la ejecución de la obra pública o sea conveniente en términos de calidad o precio; y

En las licitaciones públicas internacionales, podrá requerirse la incorporación de materiales, maquinaria y equipo de instalación permanente, de fabricación nacional, por el porcentaje del valor de los trabajos que determine la convocatoria.

Artículo 26.- La venta de bases comprenderá un lapso mínimo de tres días hábiles contados a partir de la publicación de la convocatoria tanto para licitación pública nacional como internacional.

Para los actos relativos a la visita al sitio de ejecución de la obra pública; la celebración de la junta de aclaraciones; del acto de presentación y apertura del sobre único; y el fallo, las convocantes determinarán en las bases de la licitación respectiva, los plazos en que se llevará acabo cada uno de éstos, los cuales no podrán ser menores de tres días hábiles entre cada acto.

La emisión del fallo podrá diferirse por una sola vez por causas justificadas, hasta por cinco días.

Artículo 27.- Las dependencias, órganos desconcentrados, delegaciones y entidades podrán rescindir administrativamente los contratos en caso de incumplimiento de las obligaciones a cargo del contratista.

Asimismo, las dependencias, órganos desconcentrados, delegaciones y entidades podrán anticipadamente dar por terminados los contratos cuando concurran razones de interés general.

Las Dependencias, Órganos Desconcentrados, Delegaciones y Entidades podrán por causa justificada suspender temporalmente, en todo o en parte, la obra contratada.

Cuando por caso fortuito o por motivos de fuerza mayor no imputable al contratista, fuera improbable cumplir con el programa de ejecución de los trabajos, el contratista solicitará oportunamente y por escrito la prórroga que considere necesaria, expresando los motivos en que apoye su solicitud. La dependencia, órgano desconcentrado, delegación y entidad contratante, resolverá en un plazo no mayor de treinta días naturales sobre la justificación o procedencia de la prórroga y, en su caso, concederá la que haya solicitado el contratista o la que ella estime conveniente y se harán conjuntamente las modificaciones correspondientes al programa.

En estos casos, siempre deberá atenderse al criterio de oportunidad para el beneficio a la población usuaria de la obra que se trate.

En los casos de suspensión, rescisión y terminación anticipada por causas imputables a la dependencia órgano desconcentrado, delegación y entidad, ésta pagará los gastos no recuperables del contratista; si son imputables a éste, el contratista pagará ala Dependencia, Órgano Desconcentrado, Delegación y entidad los sobrecostos correspondientes a la obra faltante de ejecutar.

CAPÍTULO II
DE LAS CONVOCATORIAS Y LAS BASES PARA LICITACIÓN DE OBRAS PÚBLICAS

Artículo 28.– Las convocatorias que podrán referirse a una o más obras públicas, se publicarán en la Gaceta Oficial del Distrito Federal deberán contener:

I.– Como título, Administración Pública del Distrito Federal y el nombre de la Dependencia, Órgano Desconcentrado, Delegación o Entidad Convocante;

II. La indicación de los lugares, fechas y horarios, además de la forma en que los interesados podrán obtener las bases, estableciendo que debe ser en forma directa o a través de medios electrónicos y sistemas informáticos y, en su caso, el costo y forma de pago de las mismas. Cuando el documento que contenga las bases implique un costo, éste será fijado sólo en razón de la recuperación de las erogaciones por publicación de la convocatoria y de los documentos que se entreguen; los interesados podrán revisar tales documentos previamente al pago de dicho costo, el cual será requisito para adquirir las bases y participar en el concurso;

III. La fecha, hora y lugar de celebración del acto de presentación y entrega de la propuesta completa y apertura de la propuesta técnica;

IV. La indicación de si la licitación es nacional o internacional; idioma o idiomas además del español, en que podrán presentarse las propuestas. Para el caso de obra pública con préstamos extranjeros, indicar referencia del préstamo;

V. La descripción general de la obra pública, y el lugar donde ésta se llevará a cabo, así como, en su caso, la indicación de que podrán subcontratarse partes de ella, o asociarse para fines de financiamiento o ejecución de la misma;

VI. Fechas programadas de inicio y de terminación de los trabajos;

VII. La experiencia técnica y la capacidad financiera, administrativa y de control, además de otros indicadores que se requieran para participar en el concurso, de acuerdo con las características del trabajo, así como el registro de contratistas que deberá obtenerse en la secretaría, de acuerdo con la especialidad de que se trate, y demás requisitos generales que tendrán que cumplir los interesados. El capital contable y los demás indicadores que determinen la capacidad financiera, deberán calcularse de acuerdo con lo indicado en las políticas administrativas, bases y lineamientos;

VIII. La información sobre los porcentajes a otorgar por concepto de anticipos, y

IX. Los criterios generales conforme los cuales se adjudicará el contrato.

Artículo 29.- En las bases que emitan las dependencias, órganos desconcentrados, delegaciones y entidades, para las licitaciones públicas se establecerá que las propuestas, invariablemente se presenten en unidades de moneda nacional, y de así considerarlo la convocante las bases serán puestas a disposición de los interesados en medios magnéticos y contendrán como mínimo, lo siguiente:

I. Como título, Administración Pública del Distrito Federal y el nombre de la dependencia, órgano desconcentrado, delegación o entidad convocante;

II. Garantías por constituir, fecha, hora y lugar de la junta de aclaraciones acerca de las bases del concurso, indicando que si en el proceso se necesitaran más de una, éstas se definirán conforme se requieran, siendo obligatoria la asistencia de personal calificado a las juntas de aclaraciones que, en su caso, se realicen;

III. Señalamiento de que, el incumplimiento de alguno de los requisitos solicitados en las bases que afecte las condiciones legales, técnicas, económicas, financieras o administrativas de la propuesta, será causa de descalificación y que el incumplimiento de requisitos que no afecten dichas condiciones, se deberá sujetar a lo que señalan las disposiciones jurídicas aplicables.

IV. El idioma o idiomas, además del español en que podrán presentarse las propuestas;

V. La indicación de que ninguna de las condiciones contenidas en las bases del concurso, así como en las propuestas presentadas por los concursantes, podrán ser negociadas;

VI. La documentación general que se requiera para preparar la propuesta, donde se incluirán formatos en blanco para referencia en la presentación en lo que concierne a relaciones de materiales, salarios, maquinaria o equipo:

a) En el caso de obra, los proyectos urbano, arquitectónico y de ingeniería que se requieran para preparar la propuesta, normas de construcción, especificaciones en el caso de que las hubiera, especificaciones particulares de proyecto, procedimientos de construcción, otras normas, leyes y reglamentos aplicables; catálogo de conceptos por partidas, con cantidades y unidades de trabajo y relación de conceptos de trabajo de los cuales deberán presentar análisis, y la relación de los costos básicos de materiales, mano de obra y maquinaria de construcción que intervienen en los análisis anteriores;

b) En el caso de servicios relacionados con la obra pública, las leyes, normas, reglas, términos de referencia; en el caso de proyectos, el programa de necesidades, los ordenamientos aplicables sobre la materia, en particular el Reglamento de Construcciones para el Distrito Federal y sus normas técnicas complementarias, para el diseño seguro y estable de las obras y la Ley de Protección Civil, para prevención de siniestros, entre otros, y demás condicionantes aplicables en la realización del servicio; cantidades y unidades de medición de los conceptos del servicio, y la relación de salarios de profesionales, de materiales a utilizar y de equipos de apoyo;

c) En el caso del Proyecto Integral, el Programa de Necesidades, las referencias por lo que hace a la Legislación general que se debe cumplir en la realización del proyecto ejecutivo de la obra y la obra misma, normas de construcción y especificaciones, Reglamento de Construcciones y Normas Técnicas Complementarias, con el señalamiento de que los procedimientos constructivos, las especificaciones particulares del proyecto ejecutivo de la obra, y todo lo necesario según el proyecto integral de que se trate, será responsabilidad del proponente realizarlo.

d) En el caso de obras cuyas condiciones de pago sean a precio alzado:

1. La explosión de insumos que intervienen en la integración de la proposición, agrupado por materiales más significativos y equipo de instalación permanente, mano de obra, maquinaria y equipo de construcción, con la descripción de cada uno de ellos. Tratándose de proyectos integrales el licitante señalará las normas de calidad y especificaciones técnicas a que se sujetará, las cuales deberán apegarse a las establecidas por la convocante en las bases de licitación;

2. Red de actividades, calendarizada e indicando la duración de cada actividad a ejecutar o bien, la ruta crítica, en base a lo dispuesto en el Libro 2, Tomo IV de las Normas de Construcción de la Administración Pública del Distrito Federal;

3. Cédula de avances y pagos programados, calendarizados y cuantificados por actividades a ejecutar, conforme a los periodos determinados por la convocante;

4. Programa de ejecución general de los trabajos conforme al presupuesto total con sus erogaciones, calendarizado y cuantificado, conforme a los periodos determinados por la convocante, dividido en actividades y, en su caso,

subactividades, debiendo existir congruencia con los programas que se mencionan en el numeral siguiente. Éste deberá considerarse dentro del contrato respectivo, como el programa de ejecución de los trabajos;

5. Programas cuantificados y calendarizados de erogaciones, describiendo las actividades y, en su caso, subactividades de la obra, así como la cuantificación del suministro o utilización, conforme a los periodos determinados por la convocante, de los siguientes rubros:

a. De la mano de obra;

b. De la maquinaria y equipo de construcción, identificando su tipo y características;

c. De los materiales más significativos y equipos de instalación permanente, expresados en unidades convencionales y volúmenes requeridos, y

d. De utilización del personal profesional técnico, administrativo y de servicio encargado de la dirección, administración y ejecución de los trabajos, y

6. Presupuesto total de los trabajos, el cual deberá dividirse en actividades de obra, indicando con número y letra sus importes, así como el monto total de la proposición.

La relación de documentos antecedentes que proporcionará la dependencia, órgano desconcentrado, delegación o entidad como apoyo a los estudios que deba realizar el concursante en el proyecto integral, aclarando que lo no proporcionado en las bases, y que sea necesario, será responsabilidad del concursante obtenerla, con la acreditación y el apoyo oficial que proceda para fines de trámites.

La relación de documentos antecedentes que proporcionará la dependencia, órgano desconcentrado, delegación o entidad como apoyo a los estudios que deba realizar el concursante en el proyecto integral, aclarando que lo no proporcionado en las bases, y que sea necesario, será responsabilidad del concursante obtenerla, con la acreditación y el apoyo oficial que proceda para fines de trámites.

Los participantes adicionalmente deberán agregar a la documentación general, la constancia que permita a la convocante corroborar que son Proveedores Salarialmente Responsables.

Se deberá señalar que para corroborar la calidad de Proveedor Salarialmente Responsable, además de la revisión documental, la autoridad convocante podrá realizar las consultas que considere necesarias ante las instancias competentes. Se indicará la obligación de la persona física o moral que fungirá como contratista, de mantenerse como Proveedor Salarialmente Responsable, en tanto dure el contrato, cuando éste sea el factor que determinó la adjudicación, mediante la entrega periódica de los documentos emitidos por la autoridad competente que permitan a la convocante corroborarlo.

VII. El origen de los fondos para realizar la obra pública y el importe autorizado para el primer ejercicio del contrato, en el caso de que rebase un ejercicio presupuestal;

VIII. La descripción pormenorizada de los requisitos en cuanto a la experiencia técnica y financiera, y capacidad técnica y financiera, y demás requisitos que deberán cumplir los interesados, quienes aportarán los documentos que así lo comprueben:

a) En el caso de obra, se elaborará un informe, destacando los casos en que han contribuido con cambios en procedimientos de construcción con enfoque a reducción en tiempos de ejecución, y economías en los costos estimados;

b) En el caso de servicios relacionados con la obra pública, se destacarán en un informe los datos acerca de la experiencia técnico-administrativa de apoyo en la realización de servicios que haya desarrollado el concursante, orientado a mejores soluciones técnicas, ahorros en tiempo, en recursos económicos y costos; mayor calidad del servicio y demás aspectos adicionales a los pactados en contratos de servicios realizados con anterioridad por el concursante.

Principalmente en los casos de coordinación de supervisión, gerencia de obra y supervisión, se hará énfasis en los resultados adicionales a los pactados originalmente por los concursantes en los contratos de las obras o proyectos en las que con anterioridad prestaron sus servicios, y a la situación planteada en esas obras, estudios o proyectos antes de su participación. en un informe, el concursante hará notar los casos en los que hayan instrumentado planteamientos y propuestas que impliquen ahorro en tiempo, recursos económicos y costos, así como planteamientos específicos para un buen desarrollo del aseguramiento de la calidad de las obras coordinadas o supervisadas, logrando una ejecución satisfactoria y total, con menores recursos a los planteados originalmente, y

c) En el caso de proyecto integral, se incluirá un informe en donde se destaquen las aportaciones en cuanto a proyectos integrales desarrollados con diferentes opciones, donde se demuestre que las propuestas manifiestan una mejora sustancial en cuanto a sus indicadores en razón costo/beneficio, aportaciones de la tecnología para ejecución y beneficios en la mejora de la productividad, y eficiencia de la operación del proyecto integral.

Tratándose de personas morales recientemente constituidas, o en el caso de las que hayan modificado o ampliado su objeto social, el informe será preparado destacando la trayectoria profesional de sus integrantes en relación con los aspectos mencionados en los incisos anteriores.

IX. La forma y términos de pago de los trabajos objeto del contrato;

X. Los datos sobre la garantía de seriedad de la propuesta; porcentajes, forma y términos del, o de los anticipos que se concedan, en caso de trabajos de más de un ejercicio, las fechas en que se otorgarán los anticipos subsecuentes al primero, y procedimiento de ajuste de costos en casos de contratación a base de precios unitarios;

XI. El lugar, fecha y hora para la visita al sitio de realización de los trabajos, a excepción de los estudios que no la requieran;

XII. La descripción general de la obra pública que se licita, con información específica sobre las partes del trabajo que podrán subcontratarse, o en las que se podrán asociar para ejecutar partes de la obra o para financiamiento;

XIII. Las fechas programadas de inicio y de terminación de los trabajos;

XIV. El modelo de contrato;

XV. Las condiciones de precio y tratándose de contratos celebrados a precio alzado, las condiciones de pago; en este supuesto sólo se pagarán por actividades o subactividades terminadas.

XVI. Otros requisitos:

a) En el caso de obra, la relación de materiales y equipo de instalación permanente, que en su caso proporcione la dependencia, órgano desconcentrado, delegación o entidad convocante, y personal necesario para realizar el trabajo, y

b) En el caso de servicios relacionados con la obra pública, relación de salarios profesionales, técnicos y administrativos con la aclaración de que estos deben corresponder al nivel profesional de técnica y experiencia que se requiera en la ejecución del servicio solicitado además de la curricula de las personas que participan en la organización del concursante y que van a realizar el servicio, así como el curriculum del concursante mismo;

XVII. Criterios claros y detallados para la adjudicación de los contratos, en donde se establecerá:

a) Que en el caso de obra, no se podrán utilizar criterios de puntos y porcentajes;

b) Que en el caso de servicios relacionados con la obra pública, se podrán utilizar criterios de conceptos, puntos y porcentajes, los que deberán estar debidamente reglamentados, y

c) Que en el caso de proyecto integral, se deberá utilizar el criterio de cumple o no cumple, y

Que en igualdad de condiciones en cuanto a precio, calidad, financiamiento, oportunidad y demás circunstancias pertinentes se preferirá a la persona física o moral que haya acreditado ser Proveedor Salarialmente Responsable, siendo este un factor para determinar la adjudicación.

XVIII. Cualquier otra indicación que se considere conveniente.

Tanto en las licitaciones nacionales como internacionales, los requisitos y condiciones que contengan las bases del concurso deberán ser los mismos para todos los participantes, en especial en lo que se refiere a plazos para la ejecución de los trabajos, normalización, forma y plazo de pago, penas convencionales, anticipos y garantías.

Artículo 30.- Todo interesado que satisfaga los requisitos de la convocatoria y las bases del concurso, tendrá derecho a presentar su propuesta. Para tal efecto, las dependencias, órganos desconcentrados, delegaciones y entidades no podrán exigir requisitos adicionales a los previstos por esta ley. Asimismo, proporcionarán a todos los interesados, igual acceso a la información relacionada con el concurso, a fin de evitar favorecer a algún participante.

Las dependencias, órganos desconcentrados, delegaciones y entidades podrán continuar con el proceso de licitación, aún cuando se haya registrado la participación de un sólo concursante, siempre que éste satisfaga los requisitos de la convocatoria y de las bases del concurso, previo pago de las mismas, y no se encuentre en los supuestos que establece el artículo 37 de esta Ley.

Artículo 31.- Las dependencias, órganos desconcentrados, delegaciones y entidades, siempre que ello no tenga por objeto limitar el número de participantes, podrán modificar, por una sola vez, los plazos u otros aspectos establecidos en la convocatoria o en las bases del concurso, notificándolo, cuando menos con cinco días hábiles de anticipación a la fecha señalada para la presentación y apertura del sobre único, siempre que:

I. Tratándose de la convocatoria, las modificaciones se hagan del conocimiento de los interesados a través de los mismos medios utilizados para su publicación, y

II. En el caso de las bases del concurso, se publique un aviso en la Gaceta Oficial del Distrito Federal, a fin de que los interesados concurran, en su caso, ante la propia dependencia, órgano desconcentrado, delegación **o** entidad para conocer, de manera específica, la o las modificaciones respectivas. Cuando las modificaciones se deriven de las juntas de aclaraciones, no será necesario hacer la publicación del aviso a que se refiere esta fracción, siempre que con la anticipación señalada en este artículo se notifique mediante circular o copia del acta respectiva a cada uno de los interesados que hayan adquirido las bases, obteniendo constancia de recepción por parte de los mismos.

Las modificaciones a que se refiere este artículo, no podrán consistir en la sustitución o variación sustancial de las Obras Públicas objeto de la convocatoria original.

CAPÍTULO III
DE LA PRESENTACIÓN, APERTURA Y EVALUACIÓN DE PROPUESTAS DE OBRAS PÚBLICAS

Artículo 32.- La Contraloría deberá intervenir en cualquier acto que contravenga las disposiciones que rigen las materias objeto de esta Ley. En caso que la Contraloría en el ejercicio de sus funciones detecte violaciones a las disposiciones de esta Ley, bajo su responsabilidad, podrá declarar la nulidad del procedimiento de adjudicación sin la reposición del mismo o determinando su repetición. En estos supuestos, la dependencia, órgano desconcentrado, delegación o entidad convocante reembolsará a los concursantes los gastos en que hayan incurrido, siempre que sean comprobados, debidamente justificados, y se relacionen directamente con el proceso suspendido.

Artículo 33.- En las licitaciones públicas, las propuestas completas se harán por escrito y se entregarán en un sobre único firmado de manera que demuestren que no ha sido violado antes de su apertura, el que contendrá por separado, la propuesta técnica y la propuesta económica, y en su caso, la constancia que acrediten a las personas físicas o morales participantes ser Proveedores Salarialmente Responsables, de conformidad a lo señalado en el presente ordenamiento.

a. El sobre relativo a la propuesta técnica, con todos los documentos que la integran firmados por el representante legal y foliados, contendrá:

I. Constancia de registro de concursante ante la secretaría, el cual para obtenerlo requerirá de declaración escrita bajo protesta de decir verdad, de no encontrarse en los supuestos del artículo 37 de esta Ley, comprobantes para justificar la capacidad financiera y el capital contable y los necesarios en cuanto a experiencia técnica según la especialidad en el registro; en el caso de personas físicas se anexará a los requisitos anteriores, acta de nacimiento y alta ante la Secretaría de Hacienda y Crédito Público, y en el de las personas morales, presentación de escritura constitutiva y modificaciones en su caso, poderes del Representante Legal y alta ante la Secretaría de Hacienda. Se exceptuará a los extranjeros de presentar constancia en licitaciones internacionales, sin embargo, los comprobantes requeridos para el registro los entregarán en el sobre de la propuesta técnica;

II. Manifestación por escrito de haber asistido a las juntas de aclaraciones que se hayan celebrado y estar enterado de las modificaciones, que en su caso se hubiesen hecho a las bases de licitación, además de conocer:

a) En el caso de obra, el sitio de los trabajos;

b) En el caso de servicios relacionados con la obra pública, el objeto del servicio, los términos de referencia para realizarlo y, en su caso, el sitio de ejecución; y

c) En el caso de proyecto integral, el sitio donde se realizarán los trabajos y el programa de necesidades para llevarlo a cabo;

III. Datos básicos sobre:

a) En el caso de obra, los materiales y maquinaria de construcción, puestos en el sitio de los trabajos, así como de la mano de obra a utilizarse; relación del personal profesional, técnico-administrativo y obrero; relación de maquinaria y equipo de construcción, los que son de su propiedad, de alguna filial o rentados, acreditando la circunstancia correspondiente, su ubicación física y vida útil;

b) En el caso de servicios relacionados con obras públicas, relación de personal que intervenga en el servicio a nivel directivo, profesional, administrativo, técnico y de apoyo, mismo que deberá estar de acuerdo con el nivel profesional, técnico y de experiencia que se requiera para la realización del servicio solicitado; así como relación de equipos que utilizará para su ejecución, y

c) En el caso de proyecto integral, materiales, mano de obra y uso de equipo y maquinaria, así como equipo de construcción puestos en el sitio de los trabajos, separados por lo que hace a los estudios, realización del proyecto y la construcción. De igual forma, la relación de maquinaria y equipo de construcción que son de su propiedad o rentados, acreditando la circunstancia correspondiente, su ubicación física en el momento de informar y su vida útil;

IV. Programas calendarizados sin montos de:

a) En el caso de obra, la ejecución de los trabajos, la utilización de la maquinaria y equipo de construcción, la adquisición de materiales y equipo de instalación permanente, así como la participación de personal profesional, administrativo, técnico y del servicio responsable de la dirección, supervisión, administración de los trabajos y mano de obra;

b) En el caso de servicios relacionados con la obra pública, la participación de personal profesional, administrativo, técnico-administrativo, técnico y mano de obra, así como de la utilización de materiales y de los equipos que se requieran para la ejecución del trabajo.

c) En el caso de proyecto integral, la ejecución de los trabajos, la secuencia en los estudios, el proyecto, la construcción de la obra, así como de la utilización de la maquinaria y equipo de construcción, adquisición de materiales y equipo de instalación permanente, además el de la participación del personal profesional, administrativo, técnico y del servicio responsable de la dirección, supervisión, administración y de mano de obra de los trabajos en las etapas mencionadas;

V. En su caso, manifestación escrita de las partes de la obra pública que subcontratará, o en las que se asociará y de los materiales, equipo e innovaciones y desarrollos tecnológicos que pretenda utilizar o adquirir y que incluyan su instalación, así como las partes de la obra que cada persona física o moral subcontratada ejecutará y la manera en que cumplirá sus obligaciones, así como la participación financiera y la responsabilidad solidaria.

VI. Curriculum Vitae de los trabajos realizados por la organización del concursante, destacando aquellos similares a los del objeto de la licitación.

VII. Curricula Vitarum del personal directivo, profesional, administrativo y técnico que participará en los trabajos, destacando la experiencia en actividades similares a los del objeto de la licitación;

VIII. Relación de contratos de obra pública que tenga celebrados con la administración pública o con particulares, y su estado de avance de ejecución a la fecha de la licitación pública, y cualquier otro documento que acredite la experiencia técnica requerida;

IX. Descripción de la planeación estratégica de la forma en que el concursante va a realizar los trabajos, en donde se incluyan los procedimientos de construcción; y

X. Otros datos:

a) En el caso de obra, un informe según lo previsto en el artículo 29, fracción VIII, inciso A.

b) En el caso de servicios relacionados con la Obra Pública, un informe de acuerdo con lo establecido en el artículo 29, fracción VIII, inciso B. Si se trata de proyectos de obra, el costo de la construcción del mismo a precio de mercado, atendiendo los alcances establecidos y calculado a base de índices estadísticos.

c) En el caso de proyecto integral, un informe de acuerdo con lo señalado en el artículo 29, fracción VIII, inciso C.

La admisión de la propuesta técnica por haber cumplido con los requisitos de la convocatoria, no implicará su aceptación definitiva, la cual deberá otorgarse una vez que la dependencia, órgano desconcentrado, delegación o entidad lleve a cabo la revisión detallada de las propuestas admitidas.

b). El sobre relativo a la propuesta económica, con todos los documentos que la integran firmados por representante legal y foliados, contendrá:

I. Garantía de seriedad y carta compromiso de la propuesta completa;

II. Catálogo de conceptos por partidas, con unidades de medición, cantidades de trabajo, precios unitarios, importes parciales y monto propuesto; el catálogo de conceptos deberá presentarse en el formato proporcionado en las bases por la dependencia, órgano desconcentrado, delegación o entidad, sin modificación alguna, con la excepción de que todas sus hojas deberán contener la razón social del concursante, firma del representante legal, y, en su caso, su logotipo respecto a proyectos integrales, catálogo de actividades principales separadas en los rubros de: investigaciones, estudios, proyecto, supervisión, construcción de la obra e inicio de operación, con sus importes parciales, y el monto propuesto;

III. Análisis de precios:

a) En el caso de obra a precios unitarios, de los conceptos solicitados, estructurados en costo directo, con los antecedentes del factor de salario real, costos horarios y básicos requeridos, costo indirecto, financiamiento, utilidad y cargos adicionales, considerando el procedimiento de rendimientos.

Si es a precio alzado, de las actividades principales, considerando el procedimiento de recursos calendarizados, y sus precios;

b) En el caso de servicios relacionados con la obra pública a precios unitarios, de los conceptos solicitados estructurados en costo directo, con los antecedentes de factor de prestaciones, costos horarios y básicos requeridos, costo indirecto, financiamiento, utilidad y cargos adicionales, considerando el procedimiento de rendimientos.

Si es a precio alzado, de las actividades principales, considerando el procedimiento de recursos calendarizados y sus precios, y

c) En el caso de proyecto integral, de las actividades principales con sus precios correspondientes;

IV. En el caso de contratos a base de precios unitarios, el análisis de costos indirectos, el correspondiente al costo de financiamiento, así como la utilidad y cargos adicionales;

V. Programas de montos mensuales de ejecución de los trabajos, de la utilización de la maquinaria y equipo, adquisición de materiales y equipo, así como la participación del personal profesional, administrativo de servicios, responsable de la dirección, técnico, supervisión, administración de los trabajos, mano de obra, en la forma y términos solicitados.

a) En el caso de obra, la maquinaria y equipo a que se refiera, serán los que se utilizarán en la ejecución de la obra, y los de instalación permanente;

b) En el caso de servicios relacionados con la obra pública, la maquinaria y el equipo a que se refiera, serán los que se utilizarán para la realización del servicio;

c) En el caso de proyecto integral, la maquinaria y equipo relativos, serán los que se utilizarán en las fases de estudios, investigaciones, realización del proyecto ejecutivo de la obra pública, y el de la construcción de la misma, y

VI. Carta de conocimiento de haber tomado en cuenta los requerimientos de las bases y de aceptación del modelo del contrato.

La admisión de la propuesta económica por haber cumplido con los requisitos de las bases, no implicará su aceptación definitiva, la cual deberá otorgarse una vez que la dependencia, órgano desconcentrado, delegación o entidad lleve a cabo la revisión detallada de las propuestas admitidas.

Artículo 34.- Dependencias, órganos desconcentrados, delegaciones y entidades harán del conocimiento general a través de publicación en la Gaceta Oficial del Distrito Federal, al menos lo siguiente:

I. Nombre, denominación o razón social del ganador,

II. Número y concepto de la licitación,

III. Objeto del contrato a suscribirse,

IV. Monto del contrato,

V. Fecha de inicio y conclusión de la obra, y

VI. El lugar donde podrán consultarse las razones de asignación y de rechazo.

Artículo 35.- Quienes participen en las licitaciones o celebren los contratos a que se refiere esta Ley, deberán garantizar:

I. La seriedad de sus propuestas en los procedimientos de licitación;

La dependencia, órgano desconcentrado, delegación o entidad convocante conservará en custodia las garantías de que se trate hasta la fecha del fallo, en que serán devueltas a los concursantes, salvo la de aquél a quien se hubiere declarado ganador, la que se retendrá hasta el momento en que el contratista constituya la garantía de cumplimiento del contrato correspondiente, y haya firmado el mismo;

II. Los anticipos, que en su caso reciban esta garantía deberá constituirse por el monto del anticipo, incluyendo el impuesto al valor agregado, y

III. El cumplimiento de los contratos, así como los defectos o vicios ocultos que llegaren a resultar y por cualquier otra responsabilidad que surja en la obra.

Para los efectos de las fracciones I y III, se fijarán las bases, forma y porcentajes a los que deberán sujetarse las garantías que deban constituirse a su favor en las políticas administrativas, bases y lineamientos. La opción se especificará desde la convocatoria y se ratificará en las bases.

Las garantías previstas en las fracciones II y III de este artículo, deberán presentarse dentro de los diez días hábiles siguientes a la fecha en que el concursante ganador reciba copia del fallo de adjudicación. El o los anticipos correspondientes, se entregarán a más tardar, dentro de los diez días hábiles siguientes a la presentación de la garantía.

Artículo 36.- Las garantías que deban otorgarse conforme la presente Ley, se constituirán a favor de la Secretaría de Finanzas en el caso de las dependencias, órganos desconcentrados, y delegaciones, y en el caso de las entidades, a favor de éstas.

Artículo 37.- Las dependencias, órganos desconcentrados, delegaciones o entidades convocantes se abstendrán de recibir propuesta o celebrar contrato alguno en las materias a que se refiere esta Ley, con las siguientes personas físicas o morales:

I. Aquéllas en que el servidor público que intervenga de cualquier forma en la adjudicación del contrato tenga interés personal, familiar o de negocios, incluyendo aquéllas de las que pueda resultar algún beneficio para él, su cónyuge o sus parientes consanguíneos hasta el cuarto grado por afinidad o civiles, o para terceros con los que tenga relaciones laborales o de negocios, o para socios o sociedades de las que el servidor público o las personas referidas formen o hayan formado parte durante el último año;

II. Las que desempeñen un empleo, cargo o comisión en el servicio público, o bien las sociedades lucrativas de las que dichas personas formen parte, sin la autorización previa y específica de la Contraloría conforme la Ley Federal de Responsabilidades de los Servidores Públicos, así como las inhabilitadas para desempeñar un empleo, cargo o comisión en el servicio público;

III. Aquéllas que, por causas imputables a ellas mismas, se les hubiere rescindido administrativamente un contrato por una dependencia, órgano desconcentrado, delegación o entidad, y a quienes se les limitará la posibilidad de participar temporalmente como mínimo un año, considerando las causas de la rescisión respectiva; limitación que será determinada por la Contraloría. El impedimento prevalecerá a partir de la fecha en que la Contraloría notifique a la persona física o moral;

IV. Aquéllas que, por causas imputables a ellas mismas, se les hubieren rescindido administrativamente dos contratos por una misma dependencia, órgano desconcentrado, delegación o entidad o un contrato por dos dependencias, órganos desconcentrados, delegaciones o entidades, y a quienes se les limitará la posibilidad de participar temporalmente como mínimo dos años o definitivamente, considerando las causas de las rescisiones respectivas; limitación que será determinada por la contraloría. El impedimento prevalecerá a partir de la fecha en que la Contraloría notifique a la persona física o moral;

V. Aquéllas que, por causas imputables a ellas mismas, hayan dado motivos para convenir la terminación anticipada de relación contractual, derivada de esta Ley, con cualquier dependencia, órgano desconcentrado, delegación o entidad. Dicho impedimento subsistirá durante un año calendario contado a partir de la fecha en que se dé la terminación anticipada

VI. Aquellas contratistas que, en la ejecución de las obras incurran en atrasos, deficiencias o insuficiencias que sin configurar causas de rescisión impacten negativamente en la misma, tales como: atrasos en el programa, insuficiencias o deficiencias en la calidad de materiales o procesos, en la administración de la obra, o no aplicar los recursos necesarios para el cumplimiento del contrato. El impedimento subsistirá durante el periodo de ejecución de dicha obra.

VII. Aquéllas que hubieren proporcionado información que resulte falsa, o que hayan actuado con dolo o mala fe en algún proceso para la adjudicación de un contrato en su celebración, durante su vigencia o bien en la presentación o desahogo de una inconformidad, siempre y cuando la contraloría haya notificado tal situación;

VIII. Las que, en virtud de la información con que cuente la contraloría, hayan celebrado contratos en contravención a lo dispuesto por esta Ley;

IX. Aquéllas a las que se les declare en estado de quiebra o, en su caso, sujetas a concurso de acreedores;

X. Aquéllas que estén realizando o vayan a realizar en relación con la obra correspondiente, por sí, o a través de empresas que formen parte del mismo grupo empresarial, trabajos de coordinación, dirección, supervisión, control administrativo, control de obra, gerencia de obra, análisis en laboratorios de resistencia de materiales o radiografías industriales para efectos de control de calidad;

XI. Las que por sí, o a través de empresas que formen parte del mismo grupo empresarial, elaboren dictámenes, peritajes y avalúos, cuando se requieran dirimir controversias entre tales personas y la dependencia, órgano desconcentrado, delegación o entidad;

XI BIS. Las que se encuentren impedidas por resolución de la Contraloría en los términos del Título Sexto de este ordenamiento, o por resolución de la Secretaría de la Función Pública del Gobierno Federal o de las autoridades competentes de los gobiernos de las entidades federativas o municipios y que hayan sido comunicadas por la propia Contraloría;

XII. Las personas morales constituidas por socios de empresas que incurran en los ilícitos de cualquiera de las fracciones mencionadas en este artículo, y

XIII. Las demás que por cualquier causa se encuentren impedidas para ello, por disposición de Ley.

En los supuestos mencionados en las fracciones de la III a la VI, la dependencia, órgano desconcentrado, delegación o entidad deberá dar aviso a la contraloría para que lo haga del conocimiento del sector obras del distrito federal. Cuando la dependencia, órgano desconcentrado, delegación o entidad tenga conocimiento de aquellas personas físicas o morales que hayan incurrido en las fracciones I, II y de la IX a la XIII, deberán comunicarlo a la Contraloría.

Artículo 38.- En los procedimientos para la contratación de obras públicas, las dependencias, órganos desconcentrados, delegaciones y entidades optarán, en igualdad de condiciones, por el empleo de los recursos humanos del país, por sociedades cooperativas, proveedores salarialmente responsables y por la utilización de materiales, equipos e innovaciones y desarrollos tecnológicos de procedencia nacional, siempre y cuando cumplan con las especificaciones del proyecto.

Artículo 39.- El procedimiento para la contratación de la obra pública por licitación pública, en el que podrán intervenir los interesados que hayan pagado el costo de las bases del concurso; se llevará a cabo en dos sesiones públicas, conforme a lo siguiente:

I. Se realizará una sesión pública de presentación y apertura del sobre único, en el que cada concursante entregará un sobre cerrado que deberá contener la documentación legal, administrativa, técnica y económica, mostrando que no ha sido violado; una vez que todos los concursantes hayan entregado sus sobres, éstos se abrirán en el orden en que fueron presentados, procediendo a revisar cuantitativa y sucesivamente la documentación legal, administrativa, técnica y económica. Al término de la revisión se desecharán las que hubieren omitido algún documento o requisito solicitado en las bases.

El servidor público designado por la convocante como responsable de la licitación o su suplente, conjuntamente con cualquier concursante distinto del que presentó la propuesta, rubricarán la documentación legal, administrativa, técnica y el catálogo de conceptos o actividades en que se consignen los precios, importes parciales y totales propuestos en la documentación económica, las que quedarán en custodia de la convocante, la que deberá salvaguardar su confidencialidad e integridad. Acto seguido, se levantará el acta correspondiente de dicha sesión, en la que se harán constar las propuestas recibidas y las que cumplen con los requisitos fijados en las bases, así como las que se hubiesen desechado, incluyendo las causas que lo motivaron, debiendo señalarse la fecha de celebración de la sesión de emisión del fallo; dicha acta se firmará por los concursantes que así deseen hacerlo, debiendo entregarse copia de la misma a cada uno de los concursantes.

Una vez finalizada la sesión pública antes mencionada, la convocante procederá a realizar el análisis cualitativo de la documentación presentada por los concursantes, para determinar las que reúnan las condiciones legales, técnicas, económicas y administrativas fijadas en las bases de licitación, que garanticen el cumplimiento de las obligaciones del contratista, procediendo a seleccionar la que resulte más conveniente, lo que deberá quedar asentado en el dictamen que se dará a conocer hasta la sesión de emisión del fallo.

II. En la segunda sesión pública, la convocante comunicará el resultado del dictamen citado en la fracción anterior, en el que se señalarán detalladamente las propuestas aceptadas y las que resultaron rechazadas derivado del análisis cualitativo de las mismas; acto seguido, la convocante dará a conocer el importe total de las que cubran los requisitos exigidos, señalando al final el nombre del concursante ganador y el importe respectivo, procediendo entonces a exponer a los no ganadores las razones por las cuales no fue seleccionada su propuesta.

A la sesión de fallo podrán asistir como observadores aquellos concursantes que hayan sido descalificados en la primera sesión pública, así como representantes de las cámaras y colegios correspondientes.

El acta de la sesión del fallo, será firmada por los concursantes presentes que no hubieren sido descalificados en la primera sesión pública que así lo deseen, a quienes se les entregara copias de la misma, debiendo notificar personalmente a los que no hubiesen asistido.

La convocante deberá fundar y motivar cada una de sus determinaciones, señalando los argumentos en que éstas se sustenten.

La documentación de carácter devolutivo y las propuestas desechadas, así como las garantías de sostenimiento, será devuelta a los concursantes una vez transcurridos quince días hábiles contados a partir de la fecha en que se dé a conocer el fallo de la licitación, previa solicitud por escrito y entrega del recibo correspondiente, debiendo conservar las áreas copia certificada de dicha documentación. No procederá la devolución de la documentación cuando se tenga conocimiento de la interposición de un recurso de inconformidad u otro medio de impugnación ante un órgano administrativo o jurisdiccional.

Artículo 40.- Las dependencias, órganos desconcentrados, delegaciones o entidades para hacer la evaluación de las propuestas deberán tomar en consideración los informes presentados por los concursantes de acuerdo con lo señalado en el artículo 29, fracción VIII, incisos a, b y c, las aportaciones en trabajos anteriores y la estrategia propuesta para cumplir el compromiso del trabajo solicitado, además tanto en la parte técnica como en la económica, deberán verificar:

I. En el caso de obra, que la misma incluya la información, documentos y requisitos solicitados en las bases del concurso; que los precios de los insumos sean acordes con el mercado, que las características, especificaciones y calidad de materiales cumplan con lo solicitado; que el programa de ejecución sea factible de realizar dentro del plazo solicitado, según los recursos considerados par el concursante; que exista congruencia entre el programa, los rendimientos considerados, los procedimientos constructivos, equipos y fuerza de trabajo, y los volúmenes a ejecutar.

En este caso, no será factible introducir precalificación alguna ni cambio del procedimiento señalado en los artículos 33 y 39 de la presente Ley;

II. En el caso de servicios relacionados con la obra pública, se incluya la información, documentos y demás requisitos solicitados en las bases del concurso, en la que se tomarán fundamentalmente en cuenta la presentación técnica de su propuesta y su experiencia. Verificarán que el programa de realización del servicio sea factible de realizar con los recursos considerados por el concursante, que la propuesta del servicio garantice el cumplimiento de los términos de referencia, normas para la realización de estudios o proyectos, leyes, normas y reglamentos aplicables, programas delegacionales, limitantes establecidas y de desarrollo del trabajo, usos del suelo, y demás referencias establecidas por la dependencia, órgano desconcentrado, delegación o entidad.

En el caso de proyectos, se verificará que los estudios, las memorias descriptivas y de cálculo y el anteproyecto estén debidamente desarrolladas, así como que la relación de la inversión estimada para la construcción del proyecto, su costo de mantenimiento, conservación y operación entre el costo de la propuesta sea la más rentable.

También verificarán que la integración, análisis y cálculo de los precios unitarios de los conceptos del servicio, o de las actividades principales de su propuesta, se encuentren conforme las disposiciones que expida la Secretaría. Se analizará especialmente el costo del servicio con los salarios del personal propuesto, y se revisará que esté acorde con el servicio que se vaya a prestar.

Para estos casos será factible, si se considera necesario, la introducción de un mecanismo de precalificación, así como el cambio de procedimiento señalado en los artículos 33 y 39, lo cual se llevará a cabo de acuerdo con lo que específicamente sea requerido por la dependencia, órgano desconcentrado, delegación o entidad, y lo establecerá desde las bases, y

III. En el caso de proyecto integral, que las proposiciones incluyan la información, documentos y demás requisitos solicitados en las bases del concurso; que el anteproyecto cumpla con las especificaciones, legislación existente, restricciones establecidas, programa de necesidades planteado por la dependencia, órgano desconcentrado, delegación o entidad convocante y demás condiciones aplicables, que los precios considerados para los insumos, tanto para la ejecución de la obra correspondiente al anteproyecto, como de aquéllos empleados para la realización de los estudios e investigaciones sean de acuerdo con el mercado, que el programa de ejecución sea factible de realizar dentro del plazo solicitado según los recursos considerados por el concursante; que exista congruencia entre el programa y los rendimientos considerados, los recursos técnicos, conocimientos científicos, procedimientos constructivos, equipos, fuerza de trabajo y actividades a desarrollar.

Asimismo, se verificará que los estudios, las memorias de cálculo, el anteproyecto, los análisis que sirvieron de antecedente para determinar el flujo de efectivo y la rentabilidad del mismo, estén debidamente soportados y que la razón beneficio/costo sea rentable y esté optimizada.

Para estos casos será factible, si se considera necesario, la introducción de un mecanismo de precalificación, así como el cambio de procedimiento señalado en los artículos 33 y 39, lo cual se llevará a cabo de acuerdo con lo que específicamente sea requerido por la dependencia, órgano desconcentrado, delegación o entidad, y lo establecerá desde las bases.

Artículo 41.- Las dependencias, órganos desconcentrados, delegaciones o entidades también verificarán los análisis, cálculos e integración de los precios unitarios, conforme las disposiciones que señale la normatividad de la Administración Pública del Distrito Federal.

Hecha la evaluación de las propuestas, se elegirá como ganadora aquélla que reúna las condiciones legales, técnicas, económicas, financieras y administrativas requeridas por la dependencia, órgano desconcentrado, delegación o entidad convocante, y garantice satisfactoriamente el cumplimiento de las obligaciones respectivas.

Si resultare que dos o más propuestas reúnen las condiciones legales, técnicas, económicas, financieras y administrativas y, por tanto, satisfacen la totalidad de los requerimientos de la dependencia, órgano desconcentrado, delegación o entidad convocante, se elegirá como ganadora aquella que:

I. En el caso de obra, presente el precio más bajo;

II. En el caso de servicios relacionados con la obra pública, presente el indicador más adecuado de la proporción según los parámetros de inversión, costo de operación, mantenimiento y vida útil, y

III. En el caso de proyecto integral, presente el índice más conveniente producto del análisis económico correspondiente para cada uno de los proyectos, o en su caso el resultado más favorable entre las propuestas. En las bases se especificará, en el caso de los proyectos integrales de obra, que deben incluirse los costos de inversión así como los de operación y mantenimiento.

En cualquiera de los supuestos descritos en las fracciones que anteceden, se preferirá, a la persona física o moral que haya acreditado ser Proveedor Salarialmente Responsable, siendo este un factor para determinar la adjudicación.

La dependencia, órgano desconcentrado, delegación o entidad emitirá un dictamen que servirá como fundamento para el fallo, en el que se hará constar el análisis de las propuestas admitidas y se hará mención de las desechadas.

Artículo 42.- Se deroga.

Artículo 43.- Las dependencias, órganos desconcentrados, delegaciones o entidades no adjudicarán el contrato cuando las posturas presentadas no reúnan los requisitos de las bases del concurso, o:

I. En el caso de obra, que los precios de los conceptos más importantes no correspondan a los del mercado;

II. En el caso de servicios relacionados con la obra pública, que aunque exista congruencia entre la propuesta técnica y la propuesta económica, el servicio que se ofrece no es la solución al servicio relacionado con la obra pública solicitado, o no exista congruencia entre los recursos ofrecidos en la propuesta técnica y los costos o precios previstos en la propuesta económica, y

III. En el caso de proyecto integral, que aunque exista congruencia entre la propuesta técnica y la propuesta económica, el proyecto integral que se ofrece no es la solución al proyecto integral solicitado, o que la propuesta no resulte rentable en términos financieros, o resulte prejuiciosa.

En todos estos casos, se declarará desierto el concurso y, en su caso, se procederá conforme a lo previsto por el artículo 63, fracción IV, de esta Ley.

CAPÍTULO IV
DE LOS CONTRATOS DE OBRAS PÚBLICAS

Artículo 44.- Los contratos de obra pública para efectos de esta Ley, podrán ser de tres tipos:

I. A base de precios unitarios, en cuyo caso el importe de la remuneración que deba cubrirse al contratista se hará:

a) En el caso de obra, por unidad de concepto de trabajo terminado;

b) En el caso de servicios relacionados con la obra pública, por unidad de concepto de servicio realizado;

II. A precio alzado, en cuyo caso el importe del pago total fijo que deba cubrirse al contratista será por ministraciones que se establecerán en el contrato, en función de avances de trabajos realizados o de actividades o subactividades terminadas. Las propuestas que presenten los contratistas en este caso, tanto en los aspectos técnicos como económicos, deberán estar desglosados por actividades principales y subactividades.

Los contratos a precio alzado no podrán ser modificados en monto o plazo, ni estarán sujetos a ajustes de costos.

Los proyectos integrales, siempre deberán contratarse a base de precio alzado, y

III. Por administración, en cuyo caso el importe de la remuneración que deba cubrirse al contratista se hará vía comprobantes, facturas, nómina pagada y un porcentaje de indirectos sobre lo anterior.

Artículo 45.- En el caso de trabajos que abarquen más de un ejercicio, se formulará un contrato por toda la obra pública licitada, comprometiéndose en él exclusivamente el importe del primer ejercicio fiscal. Para el o los siguientes ejercicios fiscales se comprometerán únicamente los importes respectivos mediante revalidación de tipo presupuestal, de acuerdo con la suficiencia de la partida correspondiente en cada nuevo ejercicio fiscal hasta la terminación de la obra.

Para cada nuevo ejercicio fiscal, las dependencias, órganos desconcentrados, delegaciones o entidades, a través del Gobierno del Distrito Federal en el proyecto de Presupuesto de Egresos, deberán especificar los montos de los requerimientos financieros que se destinarán al programa de obras correspondiente hasta su terminación. Además, en la ejecución de las obras se otorgará prioridad a aquellos proyectos y obras que presenten mayores avances físicos.

Artículo 46.- Los contratos de obra pública contendrán como mínimo, las declaraciones y cláusulas referentes a:

I. El oficio de autorización de la inversión para cubrir el compromiso derivado del contrato;

II. El precio a pagar por los trabajos objeto del contrato;

III. Las fechas de inicio y de terminación de los trabajos; en el caso de proyecto integral, las fechas de inicio y terminación de: los estudios que hayan de realizarse, el proyecto, la obra, las pruebas de equipos e instalaciones y las fechas especificas del inicio de operaciones y la entrega;

IV. El porcentaje del, o de los anticipos, que en su caso se otorguen para inicio de los trabajos, y para compra o producción de los materiales;

V. La forma y términos de garantizar la correcta inversión del, o de los anticipos, y el cumplimiento del contrato;

VI. Los plazos, forma y lugar de pago de las estimaciones de trabajos ejecutados o ministraciones para el supuesto de los contratos a precio alzado, así como de los ajustes de costos, en su caso;

VII. El establecimiento de penas convencionales;

VIII. La forma en que el contratista, en su caso, reintegrará las cantidades que de cualquier manera hubiera recibido en exceso;

IX. Las condiciones y el procedimiento de ajuste de costos, los que deberán ser determinados desde las bases del concurso por la dependencia, órgano desconcentrado, delegación o entidad, los cuales regirán durante la vigencia del contrato, excepto si se trata de precio alzado;

X. La descripción pormenorizada de los trabajos que se deban ejecutar, debiendo acompañar, como parte integrante del contrato:

a) En el caso de obra, los proyectos, planos, especificaciones, programas y presupuestos correspondientes;

b) En el caso de servicios relacionados con la obra pública, si se trata de coordinación de supervisión, gerencia de obra y supervisión de obras, los proyectos, especificaciones, programas y presupuestos de la obra a supervisar, además de los programas y presupuestos del servicio mismo; si se trata de otro tipo de servicios, las referencias respecto a normas y especificaciones para realizar los estudios o proyectos, así como las leyes, normas técnicas y reglamentos aplicables, los programas de desarrollo y de uso del suelo, en su caso, y

c). En el caso de proyecto integral, la descripción pormenorizada de estudios, proyectos y las principales actividades de la obra, estableciendo que son también parte del contrato los elementos de la propuesta integral del proyecto, incluida la supervisión propia del contratista en la ejecución del proyecto integral, independientemente de la que establezca la dependencia, órgano desconcentrado, delegación o entidad;

XI. El señalamiento de que el contrato, sus anexos y, en el caso de obra, la bitácora de los trabajos, son instrumentos que vinculan las partes en sus derechos y obligaciones;

XII. Los plazos para la verificación de terminación y recepción de obra pública, y

XIII. Los procedimientos mediante los cuales las partes entre sí resolverán controversias futuras que pudieran versar sobre problemas específicos de carácter técnico o administrativo.

XIV. La obligación de la persona física o moral que fungirá como contratista, de mantenerse como Proveedor Salarialmente Responsable, en tanto dure el contrato, cuando éste haya sido el factor que determinó la adjudicación.

Artículo 47.- La adjudicación del contrato obligará a la dependencia, órgano desconcentrado, delegación o entidad y al concursante en quien hubiera recaído dicha adjudicación, a formalizar el documento respectivo, dentro de los diez días hábiles siguientes al de la adjudicación.

Si el interesado no firmara el contrato, perderá en favor de la dependencia, órgano desconcentrado, delegación o entidad convocante la garantía que hubiera otorgado y la dependencia, órgano desconcentrado, delegación o entidad podrá, sin necesidad de un nuevo procedimiento, adjudicar el contrato al concursante que haya resultado en segundo lugar, y así sucesivamente en caso de no aceptación, siempre que:

I. En el caso de obra, la diferencia en precio respecto a la postura que hubiera resultado ganadora, no sea superior al diez por ciento;

II. En el caso de servicios relacionados con obra pública, la diferencia por evaluación respecto a la postura que hubiera resultado ganadora, no sea superior a quince por ciento, según el índice utilizado, y

III. En el caso de proyecto integral, se adjudicará a aquél que también cumpla las condiciones legales, técnicas, económicas, financieras y administrativas requeridas, siempre y cuando la diferencia respecto de la propuesta que haya resultado ganadora no sea superior al diez por ciento.

La dependencia, órgano desconcentrado, delegación o entidad sólo podrá dejar de firmar el contrato en el plazo señalado por causas justificadas.

El concursante, sin incurrir en responsabilidad, podrá determinar no ejecutar la obra pública si la dependencia, órgano desconcentrado, delegación o entidad no firmase en el plazo señalado por causas imputables a éstos. en este supuesto, la dependencia, órgano desconcentrado, delegación o entidad liberará la garantía otorgada para el sostenimiento de su proposición y cubrirá los gastos no recuperables en que hubiere incurrido el concursante para preparar y elaborar su propuesta, siempre que estén debidamente comprobados, se justifiquen y se relacionen directamente con el concurso de que se trate.

El contratista no podrá hacer ejecutar los trabajos por otro, excepto con autorización previa de la dependencia, órgano desconcentrado, delegación o entidad de que se trate, entonces podrá hacerlo en cuanto a partes de la obra pública, o cuando adquiera materiales o equipos que incluyan su instalación para el caso de obra o de proyecto integral. Esta autorización previa no se requerirá cuando la dependencia, órgano desconcentrado, delegación o entidad señale específicamente en las bases del concurso, las partes del trabajo que podrán ser objeto de subcontratación o asociación. En estos casos, el contratista seguirá siendo el único responsable de la ejecución de los trabajos ante la dependencia, órgano desconcentrado, delegación o entidad.

Los concursantes con los cuales se contrate la ejecución de la obra pública podrán presentar conjuntamente propuestas en los correspondientes concursos para fines financieros, técnicos o de cualquier otra índole, sin necesidad de constituir una nueva sociedad, siempre que para tales efectos al celebrar el contrato respectivo, se establezcan con precisión, a satisfacción de la dependencia, órgano desconcentrado, delegación o entidad, la proporción de participación financiera y las partes de la obra pública que cada persona física o moral se obligará a realizar, así como la manera en que, en su caso, se exigirá el cumplimiento de las obligaciones. En caso de asociación, el representante contratista ante la Administración Pública del Distrito Federal, será el de mayor capacidad financiera.

Los contratistas están obligados a presentar la póliza y el contrato de seguro de responsabilidad civil por daños a terceros, dentro de los cinco días hábiles siguientes a la fecha de la firma del contrato, por el monto que se establezca en las bases correspondientes.

Artículo 48.- Los derechos y obligaciones que se deriven de los contratos de obra no podrán cederse en forma parcial o total en favor de cualquier otra persona física o moral, con excepción de los derechos de cobro sobre las estimaciones por trabajos ejecutados o ministraciones para el caso de los contratos a precio alzado, en cuyo supuesto se deberá contar con la conformidad previa de la dependencia, órgano desconcentrado, delegación o entidad de que se trate.

CAPÍTULO V
DE LA EJECUCIÓN DE LOS CONTRATOS DE OBRAS PÚBLICAS

Artículo 49.– El otorgamiento de los anticipos se deberá pactar en los contratos conforme lo siguiente:

I. Los importes de los anticipos concedidos serán puestos a disposición del contratista con antelación a la fecha programada para el inicio de los trabajos; el atraso en la entrega del anticipo, será motivo para diferir:

a) En el caso de obra, en igual plazo el programa de ejecución pactado; el contratista podrá iniciarla según la fecha de inicio programada, por su voluntad y riesgo;

b) En el caso de servicios relacionados con la obra pública, en igual plazo el programa de ejecución pactado; el contratista podrá iniciar los servicios en la fecha de inicio programada por su voluntad y riesgo, excepto servicios de supervisión en que se ajustará al programa de obra a supervisar y, si por este motivo incurre en gastos financieros, le serán cubiertos por la dependencia, órgano desconcentrado, delegación o entidad contratante, los cuales señalarán el procedimiento para la cobertura del pago.

c) En el caso de proyecto integral, se aplicará lo señalado en el inciso a de esta fracción;

Cuando el contratista no entregue la garantía de los anticipos dentro del plazo señalado en el artículo 35, no procederá el diferimiento; por tanto, deberá iniciar la obra en la fecha establecida originalmente;

Los concursantes deberán considerar en su propuesta, la repercusión que tienen los importes de los anticipos en el costo de financiamiento de los trabajos a favor de la Administración Pública del Distrito Federal;

II. Se otorgarán anticipos para los convenios que se celebren en términos del artículo 56 hasta por el veinte por ciento para compra o adquisición de materiales en caso de obra o proyecto, excepto para los importes resultantes de los ajustes de costos del contrato o convenios que se generen durante el ejercicio presupuestal de que se trate. en casos especiales, y después de la justificación adecuada por parte de la contratante, este porcentaje podrá ser mayor, siempre que el Jefe de Gobierno lo autorice específicamente, y

III. En los casos de suspensión, rescisión y terminación anticipada de los contratos y/o convenios, los contratistas deberán reintegrar a la dependencia, órgano desconcentrado, delegación o entidad, el saldo por amortizar, en efectivo o en especie, según para lo que hayan sido asignados éstos, en un plazo no mayor de veinte días hábiles contados a partir de la fecha en que le sea comunicada la suspensión, rescisión o terminación anticipada al contratista.

IV. En los casos de suspensión, rescisión y terminación anticipada de los contratos y/o convenios, los contratistas deberán devolver el saldo de los anticipos que no hubieran quedado amortizados, y en caso de no hacerlo cubrirá las cargas que resulten conforme a la tasa establecida por la Ley de Ingresos del Distrito Federal, en los casos de prórroga para el pago de créditos fiscales. Los cargos se calcularán sobre las cantidades no amortizadas, y se computarán por días calendario desde la fecha fijada en que debió quedar amortizada hasta la fecha en que se pongan efectivamente las cantidades a disposición de la dependencia, órgano desconcentrado, delegación o entidad.

En el caso de contratos en que se pacte la entrega de los anticipos en varias exhibiciones y en varios ejercicios, será motivo para no entregar el anticipo subsiguiente, si el contratista no hubiere amortizado el anterior o devuelto el mismo con las cargas que resulten.

Los trabajos podrán iniciarse antes de la entrega de los anticipo, si así lo acuerda la contratante con la contratista.

Artículo 50.- Las dependencias, órganos desconcentrados, delegaciones o entidades establecerán la residencia de supervisión con anterioridad a la fecha de iniciación de la obra o del proyecto integral, y esta residencia será la responsable directa de la supervisión, vigilancia, control y revisión de los trabajos, así como de la previa autorización de los programas detallados de ejecución, suministros de materiales y equipo de instalación permanente, utilización de mano de obra, maquinaria y equipo de construcción de los trabajos, mismos que deberán ser acordes a los alcances de los trabajos por ejecutar conforme a los procedimientos constructivos y a los tiempos de las actividades solicitadas y propuestos en la licitación, por lo que en ningún caso podrá variarse significativamente el programa con montos de la misma; de igual manera será responsable de la aprobación de las estimaciones presentadas por los contratistas, de acuerdo con los alcances específicos del trabajo solicitado.

La residencia realizará la evaluación de los programas conforme a la metodología utilizada para su elaboración, de acuerdo a lo establecido en las Normas de Construcción y sólo las cantidades de obra ejecutada satisfactoriamente se aplicarán para reportar su avance y determinar el grado de cumplimiento para obtener, entre otros, los datos suficientes para el seguimiento de la ejecución de los trabajos, de la interrelación de los programas de suministros, utilización de mano de obra, maquinaria y equipo, así como de las cláusulas contractuales aplicables.

Los programas entregados por el contratista deberán acompañarse con la metodología aplicada en su elaboración, así como los criterios y datos que permitan su correcta interpretación y evaluación; en caso contrario aceptará lo que determine la residencia de obra para el control, evaluación y seguimiento.

Cuando la contratista varíe en cantidad sus recursos programados, será bajo su responsabilidad en todos los aspectos de cumplimiento y costo del contrato, por lo que las observaciones que la residencia de obra le realice, serán exclusivamente como referencia de las desviaciones que se presenten.

Cuando la supervisión sea realizada por contrato, la aprobación de las estimaciones presentadas por la supervisora para trámite de pago, deberá ser autorizada por la residencia de la obra de la dependencia, órgano desconcentrado, delegación o entidad, previa verificación de la existencia física de la obra o de los servicios contratados, así como de la presentación de la documentación que acredite la procedencia del pago. Lo anterior sin perjuicio de las demás funciones que para la residencia de la obra se establezcan en el Reglamento de la Ley.

Quienes celebren contratos de supervisión de obra pública con la Administración Pública del Distrito Federal, por el incumplimiento de sus obligaciones contractuales, serán responsables con los contratistas supervisados, de los daños que se ocasionen al Distrito Federal, en los términos que se pacten en los Contratos, y con base en lo dispuesto en esta Ley, su reglamento y las Normas de Construcción de la Administración Pública del Distrito Federal, hasta por un monto igual al de su contrato de supervisión, lo anterior, con independencia de las penas convencionales, garantías que deban hacerse efectivas y otro tipo de responsabilidades en que puedan incurrir.

La Secretaría de Obras y Servicios, verificará que las personas físicas o morales de supervisión de obra pública, cumplan con los requisitos exigidos para su registro, entre los cuales se exigirá que: cuenten con experiencia comprobable en términos de esta ley y su reglamento, no se encuentre en los supuestos del artículo 37 de esta Ley; y, estar certificadas por el organismo o colegio de profesionales legalmente acreditados.

Artículo 51.- La obra pública deberá iniciarse en la fecha pactada; para este efecto, la dependencia, órgano desconcentrado, delegación o entidad contratante pondrá oportunamente a disposición del contratista él o los inmuebles en que deba llevarse a cabo. el incumplimiento prorrogará en igual plazo:

I. En el caso de obra, el inicio y la terminación de la obra pública;

II. En el caso de servicios relacionados con la obra pública, si es un inmueble donde deba llevarse a cabo el servicio, el inicio y la terminación del servicio, de lo contrario el servicio deberá iniciarse en el plazo pactado, y

III. En el caso de proyecto integral, se aplicará lo señalado en la fracción I de este artículo.

Artículo 52. Las estimaciones de trabajos ejecutados, ministraciones de avances de trabajos realizados, o bien de actividades o subactividades terminadas en el supuesto de los contratos a precio alzado, se presentarán por el contratista a la dependencia, órgano desconcentrado, delegación o entidad por periodos máximos mensuales, acompañadas de la documentación que acredite la procedencia de su pago. Para este efecto, las dependencias, órganos desconcentrados, delegaciones o entidades deberán fijar la fecha de corte.

Las estimaciones de los trabajos ejecutados o ministraciones para el supuesto de los contratos a precio alzado deberán iniciarse para su pago por parte de la dependencia, órgano desconcentrado, delegación o entidad, bajo su responsabilidad, dentro de un plazo no mayor de veinte días hábiles, contados a partir de la fecha en que las hubiere autorizado la residencia de la obra pública de que se trate.

Las diferencias técnicas o numéricas surgidas en la revisión de una estimación, no resueltas, se incorporarán una vez conciliadas en el periodo de la estimación siguiente o siguientes, haciendo referencia al periodo de su ejecución. Entre tanto, quedará pendiente el pago de los valores en proceso de conciliación.

Los documentos que deberán acompañarse a cada estimación o ministración serán determinados por cada dependencia, órgano desconcentrado, delegación o entidad, atendiendo a las características, complejidad y magnitud de los trabajos, los cuales serán, como mínimo, los siguientes:

I. Números generadores;

II. Notas de Bitácora;

III. Croquis;

IV. Controles de calidad, pruebas de laboratorio y fotografías;

V. Análisis, cálculo e integración de los importes correspondientes a cada estimación;

VI. Avances de obra, y

VII. Informe del cumplimiento de la operación y mantenimiento conforme al programa de ejecución convenido, tratándose de amortizaciones programadas.

Artículo 53.- Cuando durante la ejecución de los trabajos concurran circunstancias de orden económico no previstas en el contrato, que determinen un aumento o reducción de los costos de los trabajos aún no ejecutados conforme el programa pactado, dichos costos podrán ser revisados, atendiendo lo acordado por las partes en el respectivo contrato. El aumento o reducción correspondiente deberá constar por escrito.

No darán lugar a ajustes de costos, las cuotas compensatorias a que, conforme la Ley de la materia pudiera estar sujeta la importación de bienes contemplados en la realización de una obra.

Artículo 54.- El ajuste de costos se sujetará a lo siguiente:

I. Los ajustes se calcularán para el incremento o decremento del costo de los insumos, a partir de la fecha de apertura de la propuesta técnica correspondiente, conforme lo señalado en las publicaciones de los índices de relativos, respecto de la obra faltante de ejecutar, conforme el programa de ejecución pactado en el contrato o, en caso de existir atraso no imputable al contratista, con respecto al programa vigente;

Cuando el atraso sea por causa imputable al contratista se procederá con el ajuste de costos exclusivamente para la obra que debiera estar pendiente de ejecutar conforme el programa originalmente pactado;

II. Los incrementos o decrementos de los costos de los insumos, serán calculados según las variaciones autorizadas en los índices que determine la Secretaría de Contraloría y Desarrollo Administrativo, o en su defecto con base en los publicados por el Banco de México, considerando las restricciones establecidas en los pactos económicos que el gobierno federal formalice con los sectores sociales. Cuando no se encuentren dentro de los publicados, la dependencia, órgano desconcentrado, delegación o entidad procederá a calcularlos con base en los precios que investigue, utilizando los lineamientos y metodología que expida la secretaría;

III. Los precios de los conceptos permanecerán fijos hasta la terminación de los trabajos contratados. El ajuste se aplicará a los costos directos, conservando constantes los porcentajes de indirectos y utilidad originales durante el ejercicio del contrato; el costo por financiamiento estará sujeto a las variaciones de la tasa de interés propuesta, y

IV. Los demás lineamientos que para tal efecto emita la Administración Pública del Distrito Federal.

El ajuste de costos que corresponda a los trabajos ejecutados conforme las estimaciones correspondientes, deberá cubrirse por parte de la dependencia, órgano desconcentrado, delegación o entidad, a solicitud del contratista, a más tardar dentro de los treinta días hábiles siguientes a la fecha en que la dependencia, órgano desconcentrado, delegación o entidad resuelva por escrito el aumento o reducción respectivo. En caso de ajustes por decremento, el descuento se hará directamente en la estimación inmediata siguiente.

Los ajustes de costos podrán presentarse una vez que se cuente con todos los precios unitarios o al momento de liquidar los contratos.

Artículo 55.- En caso de incumplimiento en los pagos de estimaciones o ministraciones, la dependencia, órgano desconcentrado, delegación o entidad, a solicitud del contratista, deberá pagar gastos financieros de acuerdo con una tasa que será igual a la establecida por la Ley de Ingresos del Distrito Federal en los casos de prórroga para el pago de créditos fiscales. Dichos gastos se calcularán sobre las cantidades no pagadas, y se computarán por días de calendario desde que se venció el plazo, hasta la fecha en que se pongan efectivamente las cantidades a disposición del contratista.

Tratándose de pagos en exceso que haya recibido el contratista o anticipos excedentes, éste deberá reintegrarlos, más los intereses correspondientes, conforme una tasa que será igual a la establecida por la Ley de Ingresos del Distrito Federal en los casos de prórroga para el pago de créditos fiscales. Los cargos se calcularán sobre las cantidades pagadas en exceso o anticipos excedentes, y se computarán por días calendario desde la fecha del pago hasta la fecha en que se pongan efectivamente las cantidades a disposición de la dependencia, órgano desconcentrado, delegación o entidad.

No se considerará pago en exceso cuando las diferencias que resulten a cargo del contratista sean compensadas en la estimación siguiente, o en la liquidación si dicho pago no se hubiera identificado con anterioridad.

Artículo 56. Las dependencias, órganos desconcentrados, delegaciones y entidades, podrá, dentro del programa de inversiones aprobado, bajo su responsabilidad y por razones fundadas y motivadas, modificar los contratos de obra pública siempre y cuando éstos, considerados conjunta o separadamente, no rebasen el veinticinco por ciento del monto o plazo pactados en el contrato, ni impliquen variaciones sustanciales al proyecto original, mediante los siguientes convenios:

De Diferimiento: Cuando el contratista haya presentado la documentación suficiente para la firma del contrato y el anticipo no se otorgue en el tiempo señalado en las bases. La Contratante diferirá el inicio de los trabajos en igual número de días naturales al del retraso de la entrega del anticipo, en este caso no se modificara el plazo de ejecución pactado en el contrato;

Modificatorio de Plazo: Cuando las dependencias, órganos desconcentrados, delegaciones y entidades autoricen un nuevo programa que modifique la duración total del periodo contratado de ejecución de los servicios en un porcentaje que no disminuya o rebase el veinticinco por ciento de su duración.;

Modificatorio de Importe: Cuando las dependencias, órganos desconcentrados, delegaciones y entidades autoricen la modificación de las cantidades de servicio por ejecutar o la del catalogo de conceptos, sin variar sustancialmente el objeto y el proyecto ejecutivo del contrato y estas modificaciones causen una variación en el importe del contrato hasta por el veinticinco por ciento;

Adicional: Cuando las dependencias, órganos desconcentrados, delegaciones y entidades autoricen la variación de la duración total del periodo de ejecución de los trabajos o cambios al catálogo de conceptos, que varíen el importe total contratado, en un porcentaje superior al veinticinco por ciento respectivamente; este convenio se celebrará por única vez.

Especial: Cuando existan circunstancias imputables a la Administración Pública del Distrito Federal que impidan al contratista cumplir con el convenio adicional, las dependencias, órganos desconcentrados, delegaciones y entidades presentarán el caso al comité o subcomité de obras correspondiente, quien resolverá sobre la procedencia de realizar este convenio especial y sus condiciones;

De Conciliación: Cuando se lleve a cabo el procedimiento de conciliación indicado en los artículos 80, 81 y 82 de esta Ley, en los términos que resuelva el órgano interno de control de las dependencias, órganos desconcentrados, delegaciones y entidades.

Convenio de Liquidación: En casos necesarios debidamente justificados se elaborará un convenio de liquidación para cubrir hasta un cinco por ciento adicional del monto original contratado. Este convenio no será necesario cuando se trate de importes remanentes del contrato a favor de la Administración Pública del Distrito Federal por lo que, en la estimación de liquidación se indicará el saldo del contrato a cancelar.

Cuando existan circunstancias imputables a la Administración Pública del Distrito Federal que impidan al contratista cumplir con el convenio adicional, las dependencias, órganos desconcentrados, delegaciones y entidades presentarán el caso al comité o subcomité de obras correspondiente quien dictaminará o indicará sobre la procedencia de realizar un convenio especial y sus condiciones respectivamente.

En cualquiera de los casos mencionados en este artículo, se deberá atender los aspectos de regulación de costos que se indiquen en las Políticas.

Cuando ocurran eventos que motiven la necesidad de modificar los contratos, las dependencias, órganos desconcentrados, delegaciones y entidades deberán elaborar el dictamen que justifique la celebración del convenio.

Artículo 57.- El contratista comunicará por escrito a la dependencia, órgano desconcentrado, delegación o entidad, la terminación de los trabajos que le fueron encomendados, y ésta verificará que los trabajos estén debidamente concluidos dentro del plazo que se pacte expresamente en el contrato.

Una vez que se haya constatado la terminación de los trabajos en los términos del párrafo anterior, la dependencia, órgano desconcentrado, delegación o entidad, procederá a su recepción dentro del plazo que para tal efecto se haya establecido en el propio contrato. Al concluir dicho plazo, sin que la dependencia, órgano desconcentrado, delegación o entidad, haya recibido los trabajos, éstos se tendrán por recibidos.

La dependencia, órgano desconcentrado, delegación o entidad, comunicará a la Contraloría la terminación de los trabajos e informará la fecha señalada para su recepción a fin de que, si lo estima conveniente, nombre representantes que asistan al acto.

En la fecha señalada, la dependencia, órgano desconcentrado, delegación o entidad, recibirá bajo su responsabilidad los trabajos y levantará el acta correspondiente, sin perjuicio de proceder con posterioridad a la liquidación y finiquito del contrato.

La liquidación de la obra pública deberá efectuarse en un período que no excederá de cien días hábiles posteriores a la fecha de recepción de los trabajos, para lo cual la dependencia, órgano desconcentrado, delegación o entidad notificará con la debida anticipación al contratista para los efectos procedentes. De no llegar a una liquidación acordada entre las partes, la dependencia, órgano desconcentrado, delegación o entidad procederá a realizarla unilateralmente, en cuyo caso, de existir un saldo a favor del contratista, el pago será consignado ante un juez competente.

El finiquito de la obra pública se realizará a más tardar a los veinte días hábiles posteriores a la fecha de la liquidación; si para este término no se ha presentado a finiquitar el contratista, la dependencia, órgano desconcentrado, delegación o entidad deberá requerir por escrito al contratista que se presente a finiquitar. Una vez notificado debidamente el contratista, se tendrán veinte días hábiles para que se presente y finiquite; transcurrido el plazo, la dependencia, órgano desconcentrado, delegación o entidad finiquitará la obra pública unilateralmente.

En caso de ser necesario variar el plazo para finiquitar una obra, la dependencia, órgano desconcentrado, delegación o entidad podrá establecerlo en el contrato de acuerdo con las características particulares de la obra pública a realizar; de no ser especificado en el mismo, se sujetará al plazo señalado en este artículo.

Artículo 58.– Concluidos los trabajos, no obstante su recepción formal, el contratista quedará obligado a responder de los defectos que resultaren, de los vicios ocultos y de cualquier otra responsabilidad en que hubiere incurrido, en los términos señalados en el contrato respectivo y conforme lo dispuesto en él.

Para garantizar durante un plazo de doce meses, en el caso de la obra y de los servicios relacionados con la obra publica, el cumplimiento de las obligaciones a que se refiere el párrafo anterior, previamente a la recepción de los trabajos, el contratista constituirá garantía por el equivalente del diez por ciento del monto total ejercido en la obra. En lugar de esta garantía, podrá conservar la de cumplimiento de contrato ajustada al diez por ciento del monto total ejercido, siempre y cuando se haya obligado a responder además, por los defectos o vicios ocultos y cualquier otra responsabilidad que llegara a surgir en la obra durante el año posterior a su recepción. En el caso de proyecto integral, plantas industriales y equipos especializados, el plazo de garantía deberá cubrir por lo menos el veinticinco por ciento de la vida útil de los mismos, en un monto y forma que se establezca en las políticas administrativas, bases y lineamientos.

Los contratistas podrán retirar sus garantías, transcurrido el plazo establecido a partir de la fecha de recepción de los trabajos, siempre que a petición de los mismos lo apruebe por escrito la dependencia, órgano desconcentrado o delegación correspondiente, quienes lo notificarán a la Secretaría de Finanzas para los efectos procedentes, y en el caso de las entidades, cuando éstas así lo autoricen.

Para garantizar durante un plazo de doce meses, en el caso de la obra y de los servicios relacionados con la obra pública, el cumplimiento de las obligaciones a que se refiere el párrafo a anterior, previamente a la recepción de los trabajos, el contratista constituirá garantía por el equivalente del diez por ciento del monto total ejercido en la obra. En lugar de esta garantía, podrá conservar la de cumplimiento de contrato ajustado al diez por ciento del monto total ejercido, siempre y cuando se haya obligado a responder además, por los defectos o vicios ocultos y cualquier otra responsabilidad que llegara a surgir en la obra durante el año posterior a su recepción. En el caso de proyecto integral, plantas industriales y equipos especializados, la garantía subsistirá al menos durante un plazo de 24 meses.

Artículo 59.- El contratista será el único responsable de la ejecución de los trabajos en los términos del contrato respectivo, y deberá sujetarse a todos los reglamentos, normas técnicas y ordenamientos de las autoridades competentes en materia de construcción, seguridad y uso de la vía pública, así como a las disposiciones establecidas al efecto por la dependencia, órgano desconcentrado, delegación o entidad contratante. Las responsabilidades y los daños y perjuicios que resulten a terceros por su inobservancia, serán a cargo del contratista.

Artículo 60.- Las dependencias, órganos desconcentrados, delegaciones o entidades podrán realizar obra pública con personal de la estructura de su organización, siempre que posean la capacidad técnica y los elementos necesarios para tal efecto, consistentes en maquinaria, equipo de construcción y personal técnico que se requieran para el desarrollo de los trabajos respectivos, y se cumplan los requisitos establecidos en el artículo 23; según el caso, se permitirá:

I. Utilizar la mano de obra local complementaria que se requiera;

II. Alquilar el equipo y maquinaria de construcción complementario;

III. Utilizar preferentemente los materiales de la región, siempre y cuando cumplan con las especificaciones del proyecto ejecutivo de la obra, y

IV. Utilizar los servicios de fletes y acarreos complementarios que se necesiten.

Se entiende como complementario, no más de veinte por ciento del total requerido, salvo casos especiales, los cuales deberán ser autorizados por el titular de la dependencia, órgano desconcentrado, delegación o entidad.

En la ejecución de la obra pública con personal de la estructura de su organización, no podrán participar terceros como contratistas.

TÍTULO CUARTO
DE LAS EXCEPCIONES A LA LICITACIÓN PÚBLICA

CAPÍTULO ÚNICO

Artículo 61.- En los supuestos y con sujeción a las formalidades que prevén los artículos 62 y 63 de esta Ley, las dependencias, órganos desconcentrados, delegaciones y entidades, bajo su responsabilidad, cuando el procedimiento de licitación pública no sea idóneo, podrán preferir no llevar a cabo dicho procedimiento de licitación pública y celebrar contratos de obra pública, a través de optar por un procedimiento de invitación restringida a cuando menos tres participantes o de adjudicación directa.

En estos casos se deberá dar aviso a la contraloría para su intervención.

La preferencia que las dependencias, órganos desconcentrados, delegaciones y entidades ejerzan, deberá fundarse, según las circunstancias que concurran en cada caso, en criterios de eficacia, eficiencia, economía, imparcialidad y honradez, de manera que aseguren las mejores condiciones para la Administración Pública del Distrito Federal. En el dictamen a que se refiere el artículo 41 se deberá acreditar, de entre los criterios mencionados, aquéllos en que se funda la preferencia, y contendrá además:

I. El valor del contrato;

II. La nacionalidad del contratista;

III. Una descripción general de la obra pública, y

IV. En forma explícita, las razones sociales, técnicas, legales, económicas, financieras, así como administrativas que den lugar al ejercicio de la preferencia.

Artículo 62.- Las dependencias, órganos desconcentrados, delegaciones y entidades podrán bajo su responsabilidad contratar obra pública mediante el procedimiento de invitación a cuando menos tres concursantes, o por adjudicación directa cuando el importe de cada operación no exceda de los montos máximos que para cada procedimiento se establecerán en el Presupuesto de Egresos del Distrito Federal, siempre que las operaciones no se fraccionen para quedar comprendidas en este supuesto.

En este caso, se convocará a la persona o personas con capacidad de respuesta inmediata y con los recursos técnicos, financieros y humanos necesarios, y con experiencia en la obra publica por desarrollar.

La suma de las operaciones que se realicen al amparo de este artículo, y por concepto de adjudicación directa, no podrán exceder del veinte por ciento de la inversión total autorizada a la dependencia, órgano desconcentrado, delegación o entidad para cada ejercicio fiscal.

En casos excepcionales se podrá exceder el porcentaje señalado en el párrafo anterior, siempre que las operaciones sean aprobadas previamente y de manera indelegable por los titulares de las dependencias órganos desconcentrados, delegaciones y entidades y que sean reportados detalladamente en el informe a que se refiere el artículo 61. La aprobación del titular será específica para cada caso.

Artículo 63.- Sin perjuicio de lo previsto por el artículo anterior, las dependencias, órganos desconcentrados, delegaciones y entidades, bajo su responsabilidad, podrán preferir contratar obra pública a través de optar por un procedimiento de invitación a cuando menos tres participantes o de adjudicación directa, cuando la licitación pública no sea idónea, y siempre que:

I. Por tratarse de obras de arte, la titularidad o licenciamiento exclusivo de patentes, derechos de autor u otros derechos exclusivos, sólo pueda celebrarse el contrato con una determinada persona;

II. Peligre la integridad física de personas o se altere el orden social, la economía, los servicios públicos, la salubridad, la seguridad o el ambiente de alguna zona del Distrito Federal o área afectada, por la posibilidad de ocurrencia o como consecuencia de desastres producidos por fenómenos naturales, por casos fortuitos o de fuerza mayor, o existan circunstancias que puedan provocar pérdidas o costos adicionales importantes por una contratación normal;

III. Se hubiere rescindido el contrato originalmente adjudicado por causas imputables al contratista. En este caso, la dependencia, órgano desconcentrado, delegación o entidad, podrá adjudicar el contrato al concursante que haya presentado la propuesta legal, técnica, económica, financiera y administrativamente aceptable, inmediata superior en importe, siempre que la diferencia respecto al rescindido no sea mayor del diez por ciento en obra y en dos por ciento del indicador correspondiente en el caso de servicios, o en su defecto volver a licitar;

IV. Se realice una licitación pública que haya sido declarada desierta, siempre que no se modifiquen los requisitos esenciales señalados en las bases de licitación;

V. Se trate de obra pública, que de ejecutarse bajo un procedimiento de licitación pública pudiera afectar el interés público, o comprometer información de naturaleza confidencial para la administración pública del Distrito Federal o para la nación;

VI. Se trate de obra pública, cuya contratación se realice con campesinos o grupos urbanos marginados, y que la dependencia, órgano desconcentrado, delegación o entidad contrate directamente con los mismos o con las personas morales constituidas por ellos;

VII. Se trate de obras o servicios de mantenimiento, conservación, restauración, demolición o reparación de bienes inmuebles, incluyendo los de infraestructura urbana en los que no sea posible precisar previamente su alcance, establecer los conceptos, catálogos y cantidades de trabajo, determinar las especificaciones correspondientes, o elaborar el programa de ejecución;

VIII. Se trate de bienes o servicios con tecnología avanzada fehacientemente comprobados en su uso por su eficacia y eficiencia, en donde sólo se encuentre en el mercado ofertante único;

IX. No existan en el mercado de trabajo de obra pública más de tres ofertantes;

X. Existan razones técnicas justificadas para un suministro de bienes de marca determinada;

XI. Se trate de estudios, servicios o proyectos similares a otros que habiendo sido ejecutados sean aprovechables parcialmente y, por tanto, la asignación de los trabajos complementarios resulte conveniente económicamente a la dependencia, órgano desconcentrado, delegación o entidad;

XII. Se trate de proyectos urbanos, arquitectónicos, estructurales o artísticos en los que no se puedan establecer los parámetros para evaluar las propuestas en el proceso de adjudicación, como aquéllos en que no es factible establecer la relación costo de proyecto contra costo de ejecución de la obra proyectada, entre otros

XIII. Se trate de obra pública o servicios relacionados con la misma, cuya ejecución deba ir acompañada de medidas de seguridad especiales;

XIV. Se trate de investigaciones, consultorías, proyectos u otro tipo de apoyos técnicos que por su elevado nivel de especialidad y grado de complejidad, el proceso de licitación pública, a juicio de la dependencia, órgano desconcentrado, delegación o entidad no sea idóneo para garantizar a la Administración Pública del Distrito Federal las mejores condiciones.

En este caso, el procedimiento de adjudicación se sujetará a lo establecido en el Reglamento;

XV. Se realice un procedimiento de invitación a cuando menos tres concursantes que haya sido declarado desierto, en cuyo caso puede procederse a la adjudicación directa;

XVI. El Jefe de Gobierno del Distrito Federal autorice la contratación directa de obra pública, incluido el gasto correspondiente, y establezca los medios de control que estime pertinentes para salvaguardar la seguridad pública, la integridad de los ciudadanos del distrito federal, sus bienes o los de la Administración Pública del Distrito Federal ante situaciones de emergencia o especiales.

En cualquier supuesto se invitará principalmente a personas que cuenten con capacidad de respuesta inmediata, así como con los recursos técnicos, financieros y demás que sean necesarios, de acuerdo con las características, complejidad y magnitud de los trabajos a ejecutar.

Artículo 64.- El procedimiento para la asignación de contrato por invitación restringida a cuando menos tres concursantes, se sujetará a lo siguiente:

I.- Las dependencias, órganos desconcentrados, delegaciones y entidades invitarán, cuando menos, a tres personas físicas o morales que considere cuentan con las características y condiciones para ejecutar la obra pública que se trate, mediante escrito con la información mínima necesaria para que el invitado decida si acepta su participación;

II.- Los interesados que acepten participar, lo manifestarán por escrito y otorgaran garantía de entrega de propuesta mediante cheque cruzado, certificado o de caja, comprobante de pago de las bases y carta compromiso del concurso;

III.- Las dependencias, órganos desconcentrados, delegaciones y entidades llevarán a cabo, el mismo procedimiento de la licitación pública, excepto lo referente a la convocatoria, hasta la emisión de fallo;

IV.- La apertura del sobre se hará en presencia de los correspondientes concursantes, e invariablemente se invitará a un representante de la Contraloría;

V.- Para llevar a cabo la evaluación económica, se deberá contar con un mínimo de tres propuestas con los documentos y requisitos completos;

VI.- Los plazos para la presentación de propuestas se fijarán por cada caso atendiendo el monto, características, especialidad, condiciones y complejidad de los trabajos.

Cuando los concursantes satisfagan la totalidad de los requerimientos de la convocante y reúnan las condiciones legales, técnicas, económicas, financieras y administrativas y por lo tanto se presente igualdad de condiciones, se preferirá, con base en la revisión de los documentos aportados, a la persona física o moral que haya acreditado ser un Proveedor Salarialmente Responsable en términos de lo establecido en la presente ley.

Artículo 64 bis.- Las dependencias, órganos desconcentrados, delegaciones y entidades en la adjudicación directa, asignará los contratos conforme el siguiente procedimiento:

I.- Entregar la documentación que corresponda conforme al tipo de obra pública a realizar, según se indica en el capítulo relativo a licitaciones públicas de la Ley;

II.- Elaborar el catalogo de conceptos aplicando los precios unitarios contenidos en los Tabuladores o sus condiciones de aplicación, que anualmente emita la Secretaría, conforme se estipule en las Políticas;

Las dependencias, órganos desconcentrados, delegaciones y entidades, podrán optar por un procedimiento de presentación de cotizaciones para seleccionar, entre ellas la que asegure las mejores condiciones para la Administración Pública del Distrito Federal, con base en criterios de economía, eficacia, eficiencia y honradez; aceptándose la evaluación y ajuste del presupuesto de dichas cotizaciones para asegurar lo anterior y, adicionalmente, a la persona física o moral que haya acreditado ser Proveedor Salarialmente Responsable.

TÍTULO QUINTO
DE LA INFORMACIÓN Y DE LA VERIFICACIÓN

CAPÍTULO ÚNICO

Artículo 65.- La Secretaría de Finanzas y la Contraloría emitirán los lineamientos generales por medio de los cuales las dependencias, órganos desconcentrados, delegaciones y entidades deberán remitirles la información relativa a los actos y contratos materia de esta Ley.

Las dependencias, órganos desconcentrados, delegaciones y entidades conservarán toda la documentación comprobatoria de dichos actos y contratos por un lapso de cinco años, contados a partir de la fecha de su recepción. En la misma forma los contratistas deberán conservar por igual lapso la documentación a que se hace referencia en este artículo.

Artículo 66.- La Contraloría, a través de sus órganos internos de control, intervendrá conforme a lo dispuesto en esta Ley, en los procedimientos para contratar obra pública, a fin que de manera preventiva vigile que las dependencias, órganos desconcentrados, delegaciones y entidades, lleven a cabo la contratación en apego a la Ley.

La Contraloría deberá verificar en forma preventiva que la obra pública se ejecute conforme lo establecido en esta Ley y en las demás disposiciones aplicables.

La actuación preventiva de la Contraloría, a que se refiere esta ley, consistirá en la verificación de la obra pública, emitiendo recomendaciones por escrito, debidamente fundadas y motivadas, precisando los actos que se deban llevar a cabo, con la oportunidad que coadyuve en la ejecución de la obra pública en sus aspectos de calidad, costo y tiempo, así como para que los actos y procedimientos que emitan, celebren o realicen las dependencias, órganos desconcentrados, delegaciones y entidades, se lleven a cabo de conformidad con lo establecido en la Ley.

TÍTULO SEXTO
DE LAS INFRACCIONES Y LAS SANCIONES

CAPÍTULO ÚNICO

Artículo 67.- Los servidores públicos que infrinjan las disposiciones contenidas en esta Ley, previo desahogo del procedimiento correspondiente, serán sancionados de conformidad con el Régimen de Responsabilidades de los Servidores Públicos.

La responsabilidad a que se refiere la presente Ley, será independiente de la de orden civil o penal que pudieran derivar de los actos irregulares.

Los concursantes o contratistas que se encuentren en los supuestos del artículo 37 de esta Ley, no podrán presentar propuestas ni celebrar contratos sobre las materias objeto de esta Ley, durante el plazo que establezca la Contraloría, el cual no será menor de seis meses ni mayor de dos años, contados a partir de la fecha en que la Contraloría lo notifique a las dependencias, órganos desconcentrados, delegaciones y entidades, dicha notificación se publicará en la Gaceta Oficial del Distrito Federal.

Para la declaratoria de impedimento para participar en licitaciones publicas, invitaciones restringidas a cuando menos tres contratistas, adjudicaciones directas y celebración de contratos, la Contraloría deberá iniciar el Procedimiento Administrativo respectivo, otorgando el derecho de audiencia al interesado para que exponga lo que a su derecho convenga y, en su caso, aporte las pruebas que estime pertinentes.

El procedimiento para emitir la declaratoria de impedimento a que se refiere este capítulo, se desarrollará conforme a lo siguiente:

I. Se citará a la persona física o moral a una audiencia, haciéndole saber la presunta irregularidad que se le impute, el lugar, día y hora en que tendrá verificativo dicha audiencia y su derecho a ofrecer pruebas y alegar en la misma lo que a su derecho convenga, por sí o por medio de un apoderado.

Entre la fecha de la notificación y la de la audiencia deberá mediar un plazo de diez días hábiles, durante el cual estará a disposición de la persona física o moral el expediente para su revisión y consulta en días y horas hábiles;

II. En la audiencia se recibirán por escrito, o por comparecencia personal, las manifestaciones que a su derecho convenga, se presentarán, admitirán y, en su caso, se desahogarán las pruebas que se hubieren admitido y se formularán alegatos; una vez concluida la audiencia, la Contraloría resolverá dentro de los diez días hábiles siguientes, sobre la presunta irregularidad, determinando, en su caso, el plazo de impedimento que se encuentra previsto en esta ley, notificándose a la persona física o moral la resolución que se emita.

III. Si en la audiencia la Contraloría encontrara que no cuenta con los elementos suficientes para resolver o advierta elementos que impliquen nuevas presuntas irregularidades a cargo de la persona física o moral, podrá requerir mayor información y documentación, así como disponer la práctica de investigaciones y citar para otra u otras audiencias, difiriéndose los plazos previstos para la emisión de la resolución; y

IV. La resolución que emita la contraloría deberá estar debidamente fundada y motivada, para lo cual tomará en consideración para su individualización:

a) La afectación que hubiere producido o pueda producir el acto irregular a la dependencia, órgano desconcentrado, delegación o entidad;

b) El carácter intencional de la acción u omisión constitutiva de la irregularidad;

c) La gravedad de la irregularidad;

d) La reincidencia de la persona física o moral; y

e) Las condiciones económicas de la persona física o moral.

Emitida la resolución, deberá publicarse en la Gaceta Oficial del Distrito Federal, así como en medios electrónicos, la circular respectiva en la que se haga del conocimiento general, el plazo de impedimento decretado y el nombre o denominación de la persona física o moral.

Los contratos que se hayan formalizado antes de la publicación de la declaratoria de impedimento correspondiente, no quedan comprendidos dentro de los efectos de la misma.

Artículo 68.- Las dependencias, órganos desconcentrados, delegaciones y entidades, informarán, y en su caso remitirán la documentación comprobatoria al Comité de Obras correspondiente del Distrito Federal, sobre el contratista que se encuentre en alguno de los supuestos del artículo 37 a más tardar dentro de los diez días hábiles siguientes a la fecha en que le sea requerido.

Artículo 69.- No se impondrá sanción administrativa alguna por la Contraloría, el órgano interno de control o cualquier otro órgano fiscalizador, cuando los servidores públicos infrinjan cualquiera de los preceptos de esta Ley, su Reglamento o demás disposiciones administrativas aplicables por causa de fuerza mayor o caso fortuito, o cuando observen en forma espontánea el precepto que se hubiese dejado de cumplir, o cuando apliquen tales ordenamientos ajustándose a las opiniones y criterios interpretativos emitidos por la Contraloría, la Oficialía y la Secretaría, respectivamente.

No se considerará que el cumplimiento es espontáneo cuando la omisión sea descubierta o medie requerimiento, auditoría, revisión, visita, excitativa o cualquiera otra gestión específica por parte de alguno de los referidos órganos.

Artículo 70.- Los servidores públicos de las dependencias, órganos desconcentrados, delegaciones y entidad, que en el ejercicio de sus funciones tengan conocimiento de infracciones a esta Ley o a las disposiciones que de ella deriven, deberán comunicarlo a las autoridades que resulten competentes conforme la ley. La omisión a lo dispuesto en el párrafo anterior será sancionada en los términos de la Ley Federal de Responsabilidades de los Servidores Públicos.

Artículo 71.- La responsabilidad administrativa en que se incurra con motivo del incumplimiento de la presente Ley, será independiente de las de orden civil o penal que pudieran derivar de los mismos hechos.

TÍTULO SÉPTIMO
DE LOS MEDIOS DE DEFENSA

CAPÍTULO I
DE LAS ACLARACIONES DE LOS ACTOS

Artículo 72.- Cualquier concursante o contratista que se considere afectado por actos que deriven de la aplicación de la presente Ley, podrá presentar por escrito ante el órgano interno de control correspondiente de la dependencia, órgano desconcentrado, delegación o entidad, solicitud de aclaración respectiva, dentro de un término de tres días hábiles siguientes a partir de que se le haga de su conocimiento el acto por el que se considera afectado.

Lo anterior, sin perjuicio de que quienes se consideren afectados, previamente manifiesten a la dependencia, órgano desconcentrado, delegación o entidad, las irregularidades que a su juicio se hayan cometido, a fin de que las mismas se corrijan en su caso.

Al escrito de aclaración podrá acompañarse, en su caso, la manifestación aludida en el párrafo precedente, la cual será valorada por el órgano interno de control correspondiente, durante el periodo de investigación.

En el escrito de aclaración se deberá manifestar bajo protesta de decir verdad, los hechos que le consten al solicitante relativos al acto o actos por los cuales solicita aclaración, y acompañar la documentación que sustente su petición. La manifestación de hechos falsos se sancionará de acuerdo con las disposiciones legales aplicables.

Artículo 73.- El escrito de aclaración deberá ser valorado por el Órgano Interno de Control correspondiente y en un plazo de quince días hábiles determinará su admisión o improcedencia.

En caso de ser admitido el escrito de aclaración, el Órgano Interno de Control correspondiente, en el plazo de un día hábil siguiente a la admisión, lo comunicará a la dependencia, órgano desconcentrado, delegación o entidad y a los terceros perjudicados en su caso, a efecto de que en un término de tres días hábiles manifiesten lo que a su derecho convenga.

Artículo 74.- El escrito de aclaración será improcedente cuando se trate de los casos señalados en las siguientes fracciones:

I. Contra los actos que no afecten los intereses del solicitante;

II. Cuando se presente fuera del término y sin la forma y requisitos establecidos en el artículo 72, y

III. Contra actos consumados de modo irreparable.

Artículo 75.- El solicitante podrá pedir la suspensión exclusivamente en el escrito inicial de aclaración, siempre y cuando garantice los daños y perjuicios que se pudieran generar con dicha suspensión por concepto de costo de oportunidad en el retraso del inicio de operaciones de los trabajos, variación en los costos y posible cambio en la contratación; garantía que se hará efectiva en caso de no resultar procedente la aclaración.

El órgano interno de control correspondiente, bajo su responsabilidad, acordará conjuntamente con la admisión en su caso, el otorgamiento o la improcedencia de la suspensión.

Artículo 76.- El Órgano Interno de Control correspondiente fijará el monto de la garantía, tomando en cuenta lo siguiente:

I. Las características de los trabajos a realizar, y

II. Los daños y perjuicios que se pudieran producir.

Artículo 77.- La suspensión no procederá cuando con ello se pueda causar perjuicio al interés público o se contravengan disposiciones de orden público.

Artículo 78.- El Órgano Interno de Control correspondiente, de oficio o en atención a las solicitudes de aclaración que se le presenten, realizará las investigaciones necesarias y resolverá lo conducente.

La dependencia, órgano desconcentrado, delegación o entidad y los terceros perjudicados en su caso, proporcionarán al órgano interno de control correspondiente la información requerida para sus investigaciones.

En el caso de investigaciones iniciadas de oficio, el órgano interno de control, bajo su responsabilidad, podrá suspender los procedimientos cuando:

I. Se advierta que existen o pudieran existir actos contrarios a las disposiciones de esta Ley o de las que de ella deriven, y

II. Con la suspensión no se cause perjuicio al interés público y no se contravengan disposiciones de orden público; o bien, si de continuarse el procedimiento correspondiente, pudieran producirse daños o perjuicios a la dependencia, órgano desconcentrado, delegación o entidad de que se trate.

Artículo 79.- La resolución que emita el órgano interno de control correspondiente, sin perjuicio de la responsabilidad que proceda respecto a los servidores públicos que hayan intervenido, tendrá los siguientes efectos:

I. La nulidad del procedimiento a partir del acto o actos irregulares, estableciendo las directrices necesarias para que el mismo se realice conforme a la ley;

II. La nulidad total del procedimiento, o

III. La declaración de improcedencia de la aclaración.

CAPÍTULO II
DEL PROCEDIMIENTO DE CONCILIACIÓN

Artículo 80.- Cuando existan discrepancias que se susciten con motivo de la interpretación en la aplicación de las bases del concurso, cláusulas del contrato o cualquier otro documento o condición que rijan las condiciones de pago del contrato, motivados por aspectos de carácter técnico o administrativo, los contratistas podrán solicitar la conciliación ante el órgano interno de control correspondiente, la que se llevará a cabo de conformidad con el siguiente procedimiento:

a) El Contratista deberá presentar escrito dentro de los siguientes diez días hábiles, contados a partir de aquel en que se notifique o ponga en conocimiento de los hechos motivo de su discrepancia;

b) El escrito expondrá las fechas y los hechos motivo de la discrepancia, anexando los soportes numéricos, así como las referencias de Ley, del Reglamento, de las Políticas, y si son necesarias de las Normas de Construcción, circulares, acuerdos, y referencias de contrato, correspondientes.

c) Una vez recibido el escrito, el órgano interno de control correspondiente, determinará la procedencia o improcedencia de la solicitud de conciliación, de ser procedente, hará del conocimiento de las dependencias, órganos desconcentrados, delegaciones y entidades y, en su caso, del contratista de supervisión, el inicio del procedimiento de conciliación, acompañando copia de la petición, así como de los anexos presentados por el contratista, para que en un plazo no mayor de diez días hábiles, contados a partir de la notificación, manifiesten lo que a su derecho convenga y exhiban los documentos que sustenten sus manifestaciones.

d) Recibidas las manifestaciones de las dependencias, órganos desconcentrados, delegaciones y entidades y, en su caso, del contratista de supervisión, el órgano interno de control señalará día y hora para que tenga verificativo la audiencia de conciliación y citará a las partes. Dicha audiencia se deberá celebrar dentro de los quince días hábiles siguientes a la fecha de recepción de las manifestaciones de la autoridad.

e) La audiencia de conciliación podrá realizarse en varias sesiones, para ello, el órgano interno de control correspondiente, señalará los días y horas para que tengan verificativo. El procedimiento de conciliación deberá agotarse en un plazo no mayor de treinta días hábiles contados a partir de la fecha en que se celebró la primera sesión.

f) La asistencia a la audiencia de conciliación será obligatoria para las partes. La inasistencia del contratista a cualquiera de las sesiones en que se desarrolle la audiencia, se entenderá como falta de interés en la conciliación, por lo que el órgano interno de control correspondiente, tendrá por concluido el procedimiento.

g) En la audiencia de conciliación, el órgano interno de control correspondiente, atendiendo a los argumentos expuestos por las partes y tomando en cuanta los soportes documentales exhibidos, determinará los elementos comunes y los puntos de controversia y exhortará a las partes para conciliar sus intereses, conforme a las disposiciones de esta Ley, sin prejuzgar sobre el conflicto planteado.

h) De cada sesión de la audiencia de conciliación, deberá levantarse acta circunstanciada en la que consten los resultados de las actuaciones.

i) En la audiencia de conciliación, las partes expondrán sus propuestas de solución, a efecto de que el órgano de control correspondiente, determine si requiere solicitar opiniones o criterios de interpretación a las dependencias competentes o a proceder a la resolución correspondiente;

j) El órgano interno de control correspondiente, en su caso, contará con un término de diez días hábiles, a partir de la fecha de conclusión de la audiencia, para emitir resolución debidamente fundada y motivada, en la que determine apegada a la ley, la propuesta de conciliación, estableciendo los derechos y obligaciones para las partes.

Artículo 81.- Será improcedente la conciliación en los siguientes casos:

I.- Cuando el contratista no promueva la conciliación dentro del término señalado en el artículo anterior;

II.- En el caso de que no existieran los documentos que esta Ley y las disposiciones que de ella deriven, establecen para llevar a cabo el control y ejecución de la obra;

III.- Cuando no se establezca la discrepancia sobre la que versará la conciliación;

IV.- Cuando sobrevengan circunstancias que dejen sin materia la conciliación;

V.- Cuando se encuentre en procedimiento algún otro medio de defensa; y

VI.- Cuando exista resolución definitiva derivada de algún medio de defensa.

Artículo 82.- En caso de no llegar las partes del contrato a la conciliación o bien, de no estar conformes con las resolución que al efecto emita el órgano interno de control, quedará a salvo su derecho de presentar controversia ante los Tribunales Competentes en el Distrito Federal.

CAPÍTULO III
DEL RECURSO DE INCONFORMIDAD

Artículo 83.- Los interesados afectados por cualquier acto o resolución emitido por las dependencias, órganos desconcentrados, delegaciones y entidades de la Administración Pública del Distrito Federal, en los procedimientos de licitación pública e invitación a cuando menos tres participantes que contravengan las disposiciones que rigen la materia, y que previamente hayan agotado la conciliación señalada en los artículos anteriores, podrán interponer el recurso de inconformidad en términos de lo dispuesto por la Ley de Procedimiento Administrativo del Distrito Federal.

En estos casos, el recurso de inconformidad deberá presentarse ante la Contraloría General, dentro del término de 5 días hábiles, contados a partir del día siguiente a la notificación del acto o resolución que se recurra, o de que el recurrente tenga conocimiento del mismo.

TRANSITORIOS

Primero.- La presente Ley entrará en vigor al día siguiente de su publicación en la Gaceta Oficial del Distrito Federal.

Segundo.- Publíquese en el Diario Oficial de la Federación para su mayor difusión.

Tercero.- En tanto se instrumenta el procedimiento de publicación de convocatorias en la Gaceta Oficial del Distrito Federal, éstas se continuarán publicando únicamente en el Diario Oficial de la Federación.

Cuarto.- En tanto se instrumenta el Sistema de Registro de Concursantes por parte de la Secretaría, en las bases de las licitaciones se establecerá que los participantes deberán presentar sus propuestas declaración escrita bajo protesta de decir verdad, de no encontrarse en los supuestos del artículo 37 de esta Ley, así como comprobantes para justificar la capacidad financiera y capital contable; para el caso de personas físicas, además acta de nacimiento y alta ante la Secretaría de Hacienda y Crédito Público; para el caso de personas morales, además prestación de la escritura constitutiva y modificaciones en su caso, poderes del representante legal y alta ante la Secretaría de Hacienda y Crédito Público.

Quinto.- El Reglamento de la presente Ley deberá expedirse en un plazo de ciento ochenta días a partir de la entrada en vigor de la misma; entre tanto, la secretaría fijará los criterios a seguir según el caso.

En cumplimiento de lo dispuesto por los artículos 122, apartado C, Base Segunda, fracción II, inciso b), de la Constitución Política de los Estados Unidos Mexicanos; 48, 49 y 67, fracción II, del Estatuto de Gobierno del Distrito Federal, para su debida publicación y observancia, expido el presente Decreto Promulgatorio en la Residencia Oficial del Jefe de Gobierno del Distrito Federal, en la Ciudad de México, a los catorce días del mes de julio del año dos mil quince.- **EL JEFE DE GOBIERNO DEL DISTRITO FEDERAL, MIGUEL ÁNGEL MANCERA ESPINOSA.- FIRMA.- EL SECRETARIO DE GOBIERNO, HÉCTOR SERRANO CORTÉS.- FIRMA.- EL SECRETARIO DE DESARROLLO URBANO Y VIVIENDA, FELIPE DE JESÚS GUTIÉRREZ GUTIÉRREZ.- FIRMA.- EL SECRETARIO DE DESARROLLO ECONÓMICO, SALOMÓN CHERTORIVSKI WOLDENBERG.- FIRMA.- LA SECRETARIA DEL MEDIO AMBIENTE, TANYA MÜLLER GARCÍA.- FIRMA.- EL SECRETARIO DE OBRAS Y SERVICIOS, EDGAR OSWALDO TUNGÜI RODRÍGUEZ.- FIRMA.- LA SECRETARIA DE DESARROLLO SOCIAL, ROSA ÍCELA RODRÍGUEZ VELÁZQUEZ.- FIRMA.- EL SECRETARIO DE SALUD, JOSÉ ARMANDO AHUED ORTEGA.- FIRMA.- EL SECRETARIO DE FINANZAS, EDGAR ABRAHAM AMADOR ZAMORA.- FIRMA.- EL SECRETARIO DE MOVILIDAD, RUFINO H. LEÓN TOVAR.- FIRMA.- EL SECRETARIO DE SEGURIDAD PÚBLICA, HIRAM ALMEIDA ESTRADA.- FIRMA.- EL SECRETARIO DE TURISMO, MIGUEL TORRUCO MARQUÉS.- FIRMA.- EL SECRETARIO DE CULTURA, EDUARDO VÁZQUEZ MARTÍN.- FIRMA.- EL SECRETARIO DE PROTECCIÓN CIVIL, FAUSTO LUGO GARCÍA.- FIRMA.- LA SECRETARIA DE TRABAJO Y FOMENTO AL EMPLEO, DORA PATRICIA MERCADO CASTRO.- FIRMA.- EL SECRETARIO DE DESARROLLO RURAL Y EQUIDAD PARA LAS COMUNIDADES, HEGEL CORTES MIRANDA.- FIRMA.**

REGLAMENTO DE LA LEY DE OBRAS PÚBLICAS DE LA CIUDAD DE MÉXICO

ÚLTIMA REFORMA PUBLICADA EN LA GACETA OFICIAL DEL DISTRITO FEDERAL: 10 DE JULIO DE 2009.

Reglamento publicado en la Gaceta Oficial del Distrito Federal, el jueves 30 de diciembre de 1999.

ROSARIO ROBLES BERLANGA, Jefa de Gobierno del Distrito Federal con fundamento en el artículo 122, apartado C, Base Segunda, fracción II, inciso b) de la Constitución Política de los Estados Unidos Mexicanos; 67, fracción II y 90 del Estatuto de Gobierno del Distrito Federal; 14 y 15 de la Ley Orgánica de la Administración Pública del Distrito Federal y 1° y Quinto Transitorio de la Ley de Obras Públicas del Distrito Federal, he tenido a bien expedir el siguiente

REGLAMENTO DE LA LEY DE OBRAS PÚBLICAS DEL DISTRITO FEDERAL

TÍTULO PRIMERO
DISPOSICIONES GENERALES

(REFORMADO, G.O. 17 DE MAYO DE 2006)

CAPÍTULO ÚNICO

(REFORMADO, G.O. 17 DE MAYO DE 2006)

Artículo 1o.- El objeto del presente ordenamiento es reglamentar la Ley de Obras Públicas del Distrito Federal, con respecto a la planeación, programación, presupuestación, gasto, ejecución, conservación, mantenimiento y control de la obra pública, los servicios relacionados con dicha obra y los proyectos integrales que lleven a cabo las dependencias, órganos desconcentrados, delegaciones y entidades de la Administración Pública del Distrito Federal.

(REFORMADO PRIMER PÁRRAFO, G.O. 17 DE MAYO DE 2006)

Artículo 2o.- Además de las definiciones contenidas en la Ley de Obras Públicas del Distrito Federal, para los efectos de este Reglamento, se entiende por:

(REFORMADA, G.O. 17 DE MAYO DE 2006)

I. Administración Pública: las dependencias, órganos desconcentrados, delegaciones y entidades que integran la Administración Pública del Distrito Federal;

II. Ajuste de costo: la determinación de la variación del costo que se presenta en los montos faltantes de ejecutar de un trabajo que se encuentra en programa, durante el ejercicio de un contrato y que se aplica a las estimaciones afectadas por el incremento o decremento en el costo de los insumos;

III. Cargos adicionales: aquéllos que se adicionan al precio por concepto de descuentos previstos en el Código Financiero del Distrito Federal y otros como pueden ser los señalados en el Manual de Normas y Procedimientos para la Administración del Ejercicio Presupuestal;

IV. Corto plazo: intervalo de tiempo menor a un año, dentro del cual ocurre un hecho referido en la Ley o en este Reglamento;

V. (DEROGADA, G.O. 10 DE JULIO DE 2009)

VI. Finiquito: procedimiento jurídico-administrativo consistente en integrar el expediente de la obra pública terminada referente a un contrato, más los documentos que se anexaron durante la operación del mismo;

VII. Gastos no recuperables: erogaciones que realiza el concursante en un concurso y que no recupera cuando es suspendido el procedimiento de manera definitiva o bien las erogaciones que el contratista efectúa en el período de ejecución de una obra pública y que por desviaciones en el proceso o la ejecución pactada, imputables a la Administración Pública, inducen a una reducción en el monto previsto y por lo tanto no los puede recuperar el contratista a través del precio comprometido en el contrato;

(REFORMADA, G.O. 17 DE MAYO DE 2006)

VIII. Junta o juntas de aclaraciones: reunión o serie de reuniones que tienen como fin la explicación por parte de la dependencia, órgano desconcentrado, delegación o entidad, a los concursantes representados por personal calificado en la materia, sobre las dudas surgidas de la lectura de las bases del concurso y del contenido de la convocatoria que pudieran ser motivadas por omisiones, falta de correspondencia entre términos vertidos o claridad en la descripción, una vez estudiado el trabajo a ejecutar y conocido en su caso el lugar donde se efectuará éste.

Será responsabilidad de cada concursante, solicitar aclaración sobre cualquier duda que tenga, o sobre aquellos asuntos referentes a la indefinición de aspectos, duplicidad de conceptos o contraposiciones que de las bases surjan, sobre especificaciones, procedimientos constructivos y cualquier otro tema relacionado con las bases, para que le sean aclarados. En caso de que el concursante no solicite aclaración alguna, de presentarse alguna indefinición durante el proceso de operación del contrato, la Administración Pública tendrá la facultad de optar por el aspecto, concepto, alcance, especificación o procedimiento constructivo que estime pertinente, sin derecho a pago adicional al contratista por este motivo;

IX. Largo plazo: intervalo de tiempo mayor a cinco años, dentro del cual ocurre un hecho referido en la Ley o en este Reglamento;

X. Ley: la Ley de Obras Públicas del Distrito Federal;

XI. Liquidación: acto que consiste en cerrar la contabilidad por lo que hace a importes de pago por trabajos realizados en contratos a base de precio alzado, conceptos de trabajo en contratos a base de precios unitarios o actividades en el caso de proyectos integrales, los trabajos extraordinarios resultantes del cambio de conceptos en el catálogo del concurso y aquellas variaciones de programación surgidas en su caso y modificaciones a importes por precisiones en cantidades de obra ejecutados, para determinar el saldo a favor de quien corresponda o por diferencias de importes entre estimaciones entregadas y los resultados que arrojen los números generadores y los trabajos comprometidos con sus variaciones y ajustes legales realizados;

XII. Mediano plazo: intervalo de tiempo comprendido entre uno y cinco años, dentro del cual ocurre un hecho referido en la Ley o en este Reglamento;

XIII. Precalificación: proceso mediante el cual la Administración Pública determinará cuáles interesados en un concurso tienen las características fundamentales para participar en un proceso de calificación para la ejecución de un servicio relacionado con la obra o un proyecto integral;

XIV. Precio alzado: remuneración o pago total fijo que debe cubrirse al contratista por el trabajo totalmente terminado;

XV. Precio unitario: remuneración o pago total que debe cubrirse al contratista por unidad de concepto de trabajo terminado;

(REFORMADA, G.O. 17 DE MAYO DE 2006)

XVI. Registro de Concursantes: proceso mediante el cual las personas físicas o morales entregan la documentación de conformidad con lo que establece el presente reglamento y a partir de ella, la Secretaría elabora una constancia que entrega al interesado, e integra una lista de personas registradas, mismas que potencialmente tienen la posibilidad de participar en un evento concursal, ya sea por licitación pública o por invitación restringida en la obra pública que contrata la Administración Pública;

(REFORMADA, G.O. 17 DE MAYO DE 2006)

XVII. Sector Obras: la Secretaría de Obras y Servicios como cabeza del sector y el conjunto de dependencias, órganos desconcentrados, delegaciones y entidades de la Administración Pública del Distrito Federal que realizan obra pública;

XVIII. Utilidad: cantidad en dinero que comprende la percepción bruta considerada en el precio unitario, dentro de la cual se incluyen los impuestos, participaciones a los trabajadores, aportaciones a instituciones y otras relativas así como la utilidad neta del contratista, considerada por un participante en una propuesta o la establecida en un contrato.

XIX. (DEROGADA, G.O. 10 DE JULIO DE 2009)

XX. (DEROGADA, G.O. 10 DE JULIO DE 2009)

(ADICIONADA, G.O. 17 DE MAYO DE 2006)

XXI. Residencia de Supervisión Externa: Persona física o moral contratada por las dependencias, órganos desconcentrados, delegaciones y entidades, que tiene a su cargo la vigilancia, inspección y verificación directas de la ejecución de una obra pública;

(ADICIONADA, G.O. 10 DE JULIO DE 2009)

XXII. Porcentaje: Proporción que define en centésimas una relación con el máximo valor de 100, considerado como cifra de referencia;

(ADICIONADA, G.O. 10 DE JULIO DE 2009)

XXIII. Puntos: Medida de valoración con respecto a una escala previamente establecida para otorgar la calificación a una propuesta;

(ADICIONADA, G.O. 10 DE JULIO DE 2009)

XXIV. Calificación por puntos y porcentajes: Proceso mediante el cual la Administración Pública evalúa las propuestas de los concursantes y les determina un puntaje y ponderación porcentual para seleccionar entre ellas la ganadora que ejecutará un servicio relacionado con la obra o de un proyecto integral;

Artículo 3o.- En la ejecución de obra pública, la Administración Pública se sujetará a lo establecido en la Ley, el presente Reglamento y las disposiciones jurídicas aplicables.

La Secretaría, atendiendo a las disposiciones jurídicas aplicables, formulará y someterá a consideración del Jefe de Gobierno del Distrito Federal, las políticas administrativas, bases y lineamientos a que se refiere la Ley. Estas se referirán en lo general a lo siguiente:

A. Políticas Administrativas:

I. Los aspectos relativos a la planeación, programación y presupuestación de cada obra pública autorizada conforme a las disposiciones aplicables, estableciendo los criterios que habrán de adoptarse para la realización de las acciones, actos y contratos que lleven a cabo, a fin de racionalizar los recursos disponibles, y

II. Los criterios que deben observar los titulares de las unidades administrativas o sus equivalentes, relativos a la operación, conservación y mantenimiento de la obra pública, atendiendo los principios de simplificación administrativa, descentralización de funciones y efectiva delegación de facultades establecidas.

B. Bases:

I. Los aspectos relativos a las condiciones, forma y porcentajes, devolución, alta, vigencia, amortización, adecuación, modificación y cancelación a las que deberán sujetarse a las garantías que deban constituir los concursantes; así como lo referente a compromiso de proposiciones en invitaciones restringidas, la seriedad de las propuestas en licitaciones públicas, anticipos, cumplimiento de los contratos, vicios ocultos y cualquiera otra responsabilidad;

II. La forma específica como deben los contratistas comprobar la correcta inversión de los anticipos;

(REFORMADA, G.O. 10 DE JULIO DE 2009)

III. Los criterios para determinar los plazos específicos a que hace referencia el artículo 26 de la Ley;

IV. Los razonamientos que se aplicarán para elaborar el dictamen respectivo para decidirse por las invitaciones restringidas, así como los dictámenes de adjudicación para la selección de contratistas en las licitaciones públicas;

V. Las consideraciones mínimas generales para realizar las evaluaciones técnicas y económicas en los procesos de licitación, y

VI. Las causas por las que se podrá diferir cualesquiera de las etapas del proceso de licitación y las condiciones de asignación de nueva fecha.

C. Lineamientos:

I. La forma para el cálculo de retenciones y penas convencionales a los contratistas por incumplimiento de las obligaciones contractuales;

II. La forma en que la Administración Pública ejercerá el control de que cada una de sus obras públicas, tanto en la administración como en el ejercicio de los presupuestos correspondientes;

III. El procedimiento para determinar los precios que regirán para el caso de contratación por adjudicación directa, así como la forma de pago;

IV. La forma para calcular el capital contable que debe tener un interesado para la compra de las bases o referencia, vía medios informáticos así como los demás parámetros que se consideraran durante el proceso de evaluación, para determinar la capacidad financiera de un concursante, diferenciando la forma por lo que hace a obras, servicios relacionados con éstas y considerando dentro de estos últimos por separado los casos de servicios de supervisión y los proyectos integrales;

V. Las consideraciones que debe tomar en cuenta la Administración Pública en la formulación de bases de licitación para la contratación, así como las previas a la formulación de la convocatoria;

VI. El procedimiento para definir los asuntos de carácter técnico surgidos en la relación entre la Administración Pública y las contratistas, durante la ejecución de las obras públicas contratadas;

VII. Las consideraciones, seguimiento y elementos a tomar en cuenta para la integración de los documentos en los actos de la entrega - recepción de los trabajos, la liquidación y el finiquito de las obras públicas;

VIII. El procedimiento para llevar a cabo el cálculo del factor de ajustes de costos en los casos de contratación a base de precios unitarios, y

IX. Lo relativo al registro de concursantes, la evaluación de la información de los interesados, así como la operatividad de los contratos.

Artículo 4o.- Dentro de los trabajos de aprovechamiento del subsuelo y el mejoramiento del suelo que la Ley considera obra pública, quedan comprendidos:

I. Subsoleos, nivelación de tierras, desazolve y deshierbe de canales, lagos, lagunas y presas, así como lavado de tierras;

II. Instalaciones para la cría y desarrollo pecuario;

III. Obras para desarrollos de tipo turísticos, vacacional y recreación en áreas del entorno de presas, lagos o zonas verdes y otros de interés relacionados con lo previsto en esta fracción;

III (sic). Obras para la conservación del suelo y agua evitando escurrimientos a velocidad y erosión acelerada, así como las relativas al mejoramiento del aire;

V. Obras para el mejoramiento del medio ambiente o el medio urbano, incluyendo aquéllas que tiendan a prevenir desastres;

VI. Instalación de islas artificiales y plataformas localizadas en zonas lacustres o embalses, utilizadas directa o indirectamente en la explotación de recursos o para poder desarrollar tareas en el cumplimiento de los servicios que la Administración Pública debe proporcionar a la población;

VII. Instalaciones para captación de agua y conducción a los acuíferos o control de avenidas en los ríos y arroyos que concurren a la cuenca del Valle de México en el entorno del Distrito Federal, y recuperación, conducción, y en su caso inyección, producción, procesamiento o almacenamiento, necesarias para la explotación y desarrollo de los recursos naturales que se encuentren en el suelo o subsuelo;

VIII. Las excavaciones, construcción de inmuebles, muros, bardas, líneas de abastecimiento de agua potable, líneas para desalojo de aguas negras y pluviales, y todas aquéllas que impliquen la creación de un objeto tangible con un fin de servicio específico, así como la explotación de bancos de materiales, y

IX. Los demás de infraestructura agropecuaria o para la explotación de los recursos naturales que señalen las leyes en la materia.

(REFORMADO, G.O. 17 DE MAYO DE 2006)

Artículo 5o.– Para los efectos del último párrafo del Artículo 6o de la Ley, la Oficialía Mayor del Distrito Federal, dictará las disposiciones administrativas en materia de aseguramiento de los bienes patrimonio del Distrito Federal; éstas se referirán al procedimiento para dar de alta dichos bienes, precisando quién debe llevarlo a cabo; ante qué unidad administrativa o dependencia, así como los términos y plazos respectivos.

(REFORMADO, G.O. 10 DE JULIO DE 2009)

Artículo 6o.– Para los efectos de aplicación del segundo párrafo del artículo 26 de la Ley, cuando no sea necesario realizar visita al sitio de los trabajos, el plazo para llevar a cabo la junta de aclaraciones, será de al menos tres días hábiles, el cual se contará a partir del día siguiente de la fecha prevista como límite para la venta de las bases.

Artículo 7o.- El concursante que resulte ganador en una licitación pública o invitación restringida, presentará las bases y el modelo de contrato adquiridos para el concurso debidamente suscritos, dentro del plazo a que se refiere el artículo 47 de la Ley.

(REFORMADO, G.O. 10 DE JULIO DE 2009)

Artículo 8o.- Las dependencias, órganos desconcentrados, delegaciones y entidades al publicar sus programas anuales de obra pública, darán a conocer las características fundamentales de las obras públicas correspondientes, como tipo de obra, costo estimado, lugar de realización y zonas beneficiadas, de conformidad con el Código Financiero del Distrito Federal.

(ADICIONADO CON LOS ARTICULOS QUE LO INTEGRAN, G.O. 17 DE MAYO DE 2006)

CAPÍTULO II
DE LOS COMITÉS DE OBRAS

(REFORMADO, G.O. 10 DE JULIO DE 2009)

Artículo 8-A.- El Comité Central, los Comités de las Entidades, los Subcomités de las dependencias y órganos desconcentrados y los subcomités delegacionales a que se refiere la Ley y el presente Reglamento, se establecen para la toma de decisiones, emisión de dictámenes, generación de directrices y políticas internas en sus respectivas competencias, los cuales tendrán por objeto promover que las obras públicas se realicen de manera racional, óptima, eficiente y transparente, y que cumplan con lo establecido en la Ley, el Reglamento y demás disposiciones aplicables.

(ADICIONADO, G.O. 17 DE MAYO DE 2006)

Artículo 8-B.- Los Comités a que se refiere el artículo anterior, se integran:
I. El Comité Central por:
a) Un Presidente, que será el Secretario de Obras y Servicios;
b) Un Secretario Técnico, que será designado por el Presidente;

(REFORMADO, G.O. 10 DE JULIO DE 2009)

c) Vocales, que son los titulares de cada una de las dependencias de la Administración Pública Centralizada del Distrito Federal que ejecuten obra pública; de las Unidades Administrativas de la Secretaría; de la Jefatura de la Unidad Técnica de Planeación y Sistemas de Calidad, así como el de la Dirección General de Administración en la Secretaría;

(REFORMADO, G.O. 16 DE OCTUBRE DE 2007)

d) Dos ciudadanos, que serán acreditados y designados en términos de la Ley de Participación Ciudadana, quienes tendrán el carácter de Contralores Ciudadanos, y

(REFORMADO, G.O. 24 DE JULIO DE 2006)

e) Asesores, que serán un representante de la Consejería Jurídica y de Servicios Legales, uno de la Contraloría General, y uno de la Contraloría Interna en la Secretaría de Obras y Servicios, y los demás que determine el Comité.

El Presidente del Comité decidirá cuando se requiera contar con la presencia de otros servidores públicos, los cuales tendrán el carácter de invitados.

II. (DEROGADA, G.O. 10 DE JULIO DE 2009)

III. El Comité de la Entidad por:

a) Un Presidente, que será el titular de la Entidad;

b) Un Secretario Técnico, que será designado por el Presidente;

c) Vocales, que serán los que designe el órgano de gobierno de la entidad;

(REFORMADO, G.O. 16 DE OCTUBRE DE 2007)

d) Dos ciudadanos, que serán acreditados y designados en términos de la Ley de Participación Ciudadana del Distrito Federal, quienes tendrán el carácter de Contralores Ciudadanos, y

e) Asesores, que serán un representante de la Contraloría General, uno de la Contraloría Interna y el titular del área jurídica de la Entidad y los demás que designe el Comité de la Entidad.

El Presidente del Comité de la Entidad decidirá cuando se requiera contar con la presencia de otros servidores públicos, los cuales tendrán el carácter de invitados.

(ADICIONADO, G.O. 17 DE MAYO DE 2006)

Artículo 8-C.– Las atribuciones de los miembros de los comités a que se refieren la Ley y este Reglamento, son las siguientes:

I. Corresponde al Presidente:

a) Presidir las sesiones del comité y emitir voto de calidad en caso de empate;

b) Autorizar el orden del día de las sesiones ordinarias y extraordinarias;

c) (DEROGADO, G.O. 10 DE JULIO DE 2009)

d) Someter a consideración del pleno, el orden del día de las sesiones ordinarias y extraordinarias;

e) Conducir el desarrollo de las sesiones;

f) De ser el caso, la designación de invitados del comité; y

g) Las demás atribuciones que determine este Reglamento, el Comité Central, el Manual de Integración y Funcionamiento y otros ordenamientos legales aplicables.

II. Corresponde al Secretario Técnico:

a) Formular el orden del día de cada sesión y someterlo a la consideración del Presidente, previamente al envío de las convocatorias;

(REFORMADO, G.O. 10 DE JULIO DE 2009)

b) Suscribir las convocatorias a sesiones ordinarias y extraordinarias del comité y remitir las carpetas de trabajo correspondientes a las sesiones ordinarias y extraordinarias;

c) Elaborar las actas de sesiones del comité, y asegurar la custodia de las mismas, conforme se establezca en el Manual;

d) Dar seguimiento a los acuerdos tomados en las sesiones; y

e) Realizar las demás funciones a su cargo previstas en las disposiciones aplicables y aquéllas que le encomiende el Presidente o el comité.

III. Corresponde a los Vocales:

a) Analizar y votar los asuntos que sean sometidos a la consideración del comité y en su caso, expresar sus comentarios en el desarrollo de las sesiones, de acuerdo con la normativa aplicable a la materia;

b) Entregar con oportunidad al Secretario Técnico la documentación de los asuntos de sus áreas, que requieran ser sometidos a la atención del comité;

c) Proponer alternativas para la solución y atención de los asuntos que se presenten a la consideración del comité, de acuerdo a la normativa aplicable en la materia; y

d) Realizar las demás funciones a su cargo previstas en las disposiciones aplicables y aquéllas que le encomiende el Presidente o el comité.

IV. Corresponde a los Asesores

a) Analizar los asuntos que sean sometidos a la consideración del comité y en su caso, expresar sus comentarios en el desarrollo de las sesiones;

b) Opinar y formular recomendaciones respecto de los asuntos que se presenten a la consideración del comité; y

c) Las demás que le encomiende el comité y que les corresponda conforme a sus atribuciones.

V. Corresponde a los Contralores Ciudadanos:

a) Analizar y votar los asuntos que sean sometidos a la consideración del Comité y en su caso, expresar sus comentarios en el desarrollo de las sesiones, de acuerdo con la normativa aplicable a la materia;

b) Proponer alternativas para la solución y atención de los asuntos que se presenten a la consideración del comité, de acuerdo a la normativa aplicable en la materia, y

c) Las demás que le otorgue la normativa aplicable en la materia.

(ADICIONADO, G.O. 17 DE MAYO DE 2006)

Artículo 8-D.- Para el cumplimiento de su objeto los Comités a que se refieren la Ley y este Reglamento, además de las que expresamente señala la Ley, tendrán las siguientes facultades y obligaciones:

I. Comité Central

(REFORMADO, G.O. 10 DE JULIO DE 2009)

a) Elaborar y aprobar su Manual Específico de Integración y Funcionamiento; aprobar el del Comité de las Entidades, así como el de los Subcomités de las dependencias, órganos desconcentrados y delegacionales;

b) Aprobar la creación de los Subcomités Técnicos que las dependencias y órganos desconcentrados requieran, para la atención de asuntos específicos;

(REFORMADO, G.O. 10 DE JULIO DE 2009)

c) Definir el marco técnico y normativo de actuación de los Comités de las entidades, así como de los Subcomités de Obras de las dependencias, órganos desconcentrados y delegacionales a fin de que éstos promuevan la estricta observancia de la normativa en materia de obra pública;

d) Dar seguimiento a los acuerdos para su cumplimiento;

e) Cumplir y difundir la Ley, el Reglamento y demás disposiciones aplicables,

(REFORMADO, G.O. 10 DE JULIO DE 2009)

f) Asesorar a los Comités de las Entidades y Subcomités Delegacionales cuando así lo soliciten, por escrito;

g) (DEROGADO, G.O. 10 DE JULIO DE 2009)

h) Conocer y resolver sobre la realización de obras públicas a realizarse en dos o más delegaciones.

i) (DEROGADO, G.O. 10 DE JULIO DE 2009)

j) (DEROGADO, G.O. 10 DE JULIO DE 2009)

k) (DEROGADO, G.O. 10 DE JULIO DE 2009)

l) Las demás que le confieran la Ley, este Reglamento y otras disposiciones aplicables en la materia.

II. (DEROGADA, G.O. 10 DE JULIO DE 2009)

III. Comité de la Entidad

a) Elaborar su Manual Específico de Integración y Funcionamiento y someterlo al Comité Central para su autorización.

b) Aprobar la creación de los Subcomités Técnicos, que la entidad requiera para la atención de asuntos específicos;

c) Dar seguimiento al cumplimiento de sus acuerdos;

d) Aplicar los lineamientos generales y las políticas que emita el Comité Central;

(REFORMADO, G.O. 10 DE JULIO DE 2009)

e) Remitir a la Contraloría para determinar la limitación a personas físicas y morales para presentar propuestas y celebrar contratos de obra pública, conforme a lo establecido en el artículo 37, fracciones III y IV de la Ley.

f) Revisar los programas y presupuestos de obra pública autorizados a la entidad, así como formular las observaciones y recomendaciones pertinentes;

(REFORMADO, G.O. 24 DE JULIO DE 2006)

g) Dictaminar sobre la procedencia de los casos de excepción previstos en el artículo 63 de la ley;

(REFORMADO, G.O. 24 DE JULIO DE 2006)

h) Difundir al interior de la entidad, las directrices y políticas internas que emita el Comité Central, en el ámbito de su competencia;

(REFORMADO, G.O. 24 DE JULIO DE 2006)

i) Analizar trimestralmente el informe de avances de la entidad, de acuerdo con su programa anual de obra pública y en su caso, proponer las medidas necesarias para su cumplimiento;

j) (DEROGADO, G.O. 10 DE JULIO DE 2009)

(REFORMADO, G.O. 24 DE JULIO DE 2006)

k) Cumplir y difundir la Ley, el Reglamento y demás disposiciones aplicables, y

(REFORMADO, G.O. 24 DE JULIO DE 2006)

l) Las demás que le confieran la Ley, este Reglamento y otras disposiciones aplicables en la materia.

(ADICIONADO, G.O. 17 DE MAYO DE 2006)

Artículo 8-E.- Los Presidentes de los Comités a que se refiere la Ley y el presente Reglamento tendrán voz y voto y en caso de empate, les corresponderá el voto de calidad.

El Secretario Técnico sólo tendrá derecho a voz.

Los Vocales de los Comités tendrán voz y voto.

Los Contralores Ciudadanos acreditados tendrán derecho a voz y voto.

Los Asesores e Invitados de los Comités, solamente tendrán derecho a voz.

Los integrantes podrán designar por escrito a sus respectivos suplentes, los que deberán contar con un nivel jerárquico inmediato inferior al del titular integrante.

(ADICIONADO CON LOS ARTICULOS QUE LO INTEGRAN, G.O. 17 DE MAYO DE 2006)

CAPÍTULO III
DE LOS SUBCOMITÉS DE OBRAS

(REFORMADO PRIMER PÁRRAFO [N. DE E. REPUBLICADO], G.O. 10 DE JULIO DE 2009)

Artículo 8-F.- El Comité Central establecerá subcomités de obras en las dependencias y órganos desconcentrados de la Administración Pública, así como en las unidades administrativas de la Secretaría, que por sus atribuciones puedan ejecutar obra pública.

(REFORMADO, G.O. 10 DE JULIO DE 2009)

En cada Órgano Político Administrativo se establecerá un Subcomité Delegacional de Obras con autonomía funcional respecto del Comité Central y de los demás Subcomités Delegacionales de Obras.

(REFORMADO PRIMER PÁRRAFO, G.O. 10 DE JULIO DE 2009)

Los subcomités se integrarán de la siguiente manera:

(ADICIONADO, G.O. 17 DE MAYO DE 2006)

a) Un Presidente, que será el titular de la dependencia, órgano desconcentrado, unidad administrativa de la Secretaría, o delegación de que se trate;

(ADICIONADO, G.O. 17 DE MAYO DE 2006)

b) Un Secretario Técnico, que será designado por el Presidente del Subcomité;

(ADICIONADO, G.O. 17 DE MAYO DE 2006)

c) Vocales, que serán los titulares de cada unidad administrativa del nivel inmediato inferior al del presidente, cuyas funciones se vinculen con la materia, así como los titulares de las unidades administrativas de administración y de obras que integran la dependencia, órgano desconcentrado, unidad administrativa de la Secretaría o delegación de que se trate;

(REFORMADO, G.O. 16 DE OCTUBRE DE 2007)

d) Dos ciudadanos que serán acreditados y designados en términos de la Ley de Participación Ciudadana del Distrito Federal, quienes tendrán el carácter de Contralores Ciudadanos, y

(ADICIONADO, G.O. 17 DE MAYO DE 2006)

e) Asesores, que será un representante del órgano de control interno de la dependencia, órgano desconcentrado, unidad administrativa de la Secretaría o delegación de que se trate.

(ADICIONADO, G.O. 17 DE MAYO DE 2006)

El Presidente del Subcomité decidirá cuando se requiera la presencia de otros servidores públicos, los cuales tendrán el carácter de invitados.

(ADICIONADO, G.O. 17 DE MAYO DE 2006)

Artículo 8-G.- Las atribuciones de los miembros de los Subcomités a que se refieren la Ley y este Reglamento, son las siguientes:

I. Corresponde al Presidente:

a) Presidir las sesiones del subcomité y emitir voz y voto de calidad, en caso de empate;

b) Autorizar el orden del día de las sesiones ordinarias y extraordinarias;

c) Suscribir las convocatorias a sesiones extraordinarias;

d) Someter a consideración del Pleno, el orden del día de las sesiones ordinarias y extraordinarias;

e) Conducir el desarrollo de las sesiones;

f) De ser el caso, designar a los invitados del subcomité; y

g) Las demás atribuciones que determine este Reglamento, el Comité Central, el Manual de Integración y Funcionamiento y otros ordenamientos legales aplicables.

II. Corresponde al Secretario Técnico:

a) Formular el orden del día de cada sesión y someterlo a la consideración del Presidente, previamente al envío de las convocatorias;

b) Suscribir las convocatorias a sesiones ordinarias del subcomité y remitir las carpetas de trabajo correspondientes a las sesiones ordinarias y extraordinarias;

c) Elaborar las actas de sesiones del subcomité, y asegurar la custodia de las mismas, conforme se establezca en el Manual;

d) Dar seguimiento a los acuerdos tomados en las sesiones; y

e) Realizar las demás funciones a su cargo previstas en las disposiciones aplicables y aquéllas que le encomiende el Presidente o el subcomité.

III. Corresponde a los Vocales:

a) Analizar y votar los asuntos que sean sometidos a la consideración del subcomité y en su caso, expresar sus comentarios en el desarrollo de las sesiones, de acuerdo con la normatividad aplicable en la materia;

b) Entregar con oportunidad al Secretario Técnico la documentación de los asuntos de sus áreas, que requieran ser sometidos a la atención del subcomité;

c) Proponer alternativas para la solución y atención de los asuntos que se presenten a la consideración del subcomité, de acuerdo a la normativa aplicable en la materia; y

d) Realizar las demás funciones a su cargo previstas en las disposiciones aplicables y aquéllas que le encomiende el Presidente o el subcomité.

IV. Corresponde a los Asesores:

a) Analizar los asuntos que sean sometidos a la consideración del subcomité y en su caso, expresar sus comentarios en el desarrollo de las sesiones;

b) Opinar y formular recomendaciones respecto de los asuntos que se presenten a la consideración del subcomité; y

c) Las demás que le encomiende el subcomité y que les corresponda conforme a sus atribuciones.

V. Corresponde a los Contralores Ciudadanos:

a) Analizar y votar los asuntos que sean sometidos a la consideración del subcomité y en su caso, expresar sus comentarios en el desarrollo de las sesiones, de acuerdo con la normativa aplicable a la materia;

b) Proponer alternativas para la solución y atención de los asuntos que se presenten a la consideración del subcomité, de acuerdo a la normativa aplicable en la materia, y

c) Las demás que le otorgue la normativa aplicable en la materia.

(ADICIONADO, G.O. 17 DE MAYO DE 2006)

Artículo 8-H.- Para el cumplimiento de su objeto, los Subcomités de Obras, además de las que expresamente señala la Ley, tendrán las siguientes facultades y obligaciones:

I. Elaborar y proponer al comité Central, su Manual de Integración y Funcionamiento, para su aprobación;

II. Proponer al comité correspondiente, la creación de Subcomités Técnicos que se requieran para la atención de asuntos específicos;

III. Dar seguimiento al cumplimiento de sus acuerdos;

IV. Aplicar los lineamientos generales y las políticas que emita en el ámbito de sus atribuciones el Comité Central;

V. Promover la estricta observancia de la normativa en materia de obra pública, aplicar y difundir la Ley, el Reglamento y demás disposiciones aplicables y coadyuvar a su debido cumplimiento;

(REFORMADO, G.O. 24 DE JULIO DE 2006)

VI. Dictaminar sobre la procedencia de los casos de excepción previstos en el artículo 63 de la ley;

(REFORMADA, G.O. 10 DE JULIO DE 2009)

VII. Supervisar que las dependencias, órganos desconcentrados y delegaciones, integren y remitan respectivamente a la Contraloría, el expediente de las personas físicas o morales para efectos de la limitación establecida en el artículo 37, fracciones III y IV de la Ley, y

VIII. Las demás que le confieran las disposiciones aplicables en la materia.

(ADICIONADO, G.O. 17 DE MAYO DE 2006)

Artículo 8-I.- Los Presidentes de los Subcomités de Obras a los que se refiere la Ley y el presente Reglamento, tendrán voz y voto y en caso de empate, les corresponde el voto de calidad.

Los Vocales y los Contralores Ciudadanos de los Subcomités tendrán derecho a voz y voto.

El Secretario Técnico sólo tendrá derecho a voz.

Los Asesores e invitados de los Subcomités respectivos, solamente tendrán derecho a voz.

Los integrantes podrán designar por escrito a sus respectivos suplentes, los que deberán contar con un nivel jerárquico inmediato inferior al del titular.

(ADICIONADO CON EL ARTICULO QUE LO INTEGRA, G.O. 17 DE MAYO DE 2006)

CAPÍTULO IV
DE LOS SUBCOMITÉS TÉCNICOS

Artículo 8-J.- Los Comités o Subcomités crearán Subcomités Técnicos como instancias de apoyo a las dependencias, órganos desconcentrados, delegaciones o entidades, cuando por necesidades técnicas, requieran de estudios especializados para la toma de decisiones.

(ADICIONADO, G.O. 17 DE MAYO DE 2006)

La temporalidad, integración y funcionamiento de los Subcomités Técnicos será determinada por el Comité de Obras correspondiente, conforme a las necesidades específicas de los asuntos a resolver.

(ADICIONADO, G.O. 17 DE MAYO DE 2006)

Las funciones de los integrantes de los Subcomités Técnicos serán determinadas por el Comité de Obras correspondiente en el Manual respectivo.

(ADICIONADO CON EL ARTICULO QUE LO INTEGRA, G.O. 17 DE MAYO DE 2006)

CAPÍTULO V
DE LAS SESIONES DE LOS COMITÉS Y SUBCOMITÉS DE OBRAS

(ADICIONADO, G.O. 17 DE MAYO DE 2006)

Artículo 8-K.- Las sesiones de los Comités y Subcomités de Obras se celebrarán en los términos siguientes:

I. Ordinarias. Tendrán verificativo, como mínimo, una vez al mes.

Para el caso de los Comités de las entidades y Subcomités, éstos están obligados a sesionar ordinariamente durante el desarrollo y hasta el finiquito de las obras a cargo de las dependencias, órganos desconcentrados, delegaciones, entidades o unidades administrativas de la Secretaría, según corresponda;

II. Extraordinarias. Tendrán verificativo en los casos que el Presidente lo considere necesario;

III. Las sesiones ordinarias se llevarán a cabo cuando se integre el quórum, el cual se formará cuando asista más del 50% de los miembros con derecho a voto;

En el caso de no reunirse el quórum, se emitirá una segunda convocatoria, para efectuar la sesión en un plazo que no exceda de cinco días hábiles posteriores a la fecha prevista en la primera convocatoria;

IV. Las sesiones extraordinarias se realizarán en la fecha y hora previstas en la respectiva convocatoria con los miembros que asistan, excepto cuando no estén presentes el Presidente del comité o subcomité, el Secretario Técnico y el servidor público responsable de exponer el asunto o asuntos a tratar;

V. Para llevar a cabo las sesiones ordinarias o extraordinarias se debe contar invariablemente con el presidente o su suplente;

VI. Las decisiones se tomarán por mayoría de votos de los miembros asistentes con ese derecho; debiendo asentarse en el acta correspondiente el sentido del voto de cada miembro, ya sea a favor, en contra, o abstención;

VII. La convocatoria y la carpeta de trabajo, que invariablemente debe contener el orden del día de la sesión, junto con sus documentos correspondientes, deben entregarse a los miembros del Comité o Subcomité correspondiente, cuando menos con dos días hábiles de anticipación para las sesiones ordinarias y con un día hábil para las extraordinarias;

VIII. Para la celebración de sesiones ordinarias, se debe incluir en el orden del día, un apartado correspondiente al seguimiento de los acuerdos emitidos en las sesiones ordinarias anteriores, así como el correspondiente a asuntos generales. En este último apartado sólo podrán tratarse asuntos de carácter informativo por lo que no se debe tomar acuerdo alguno;

Para las sesiones extraordinarias, no se deben incluir en el orden del día los apartados referidos en el párrafo que antecede;

IX. La responsabilidad del Comité o Subcomité de que se trate, quedará limitada al dictamen o dictámenes que en forma colegiada emita respecto del asunto o asuntos sometidos a su consideración, con base en la documentación que le sea presentada;

X. Por cada sesión se levantará el acta correspondiente, documento que debe contener, en orden cronológico, los aspectos sustantivos de las intervenciones de cada participante, así como los acuerdos del comité o subcomité. Dicho documento será aprobado en su caso, en la sesión ordinaria inmediata posterior y debe ser firmado por quienes asistieron a esa sesión; y

XI. En la primera reunión del ejercicio fiscal de que se trate, se debe presentar a la consideración de los miembros del Comité o Subcomité correspondiente, el calendario anual de sesiones ordinarias, para su discusión, y aprobación en su caso.

TÍTULO SEGUNDO
DE LA PLANEACIÓN, PROGRAMACIÓN Y PRESUPUESTACIÓN DE LAS OBRAS PÚBLICAS

CAPÍTULO I
DE LA PLANEACIÓN

Artículo 9o.- La Administración Pública en la planeación de las obras públicas, realizará los estudios técnicos previos de acuerdo a la naturaleza de las mismas y del preinversión, de factibilidad ambiental, social, urbana, técnica y económica para la realización de las obras y de los proyectos integrales o la factibilidad económica de llevar a cabo los servicios relacionados con la obra pública, tomando en consideración en la programación específica de un ejercicio presupuestal, las prioridades, la disponibilidad económica esperada y la rentabilidad de los trabajos proyectados, tomándolos de más a menos.

Para la planeación a que se hace referencia, se deberá tener en consideración que la obra pública que se pretende ejecutar sea congruente con los Programas de Desarrollo Vigentes.

(REFORMADO, G.O. 17 DE MAYO DE 2006)

Artículo 10.- En la planeación de las obras públicas, que vayan a desarrollarse mediante personal de la estructura de la dependencia, órgano desconcentrado, delegación o entidad, debe considerarse la disponibilidad efectiva del personal adscrito dentro de sus áreas de investigación, estudios, proyectos, construcción y de supervisión, así como la maquinaria y equipo de construcción de que dispongan para prever que se cuente con los porcentajes previstos, en términos de lo dispuesto en el artículo 60 de la Ley, debiéndose programar el volumen de trabajo por desarrollar en cada ejercicio anual, en función a esta disponibilidad. Lo anterior, no será aplicable en los casos de los incisos a y b del párrafo cuarto del artículo 23 de la Ley.

(REFORMADO, G.O. 17 DE MAYO DE 2006)

Artículo 11.- La dependencia, órgano desconcentrado, delegación o entidad encargada de la planeación de un conjunto de trabajos en cuya investigación, estudio, proyecto, construcción, administración o supervisión intervengan dos o más dependencias, órganos desconcentrados, delegaciones o entidades, en razón de sus atribuciones y especialización, será responsable de coordinar sus intervenciones, mediante la suscripción de bases de colaboración, independientemente que los trabajos se vayan a desarrollar por contrato o con personal de la propia organización de las dependencias, órganos desconcentrados, delegaciones o entidades, sin menoscabo de la responsabilidad que cada una de ellas tenga sobre la ejecución que le corresponda.

En dichas bases de colaboración se definirá la participación de cada dependencia, órgano desconcentrado, delegación o entidad, los alcances técnicos, económicos y de programación de los trabajos a desarrollar, previa identificación y conciliación conjunta.

(REFORMADO, G.O. 17 DE MAYO DE 2006)

Artículo 12.- Las dependencias, órganos desconcentrados, delegaciones y entidades, previamente a la ejecución a la obra pública deben, cuando corresponda ante autoridades distintas a las de la Administración Pública del Distrito Federal, tramitar y obtener los dictámenes, permisos, licencias correspondientes y demás autorizaciones que se requieran para su realización.

Dentro del Distrito Federal, no será necesario que la dependencia, órgano desconcentrado, delegación o entidad responsable, obtenga licencia de construcción, sin embargo, deben cumplirse los requisitos técnicos que establecen el Reglamento de Construcciones del Distrito Federal y las demás disposiciones jurídicas y administrativas que resulten aplicables.

Las autoridades competentes de la Administración Pública, deben otorgar a las dependencias, órganos desconcentrados, delegaciones o entidades que realicen obras públicas, las facilidades necesarias para su ejecución.

CAPÍTULO II
DE LA PROGRAMACIÓN Y LA PRESUPUESTACIÓN

(REFORMADO PRIMER PÁRRAFO, G.O. 17 DE MAYO DE 2006)

Artículo 13.– La Administración Pública, en el caso de obras públicas a desarrollar con personal de su estructura, elaborará los programas y presupuestos considerando lo siguiente:

I. Los costos, la forma y cantidad por asignar de los recursos humanos;

II. Las condiciones de suministro interno desde el almacén de los materiales que se vayan requiriendo, los de aplicación de maquinaria, de equipos o de cualquier otro accesorio relacionado con la obra propiedad del Distrito Federal, sus costos correspondientes, y

(REFORMADA, G.O. 17 DE MAYO DE 2006)

III. Los cargos para pruebas y puesta en funcionamiento del bien a construir, así como el importe de las pólizas para cubrir daños a terceros por responsabilidad civil.

(REFORMADO, G.O. 17 DE MAYO DE 2006)

Los costos se estimarán a precios de mercado que se esperan al inicio del ejercicio en que se ejecutará; en caso de tener que desarrollarse en varios ejercicios, para cada uno de ellos, en la etapa de formulación del proyecto de presupuesto para el siguiente año, se deben considerar los requerimientos presupuestales correspondientes, para la conclusión o continuación de la obra.

Artículo 14.– Los programas y presupuestos a que alude el artículo anterior deberán referirse a la ejecución, al empleo de los recursos humanos, a la utilización de maquinaria y equipo de construcción y a la disponibilidad de materiales y deberán elaborarse conforme a lo que se señala a continuación:

I. El de ejecución, se desagregará en etapas o partidas y conceptos de trabajo, señalando fechas de inicio y terminación esperadas para cada una de ellas, considerando en dicho programa las partes de obra que se ejecutarán en períodos máximos mensuales, así como sus importes correspondientes y el importe total de los requerimientos para los períodos referidos;

II. El de empleo de los recursos humanos, deberá consignar la especialidad, categoría y número requerido de personas así como las participaciones parciales y totales de cada uno de estos por período de referencia. El programa incluirá personal técnico, administrativo y obrero encargado directamente de la ejecución de los trabajos así como el de la supervisión de los mismos y en su caso personal administrativo requerido para la dirección del trabajo específico;

III. El de utilización de maquinaria y equipo de construcción, deberá consignar las características del equipo, capacidad, número de unidades y total de horas efectivas de utilización, calendarizadas por período especificado, y

IV. El de disponibilidad de los materiales para la ejecución de la obra correspondiente, contendrá los insumos importantes y su consumo periódico relacionado a tiempos iguales a los de los otros programas.

Artículo 15.- (DEROGADO, G.O. 17 DE MAYO DE 2006)

(REFORMADO, G.O. 10 DE JULIO DE 2009)

Artículo 16.- La Administración Pública al determinar el programa de realización de cada obra pública por contrato, deberá prever los plazos necesarios para la elaboración de las investigaciones, los estudios y proyectos específicos, así como los requeridos para lograr la disponibilidad presupuestal; llevar a cabo las acciones de convocar, licitar y contratar, aquellos tiempos posibles para adjudicar directamente ante un concurso declarado desierto, el probable diferimiento del fallo; tiempos para la recepción de garantías y entrega de los anticipos y los propios para ejecutar los trabajos conforme a lo dispuesto en la Ley y este Reglamento.

Artículo 17.- La Administración Pública deberá elaborar su programa operativo anual de obras públicas, incluyendo:

I. Las obras públicas que se hayan iniciado en años anteriores y se encuentren en proceso de ejecución y las que deban iniciarse en el año de que se trate;

(REFORMADA, G.O. 10 DE JULIO DE 2009)

II. Las acciones relacionadas con el intercambio académico y tecnológico, estudios, investigaciones, innovaciones y desarrollos tecnológicos y en su caso, obras especializadas que la Administración Pública lleve a cabo con la Administración Pública Federal, con los Estados de la Federación o con instituciones públicas de educación superior e investigación, sin considerar el procedimiento que se establece en la Ley en cuanto a licitación, adjudicación y contratación, en cuyo caso se regulará de acuerdo a las particularidades de cada trabajo específico, con la limitación que establece la propia Ley por lo que hace a la subcontratación por parte de éstas con terceros;

(REFORMADA, G.O. 10 DE JULIO DE 2009)

III. Los trabajos que requieran de inversión en obras de la infraestructura para prestación de servicios concesionados en situaciones de rescate por parte de la Administración Pública del Distrito Federal;

(REFORMADA, G.O. 17 DE MAYO DE 2006)

IV. Los trabajos de restauración, conservación y mantenimiento de la infraestructura destinada a servicios públicos prestados por particulares mediante concesión, que han pasado a poder de la Administración Pública del Distrito Federal, por cualquiera de las causas de extinción de la misma;

(ADICIONADA, G.O. 10 DE JULIO DE 2009)

V. Los contratos multianuales que la Administración Pública del Distrito Federal pretenda celebrar.

Los montos a considerar para cada uno de estos presupuestos deberán ser valuados a precios de mercado estimados al primer día del año del ejercicio correspondiente.

Artículo 18.- La Administración Pública, sin perjuicio de lo establecido en la Ley, en este Reglamento y en otras disposiciones legales aplicables, observará las disposiciones financiero-presupuestales que dicte la Secretaría de Finanzas respecto del ejercicio del gasto en las obras públicas y el ejercicio del presupuesto por lo que hace a las partidas autorizadas.

(REFORMADO, G.O. 17 DE MAYO DE 2006)

Artículo 19.- En el caso de obras y servicios relacionados con éstas, cuya ejecución rebase un ejercicio, el presupuesto de cada uno de los ejercicios subsecuentes, cuando proceda, se ajustará en la etapa de formulación del proyecto del programa operativo anual correspondiente, tomando para tal efecto, el factor que resulte de aplicar el índice mensual de precios al consumidor del área metropolitana de la Ciudad de México, emitido y publicado por el Banco de México, a partir de dieciocho meses anteriores a la fecha en que se realice el estudio y proyectado al mes de junio del ejercicio fiscal en que se prevea la ejecución de los trabajos.

La asignación presupuestal ajustada que autorice para cada contrato al inicio de los ejercicios, servirá como base para aplicar, en su caso, el porcentaje pactado por concepto de anticipo para materiales y equipos de instalación permanente, correspondiente a ese ejercicio, el cual debe otorgarse durante los primeros tres meses del año. El hecho de no entregar el anticipo en ese plazo, no justificará retraso o suspensión de los trabajos que como continuación deben hacerse a los que iniciaron en el ejercicio inmediato anterior.

Artículo 20.- En los términos de la Ley, la Administración Pública sólo podrá realizar las obras públicas de dos formas: con personal de su propia estructura o por contrato. Para tal efecto, dentro de sus programas elaborará los propuestos de cada una de las obras públicas que deba realizar, distinguiendo las que se han de ejecutar por contrato, de aquéllas que vayan a realizarse con personal de la estructura de organización propia y lo que requiera en no más del veinte por ciento para este último caso.

TÍTULO TERCERO
DEL REGISTRO DE CONCURSANTES

CAPÍTULO ÚNICO

(REFORMADO, G.O. 10 DE JULIO DE 2009)

Artículo 21.- Las personas físicas y morales interesadas en inscribirse en el registro de concursantes, deberán solicitarlo por escrito en papel membretado a la Secretaría, acompañado, según su naturaleza jurídica, la siguiente información y documentos:

A. En caso de persona moral:

I. La razón o denominación social, anexando en su caso, los certificados ISO-9000 e ISO-14000;

II. Copias certificadas por Notario o Corredor Público, inscritas en el Registro Público de la Propiedad, de la escritura constitutiva y modificaciones si las hay, con los datos registrales correspondientes, así como el nombre del representante legal y el documento que acredite su personalidad, adjuntando copia de su identificación oficial;

III. Copia fotostática del alta ante la Secretaría de Hacienda y Crédito Público, de la Cédula de Identificación Fiscal, del registro ante el Instituto Mexicano del Seguro Social y del registro ante el INFONAVIT;

IV. Manifestar la especialidad o especialidades en que desea inscribirse y la relación de todos los trabajos que comprueben su experiencia técnica en la ejecución de los mismos dentro del rango de la especialidad correspondiente, así como currículum de la empresa, indicando las obras en proceso de ejecución en el momento de solicitar el registro y anteriores hasta por un período de tres años, montos y nombre o denominación del contratante.

B. En caso de persona física:

I. Nombre del interesado;

II. Copia certificada del Acta de Nacimiento, copia fotostática de su identificación oficial y; en su caso, de su cédula profesional;

III. Copia fotostática del alta ante la Secretaría de Hacienda y Crédito Público, de la Cédula de Identificación Fiscal, del registro ante el Instituto Mexicano del Seguro Social, y del registro ante el INFONAVIT.

IV. Relación de todos los trabajos que comprueben su experiencia técnica en la ejecución de los mismos dentro de sus especialidades, hasta por un período de tres años anteriores, así como su currículum y en caso de que cuente con empleados, el currículum de los de mayor jerarquía con copia fotostática de sus cédulas profesionales, en su caso.

C. En ambos casos:

I. Domicilio fiscal y teléfonos para su localización, anexando copia fotostática de los comprobantes respectivos. Asimismo, deberá señalar domicilio para oír y recibir notificaciones dentro del territorio del Distrito Federal;

II. Estado de posición financiera al día último del año inmediato anterior respecto de la fecha de solicitud de registro, firmado por contador público, anexando copia de su cédula profesional;

III. Declaración anual del Impuesto Sobre la Renta correspondiente al ejercicio inmediato anterior, respecto de la fecha de solicitud de registro.

En el caso de presentar la solicitud dentro de los primeros tres meses del año en el caso de personas morales o cuatro meses en el de personas físicas, cuando todavía no se ha realizado la declaración, entonces se presentará un estado de posición financiera cerrado al último día del mes de diciembre inmediato anterior, firmado por contador público; en caso de capital contable superior a un millón de pesos, dicho estado deberá estar auditado por contador público externo; debiendo anexar copia de su registro ante la Dirección General de Auditoria Fiscal Federal, de la Secretaría de Hacienda y Crédito Público;

IV. Declaración escrita bajo protesta de decir verdad, de no encontrarse en alguno de los supuestos del artículo 37 de la Ley;

V. Relación de maquinaria y equipo propio y de las filiales en su caso, anexando copia fotostática de las facturas de la maquinaria y equipo más representativos;

VI. Relación de contratos y actas de entrega - recepción o en su defecto, cartas constancias de haber terminado satisfactoriamente los compromisos derivados de los contratos durante los últimos tres años; y

VII. Autorización por escrito para que la Secretaría pueda recabar informes sobre su desempeño en la ejecución de los trabajos que haya realizado.

La Secretaría podrá solicitar la documentación complementaria que juzgue conveniente, para comprobar la información que presenten los interesados, en el trámite de inscripción o modificación del registro de concursantes.

(REFORMADO, G.O. 10 DE JULIO DE 2009)

Artículo 22.- Llevado a cabo el trámite, el interesado recibirá una constancia de registro de concursantes, con la que podrá participar en licitaciones públicas, concursos por invitación a cuando menos tres concursantes o adjudicación directa, siempre y cuando se ubique dentro de los rangos de capital contable de acuerdo con su situación financiera acreditada. Con la constancia se acreditará la información y documentos requeridos en las fracciones de la I a la III de los apartados A o B y las fracciones de la I a la IV del apartado C del artículo anterior. Invariablemente, una copia de dicha constancia deberá ser integrada dentro del sobre único en la parte correspondiente a la propuesta técnica.

La información presentada por los interesados en la fracción IV de los apartados A o B y las fracciones V y VI del apartado C, del artículo anterior, servirá asimismo en caso de invitaciones a cuando menos tres concursantes, para proporcionar un listado de empresas en una determinada especialidad a las convocantes, cuando así lo soliciten a la Secretaría.

(REFORMADO, G.O. 10 DE JULIO DE 2009)

Artículo 23.- En el mes de enero de cada año, la Secretaría publicará en su portal de Internet la relación de personas físicas o morales inscritas en el registro de concursantes. Asimismo, mantendrá actualizado mensualmente dicho registro con las inscripciones y cancelaciones que se lleven a cabo.

(REFORMADO [N. DE E. ADICIONADO], G.O. 10 DE JULIO DE 2009)

Artículo 24.- Las personas físicas o morales inscritas en el registro de concursantes, deberán comunicar por escrito a la Secretaría, dentro de los quince días hábiles siguientes, cualquier cambio en su capital contable, condición financiera o condición técnica, modificaciones a la escritura constitutiva u otra circunstancia relativa, así como cualquier cambio en su situación jurídica, solicitando la actualización de su registro cuando menos cada tres años.

Para tal efecto, la Secretaría resolverá lo conducente dentro de los quince días hábiles siguientes a la fecha de recepción de la solicitud referida.

(REFORMADO, G.O. 10 DE JULIO DE 2009)

Artículo 25.- Serán causas de cancelación de la constancia del registro de concursantes, las siguientes:

I. Cuando por resolución de la Contraloría se haya limitado definitivamente a una persona física o moral para participar en licitaciones públicas, concursos por invitación a cuando menos tres concursantes o adjudicación directa, de acuerdo con lo establecido en el artículo 37 de la Ley;

II. Cuando la persona física o moral no comunique a la Secretaría los cambios y/o modificaciones a que se refiere el artículo anterior;

III. Cuando la persona física o moral incurra en incumplimiento grave de la normatividad vigente de la obra pública a su cargo, derivado de las revisiones de calidad y seguimiento que realice la Secretaría;

IV. Por cualquier otra causa que, a juicio de la Administración Pública, afecte la confiabilidad de la persona física o moral para la ejecución de obra pública. En este caso, las dependencias, órganos desconcentrados, delegaciones y entidades que tengan conocimiento de los hechos, solicitarán a la Secretaría la cancelación de la constancia del registro correspondiente adjuntando el soporte documental que justifique su petición.

En el caso de la fracción I, la Contraloría deberá ordenar en la resolución que emita, la cancelación del registro.

En cuanto a las fracciones II, III y IV, la Secretaría procederá a comunicar por escrito a la persona física o moral los hechos que se le atribuyen, poniendo a su disposición el expediente respectivo para su consulta, a efecto de que, dentro del término de cinco días hábiles siguientes a la notificación, manifieste lo que a su derecho convenga y aporte las pruebas que considere pertinentes. Una vez transcurrido el término mencionado, con o sin manifestaciones del interesado, la Secretaría resolverá lo que en derecho proceda y lo hará de su conocimiento por escrito.

TÍTULO CUARTO
DE LAS CONVOCATORIAS Y LOS CONCURSOS

CAPÍTULO
DE LAS CONVOCATORIAS

(REFORMADO PRIMER PÁRRAFO, G.O. 10 DE JULIO DE 2009)

Artículo 26.- Los titulares de las unidades administrativas responsables de la ejecución de la obra en las dependencias, órganos desconcentrados, delegaciones y entidades, autorizarán el contenido técnico de la convocatoria y en su caso las modificaciones a éstas, previo a su envío a la unidad administrativa responsable de su publicación.

(REFORMADO, G.O. 10 DE JULIO DE 2009)

Corresponde al titular de la unidad administrativa en la dependencia, órgano desconcentrado, delegación y entidad, firmar y enviar para su publicación la convocatoria, verificando que sea congruente con el programa operativo anual.

(REFORMADO, G.O. 17 DE MAYO DE 2006)

Las modificaciones a las bases o términos de referencia que surjan durante el proceso de licitación o asignación del contrato, deben ser autorizadas técnica y presupuestalmente por los titulares de las unidades administrativas señaladas en este artículo, de conformidad con sus atribuciones.

(REFORMADO PRIMER PÁRRAFO, G.O. 10 DE JULIO DE 2009)

Artículo 27.- Las convocatorias para licitación pública que publiquen las dependencias, órganos desconcentrados, delegaciones y entidades, deben, además de lo dispuesto en la ley, cumplir con lo establecido en los modelos de convocatoria que al efecto se establezcan en las Políticas.

(REFORMADO, G.O. 10 DE JULIO DE 2009)

Previamente a la emisión de la convocatoria pública, de la invitación a cuando menos tres concursantes o la contratación por adjudicación directa, las dependencias, órganos desconcentrados, delegaciones y entidades, elaborarán un presupuesto de referencia de la obra pública por contratar, conforme se indique en las Políticas.

(REFORMADO, G.O. 17 DE MAYO DE 2006)

La Secretaría podrá requerir en cualquier momento el presupuesto de referencia, mismo que debe ser entregado en un plazo de dos días hábiles a partir de su solicitud, el cual incluirá la metodología utilizada para su elaboración, y una breve descripción de las circunstancias particulares de la obra que incidan en la determinación de los costos.

(REFORMADO, G.O. 17 DE MAYO DE 2006)

La Secretaría en su caso, podrá emitir su opinión y llevar una estadística para la homologación de las obras a cargo de la Administración Pública.

CAPÍTULOS II
DE LOS CONCURSOS

(REFORMADO, G.O. 17 DE MAYO DE 2006)

Artículo 28.– Las dependencias, órganos desconcentrados, delegaciones y entidades no exigirán a los interesados en adquirir las bases de licitación, mayores requisitos que cubrir el costo de las mismas.

(REFORMADO PRIMER PÁRRAFO, G.O. 10 DE JULIO DE 2009)

Artículo 29.– La información y documentación mínima que la Administración Pública proporcione a los interesados para la formulación de su propuesta en los casos de licitación pública o invitación a cuando menos tres concursantes, la cual, a consideración de la convocante, podrá ser entregada en medios magnéticos, será:

I. En caso de obra:

(REFORMADO, G.O. 17 DE MAYO DE 2006)

a) El proyecto completo con carácter de ejecutivo que contendrá los requisitos de construcción y las especificaciones particulares del proyecto.

En su caso, el grado de avance del proyecto y las condiciones con los cuales se asegure que la obra se desarrollará ininterrumpidamente, por contarse con soluciones en el proceso ejecutivo de aspectos que hubieran quedado pendientes.

(REFORMADO, G.O. 10 DE JULIO DE 2009)

Tratándose, de obras previstas como excepción en el artículo 23 de la Ley, únicamente se proporcionará la documentación que se requiera para preparar la propuesta, conforme lo determinen las Políticas;

(REFORMADO, G.O. 17 DE MAYO DE 2006)

b) El catálogo de conceptos de trabajo o el de actividades, divididos en partidas y en su caso, por frentes de trabajo, precisando la referencia de las Normas de Construcción de la Administración Pública del Distrito Federal y las especificaciones propias de la dependencia, órgano desconcentrado, delegación o entidad convocante, así como las especificaciones particulares del proyecto.

A cada concepto se le dará la referencia de la Norma de Construcción de la Administración Pública del Distrito Federal, especificaciones del área convocante y las particulares del proyecto que le corresponda, así como la unidad de medición y la cantidad cuantificada del proyecto para su ejecución. Si el número de conceptos llegara a ser elevado, se podrá solicitar en la presentación del concurso, los análisis de precios unitarios de los conceptos de trabajo de mayor preponderancia que representen cuando menos el ochenta por ciento en el importe presupuestado, con el fin de facilitar la elaboración de la propuesta; sin embargo, el catálogo estará conformado por la totalidad de los conceptos necesarios;

(REFORMADO, G.O. 10 DE JULIO DE 2009)

c) La relación de los ordenamientos legales que sean aplicables en la ejecución del trabajo, tales como: la Ley de Obras Públicas del Distrito Federal, este Reglamento y las Políticas; la Ley de Desarrollo Urbano del Distrito Federal y los Programas de Desarrollo Urbano aplicables; la Ley Ambiental del Distrito Federal; la Ley de Participación Ciudadana del Distrito Federal; la Ley de Protección Civil para el Distrito Federal; la Ley Federal del Trabajo; la Ley del Seguro Social; el Reglamento de Construcciones para el Distrito Federal y sus Normas Técnicas Complementarias; el Manual de Señalamiento de la Secretaría de Transportes y Vialidad; el Reglamento de Tránsito Metropolitano; las disposiciones administrativas conducentes del Instituto Nacional de Bellas Artes y del Instituto Nacional de Antropología e Historia y demás ordenamientos jurídicos aplicables;

(REFORMADO, G.O. 17 DE MAYO DE 2006)

d) Los montos de los anticipos o porcentajes de los mismos con respecto a las asignaciones y condiciones de entrega, así como la forma de amortización, para lo cual se debe atender a lo establecido en los Artículos 37 y 38 de este Reglamento. Los anticipos y su amortización deben tomarse en cuenta para el costo de financiamiento;

e) Los formatos para la presentación de la información solicitada en las bases de la licitación;

f) Las fechas para inicio y terminación de los trabajos que se solicitan, mismas que servirán de referencia para la elaboración de su programa de desarrollo, asignación de recursos y aplicación específica de su estrategia para cumplimiento de su compromiso, y

g) Las condicionantes generales del entorno del sitio de realización de los trabajos, riesgos en la ejecución de los trabajos y condiciones geográficas, urbanas, sociales y ambientales en que se desarrollarán los mismos;

II. En caso de servicios relacionados con la obra pública:

(REFORMADO, G.O. 10 DE JULIO DE 2009)

a) Los términos de referencia por lo que hace a la descripción general del trabajo que se requiere; forma de prestación de los servicios profesionales y de presentación de los documentos que los avalen, riesgos en la ejecución y la calidad requerida en dichos resultados, en los términos de los indicadores necesarios que sirvan de referencia para la evaluación de propuestas, características de los elementos que constituyen la información básica como aportación importante en las consideraciones para la realización del servicio y los productos como resultado requerido, haciendo la aclaración de que el proceso para lograr los objetivos en términos de las disponibilidades es absolutamente responsabilidad de la convocante;

b) En caso de proyectos, el programa de necesidades con la descripción específica de disponibilidades en cuanto espacio, ubicación, orientación y caracterización, así como los requerimientos en cuanto a satisfacción de necesidades a cumplir, precisando las restricciones existentes;

c) Características genéricas respecto de la forma de presentar la propuesta;

(REFORMADO, G.O. 10 DE JULIO DE 2009)

d) Relación de ordenamientos que inciden en la formulación de la propuesta, tales como: la Ley de Obras Públicas del Distrito Federal, este Reglamento, las Políticas, la Ley de Desarrollo Urbano del Distrito Federal; la Ley Ambiental del Distrito Federal; la Ley de Participación Ciudadana del Distrito Federal; la Ley de Protección Civil para el Distrito Federal; el Reglamento de Construcciones para el Distrito Federal y sus Normas Técnicas Complementarias; las disposiciones administrativas conducentes del Instituto Nacional de Bellas Artes y del Instituto Nacional de Antropología e Historia y todos los demás que puedan tener aplicación en la ejecución del trabajo;

e) Fecha de inicio y terminación de los trabajos solicitados para que el interesado pueda lograr la definición de su programa de desarrollo y asignación de recursos, así como para el planteamiento de su estrategia para lograr el objetivo y determinación de tiempos de ejecución con sus actividades, tales que permitan la verificación de avances y cumplimiento del contrato;

(ADICIONADO, G.O. 17 DE MAYO DE 2006)

f) El procedimiento para la cobertura de los gastos financieros indicados en el artículo 49, fracción I, inciso b) de la Ley.

III. En caso de proyecto integral:

a) El programa de necesidades a cumplir, estableciendo con claridad las disponibilidades en cuanto a espacios, dimensiones, geografía, topografía, orientación, ubicación respecto del entorno sistémico y las condiciones del propio entorno para considerar su efecto sobre el proyecto a desarrollar, características de calidad y especificación de la disponibilidad; los ordenamientos legales y normativos que deben observarse y los que en general el proponente debe atender, en caso de que no se le hayan señalado, así como las características terminales del bien esperado y en su caso la cantidad mínima de producción, los programas de puesta en servicio y la transmisión de tecnología del proyecto integral;

(REFORMADO, G.O. 17 DE MAYO DE 2006)

b) Las características conforme a las cuales el proponente debe presentar su propuesta, ajustándose estrictamente en la elaboración de los planteamientos, desarrollo de análisis y cálculos, desagregar o agregar la información en términos de los rubros que la dependencia, órgano desconcentrado, delegación o entidad determine para que se puedan definir los parámetros necesarios que sirvan para la evaluación de la propuesta y su comparación con relación a las de los demás participantes en un concurso;

c) Los parámetros específicos que sirvan para la evaluación de la propuesta y el procedimiento para llevar a cabo la comparación de las mismas entre las diferentes propuestas;

d) Los criterios en detalle para evaluar las propuestas y el procedimiento específico para la evaluación y determinación de la propuesta que debe seleccionarse, y

e) Los formatos conforme a los cuales deberá presentarse la información específica que cada concursante determine en función a su propuesta de proyecto y resultados del análisis propio de los concursantes.

(ADICIONADO, G.O. 17 DE MAYO DE 2006)

En todos los casos, la dependencia, órgano desconcentrado, delegación o entidad indicará el monto de la cobertura que la póliza y el contrato de seguro de responsabilidad civil deba cubrir por daños a terceros en sus personas y bienes, conforme a lo establecido en este Reglamento.

(REFORMADO PRIMER PÁRRAFO, G.O. 10 DE JULIO DE 2009)

Artículo 30.- Los plazos entre la publicación de la convocatoria y el acto de presentación de las propuestas y apertura del sobre único, serán fijados por la convocante considerando el monto, características, especialidad, condiciones y complejidad de los trabajos, respetando los plazos establecidos en el artículo 26 de la Ley, para que los mismos den la oportunidad a la preparación de las propuestas.

(REFORMADO, G.O. 17 DE MAYO DE 2006)

Para fijar las fechas de inicio y terminación de los trabajos deben considerarse el Programa Operativo Anual autorizado así como los procedimientos constructivos que permitan en los programas calendarizados de trabajos, la asignación de recursos de mano de obra conforme a las jornadas laborales indicadas en la Ley Federal del Trabajo, y a los criterios establecidos en las Normas de Construcción de la Administración Pública del Distrito Federal.

(REFORMADO, G.O. 17 DE MAYO DE 2006)

Por razones justificadas, la convocante podrá diferir el fallo por una sola vez debiendo en este caso, comunicar previamente por escrito a los interesados e invitados la nueva fecha que se hubiere fijado, la que en todo caso quedará comprendida dentro del plazo previsto en el artículo 26 de la Ley.

(REFORMADO, G.O. 17 DE MAYO DE 2006)

Cuando se trate de procedimientos de invitación restringida, las dependencias, órganos desconcentrados, delegaciones y entidades, verificarán que los invitados cuenten con la especialidad requerida para el concurso, de conformidad con el registro de concursantes de obras públicas, y que cumplan con los requisitos que establece la Ley y demás disposiciones aplicables en la materia.

(REFORMADO PRIMER PÁRRAFO, G.O. 10 DE JULIO DE 2009)

Artículo 31.- La Contraloría determinará el plazo de impedimento a los contratistas que se encuentren en las hipótesis de las fracciones III y IV del artículo 37 de la Ley; para lo cual las dependencias, órganos desconcentrados, delegaciones y entidades deberán informar a la Contraloría, de los contratistas que hayan incurrido en dichos supuestos, en un plazo que no excederá de 15 días hábiles contados a partir de la fecha de la notificación que de la resolución de rescisión se haga a los contratistas.

(REFORMADO, G.O. 10 DE JULIO DE 2009)

Una vez decretada la limitación por la Contraloría, ésta lo hará del conocimiento del Sector Obras, mediante la publicación respectiva en la Gaceta Oficial del Distrito Federal, así como en medios electrónicos, dentro de los 15 días hábiles siguientes de la notificación a la persona física o moral correspondiente.

(REFORMADO, G.O. 17 DE MAYO DE 2006)

Cuando se trate de contratistas que se sitúen en las hipótesis de las fracciones V y VI del artículo 37 de la Ley, las dependencias, órganos desconcentrados, delegaciones y entidades deben informar a la Contraloría, adjuntando la documentación comprobatoria inherente al supuesto de que se trate, para que ésta lo haga del conocimiento del Sector Obras.

(REFORMADO, G.O. 17 DE MAYO DE 2006)

Para el caso de la fracción V, el aviso se hará dentro de los cinco días hábiles siguientes a la fecha de la terminación anticipada; impedimento que se publicará en la Gaceta Oficial del Distrito Federal, así como en medios electrónicos.

(REFORMADO, G.O. 17 DE MAYO DE 2006)

En el supuesto de la fracción VI, el aviso se realizará dentro de los diez días hábiles siguientes a la fecha que tengan conocimiento del atraso; impedimento que se establecerá en medios electrónicos. Asimismo, deben comunicar subsecuentemente las modificaciones originadas a la información inicial reportada, dentro de los primeros cinco días hábiles de cada mes, para su actualización en medios electrónicos.

(REFORMADO, G.O. 10 DE JULIO DE 2009)

En el caso que alguna persona física o moral que encontrándose dentro de alguno de los supuestos normativos previstos en el Artículo 37 de la Ley, presente propuestas o celebre contratos de obra pública, las dependencias, órganos desconcentrados, delegaciones y entidades deben informarlo a la Contraloría General dentro de los diez días hábiles siguientes a aquel en que tengan conocimiento de la actualización de dichos supuestos, para que ésta declare el impedimento a que se refiere el Artículo 67 de la Ley. Dicha declaración de impedimento será independiente de la abstención a que se refiere el Artículo 37 de la Ley, por parte de las dependencias, órganos desconcentrados, delegaciones y entidades respectivas.

(REFORMADO, G.O. 17 DE MAYO DE 2006)

En el comunicado que realicen las dependencias, órganos desconcentrados, delegaciones y entidades a la Contraloría General, para iniciar el procedimiento a que se refiere el artículo 67 de la Ley, deben remitir un informe pormenorizado, así como la documentación comprobatoria, que debe contener por lo menos:

a) Nombre, denominación o razón social de la persona física o moral;

b) Irregularidad que se le atribuye o supuesto normativo en que pudiera encuadrarse la conducta desplegada por el concursante o contratista;

c) Domicilio legal manifestado;

d) Registro Federal de Contribuyentes;

e) Afectación que hubiere producido o pudiera producir la conducta irregular;

f) Bases licitatorias;

g) Documentación legal, administrativa y propuestas de la persona física o moral;

h) Contrato, y

i) Documentación adicional relacionada con la irregularidad que se le atribuye al concursante o contratista.

(REFORMADO, G.O. 17 DE MAYO DE 2006)

Las constancias documentales deberán adjuntarse en original y/o copia certificada por servidor público facultado.

TÍTULO QUINTO
DE LAS GARANTÍAS, LOS ANTICIPOS Y SU AMORTIZACIÓN

CAPÍTULO ÚNICO

(REFORMADO, G.O. 10 DE JULIO DE 2009)

Artículo 32.- Para asegurar que un invitado a participar en una invitación restringida a cuando menos tres concursantes presentará propuesta, deberá entregar cheque certificado o de caja con cargo a su cuenta, expedido por institución bancaria nacional, por un monto equivalente a tres veces el salario mínimo general vigente en el Distrito Federal elevado al mes, cheque que será devuelto al concursante una vez que presente su proposición, excepción hecha de aquéllos que habiendo aceptado participar no lo hagan, a quienes se les hará efectiva la garantía.

(REFORMADO PRIMER PÁRRAFO, G.O. 10 DE JULIO DE 2009)

Artículo 33.- Para asegurar la seriedad de las propuestas en los concursos tanto en los de licitación pública como en los de invitación restringida a cuando menos tres concursantes, el concursante deberá:

(REFORMADA, G.O. 10 DE JULIO DE 2009)

I. Entregar cheque cruzado con cargo a su cuenta, expedido por institución bancaria nacional o fianza expedida por institución legalmente autorizada y de conformidad con la ley de la materia, por un monto que se fijará de acuerdo con las Políticas, quedando dicha garantía en poder de la dependencia, órgano desconcentrado, delegación o entidad convocante hasta el momento en que se dé a conocer el fallo, acto en el que se les devolverá a los concursantes con excepción del que haya resultado ganador, en caso de que algún concursante no se presentara al acto en que se dé a conocer el fallo, la dependencia, órgano desconcentrado, delegación o entidad conservará la garantía correspondiente hasta por tres meses contados a partir de la fecha del fallo, plazo después del cual la dependencia, órgano desconcentrado, delegación o entidad queda libre de toda responsabilidad;

II. El monto de la garantía será en un porcentaje sobre el importe de la propuesta, monto que deberá ser calculado por el propio concursante; para estos efectos se entenderá como importe de la propuesta, ya sea el del trabajo o el de la sumatoria de los importes parciales de cada concepto de trabajo o el de la suma de los importes de las actividades por realizar, considerando en todos los casos los cargos adicionales y sin incluir el Impuesto al Valor Agregado, y

III. Respecto de la garantía que corresponda a quien se le haya adjudicado el contrato, se retendrá hasta el momento en que el contratista constituya la garantía de cumplimiento del mismo.

Artículo 34.- Los contratistas garantizarán, el o los importes que por concepto de anticipo se les otorguen de conformidad con lo pactado en el contrato respectivo, y conforme a las siguientes condiciones:

I. Por la totalidad del monto concedido al que se agregará el Impuesto al Valor Agregado y:

a) Se constituirá mediante fianza expedida por institución legalmente autorizada, de conformidad con la Ley de la materia, cuya póliza deberá ajustarse a los requisitos que la Administración Pública establezca en las bases correspondientes;

(REFORMADO, G.O. 10 DE JULIO DE 2009)

b) En el caso de anticipo para único ejercicio o primer ejercicio, la entrega se hará dentro de los diez días hábiles siguientes, contados a partir de que el contratista reciba copia del acta de fallo de adjudicación y para los ejercicios subsecuentes, dentro de los quince días hábiles posteriores contados a partir de la fecha de notificación que la Administración Pública le haga al contratista respecto de la disponibilidad presupuestal para la obra, haciendo referencia del monto aprobado para el ejercicio de que se trate conforme a la inversión autorizada, en el caso de obras para realizar en varios ejercicios y en que para el primero de ellos no existe anticipo, la entrega del anticipo del segundo ejercicio contará para aplicar lo señalado en el Inciso a), Fracción I, del Artículo 49 de la Ley, y

II. La fianza estará vigente hasta la total amortización del o de los anticipos otorgados. Una vez amortizados en su totalidad, la contratante dará conocimiento cuando corresponda a la Secretaría de Finanzas en un plazo que no excederá de tres días hábiles.

Artículo 35.- Las garantías que se otorguen para el cumplimiento de los contratos se ajustaran a las disposiciones legales y administrativas aplicables.

(REFORMADO PRIMER PÁRRAFO, G.O. 10 DE JULIO DE 2009)

Artículo 36.- Para responder de vicios ocultos, defectos y otras responsabilidades, el contratista los garantizará mediante fianza, que se entregará desde los diez días hábiles previos a la recepción formal de las obligaciones establecidas en el contrato. Esta fianza sustituirá a la garantía de cumplimiento de contrato y será por un monto equivalente al diez por ciento del monto total ejercido, el cual incluirá el monto original del contrato, los montos de convenios modificatorios, adicionales y especiales, los ajustes de costos y el Impuesto al Valor Agregado pagado en las estimaciones y en su caso, cantidades estimadas que puedan resultar de la liquidación. Se podrá dar continuidad a la garantía de cumplimiento de contrato, como de vicios ocultos, defectos u otras responsabilidades, si así se estipuló en el contrato de fianza.

En caso de no entregar esta fianza en las condiciones establecidas y la entrega-recepción no se pueda llevar a cabo por este motivo, se considerará a los trabajos terminados, como no entregados y se penalizará la prolongación de la entrega en la misma forma que se estableció en el contrato para los retrasos en la terminación de los mismos.

(REFORMADO, G.O. 10 DE JULIO DE 2009)

La vigencia de la garantía para el caso de obras o servicios relacionados con las mismas, será de un año contado a partir de la fecha en que oficialmente se dé la recepción de los trabajos, lo que se hará constar en el acta de recepción formal de los mismos; en el caso de las plantas industriales o de equipos especializados y proyectos integrales en general, la vigencia de la garantía subsistirá al menos durante un plazo de veinticuatro meses, al término del cual, de no haber inconveniente por parte de la dependencia, órgano desconcentrado, delegación o entidad, procederán a la promoción de su cancelación previa solicitud del contratista; en caso de presentarse deficiencias, vicios ocultos o cualquiera otra responsabilidad, dentro del plazo cubierto por la garantía, la dependencia, órgano desconcentrado, delegación o entidad de que se trate, deberá comunicarlo de inmediato por escrito a la contratista para que se ésta haga las correcciones o reposiciones correspondientes, dentro de un plazo máximo de treinta días naturales, si la reparación requiere de un plazo mayor, la dependencia, órgano desconcentrado, delegación o entidad podrá convenirlo con la contratista, debiendo quedar vigente la garantía. Transcurrido el término antes señalado o el plazo convenido sin que se hayan realizado las correcciones o reposiciones correspondientes, la dependencia, órgano desconcentrado, delegación o entidad procederá a hacer efectiva la garantía.

Cuando las obras o los servicios relacionados con las mismas, en los términos previstos en el contrato respectivo, consten de partes que puedan considerarse terminadas y cada una de ellas completa o utilizable a juicio de la Administración Pública y en las que se haya pactado su recepción parcial en el propio contrato, en periodos y fechas dentro del plazo para la ejecución de todos los trabajos, la garantía se sujetará en lo conducente, a lo dispuesto en la fracción anterior y deberá otorgarse para cada una de las partes de los trabajos recibidos, operándose lo que proceda por lo que hace la cancelación de garantías y devolución del fondo de garantía correspondientes en su caso.

(REFORMADO PRIMER PÁRRAFO, G.O. 10 DE JULIO DE 2009)

Artículo 37.– El porcentaje de los anticipos y las condiciones de entrega, que se indicarán en la convocatoria, las bases del concurso y de los contratos, serán determinados conforme a las siguientes reglas:

(REFORMADA G.O. 17 DE MAYO DE 2006)

I. El importe o importes del o de los anticipos comprometidos para el primer ejercicio deben ser puestos a disposición del contratista con antelación a la fecha que para inicio de los trabajos se señale en la convocatoria y en las bases de la licitación, misma que se estipulará en el contrato respectivo; el atraso en la entrega de ese o esos anticipos será motivo para diferir en igual lapso el inicio de ejecución pactado, sin modificar el plazo, circunstancia que se formalizará mediante convenio, en el que se especifique la nueva fecha de iniciación de los trabajos o en su caso, se procederá según lo estipulado en el artículo 49 de la Ley. No causará diferimiento el atraso de la entrega de anticipos subsecuentes al del primer ejercicio; sin embargo, se realizará el ajuste de costos del financiamiento por el diferimiento en la entrega del anticipo con relación a lo previsto en el estudio financiero correspondiente.

Tratándose de servicios, sólo en el caso de supervisión no se aplicará el diferimiento en la no entrega de anticipos de primeros ejercicios por lo que debe iniciarse el servicio en la fecha convenida, considerando en su caso, el ajuste de costo de financiamiento por diferimiento con relación al estudio financiero de la propuesta que sirvió de base para la contratación.

Los concursantes, en su proposición y específicamente en el análisis financiero de los trabajos, deben considerar el efecto que tiene a favor de la Administración Pública del Distrito Federal, el otorgamiento de los anticipos en el costo de financiamiento, efecto que se estimará reflejado en los precios de los trabajos;

II. Para que el contratista realice en el sitio de los trabajos la construcción de sus oficinas, almacenes, bodegas e instalaciones y, en su caso, para los gastos de traslado de personal, de la maquinaria y equipo de construcción o científico necesario e inicie los trabajos, la Administración Pública podrá otorgar hasta un diez por ciento de la asignación presupuestal aprobada en el primer ejercicio para el contrato.

Cuando los trabajos se vayan a desarrollar en varios ejercicios, se podrá otorgar un porcentaje adicional para el mismo objetivo, el que se cuantificará sobre los montos a ejercer de los siguientes ejercicios y se estudiará la posibilidad de otorgarlo desde el principio de la obra o al inicio de cada ejercicio siempre y cuando el diez por ciento otorgado para el primer ejercicio no resulte suficiente para cubrir el requerimiento de importe para dicho inicio de trabajos. En ambos casos, la Administración Pública deberá evaluar previamente lo que el contratista pudiera requerir para los inicios de los trabajadores de referencia y de allí determinar los porcentajes por este motivo susceptibles de otorgar en el primero y, en su caso, siguientes ejercicios.

(REFORMADO, G.O. 17 DE MAYO DE 2006)

El anticipo para el inicio de los trabajos no aplicará cuando la contratante considere conveniente incluir en el catálogo de conceptos de trabajo, los relativos a instalaciones, gastos de inicio para los trabajos, construcción de sus oficinas, almacenes, bodegas e instalaciones y demás similares. Este caso no será aplicable cuando exista traslado de personal u otros conceptos que no puedan definirse como conceptos de trabajo en el catálogo.

(REFORMADO PRIMER PÁRRAFO, G.O. 10 DE JULIO DE 2009)

III. Se podrá otorgar, además del anticipo para el inicio de los trabajos, hasta un veinte por ciento de la asignación aprobada al contrato para cada uno de los ejercicios que abarquen los trabajos, para la compra y en su caso la producción de materiales de construcción, la adquisición de equipos que se instalen permanentemente en una obra o en un proyecto integral y los demás insumos requeridos para su construcción; cuando las condiciones de los trabajos a desarrollar lo requieran, el porcentaje podrá ser mayor, siempre que bajo su responsabilidad, lo autorice por escrito el titular de la dependencia, órgano desconcentrado, delegación o entidad. En este caso, debe existir un dictamen que justifique la necesidad de incrementar el porcentaje de los anticipos otorgados.

En todos los casos, la Administración Pública evaluará previamente a la determinación del porcentaje a otorgar, los importes probables del costo de los materiales y el monto de los trabajos de que se trate, a fin de estimar el porcentaje de referencia, así mismo para el caso de compra de equipos de instalación permanente en los que se requiera de un importe con porcentaje mayor, la Administración Pública evaluará el hecho previamente a la autorización mencionada.

Las exhibiciones de anticipos para este caso según el porcentaje ofrecido, podrán efectuarse en uno o varios pagos de acuerdo con lo previsto en las bases y lo pactado en el contrato; se considerará fecha de recepción del primer anticipo la que corresponda para efectos del inicio de los trabajos en caso de retraso en la entrega de éste, y

(REFORMADO PRIMER PÁRRAFO, G.O. 10 DE JULIO DE 2009)

IV. Se podrán otorgar anticipos para el o los convenios modificatorios de importe, adicionales o especiales hasta por un veinte por ciento de sus montos; en ningún caso se otorgarán para los importes resultantes de los ajustes de costos, debiendo entregar la garantía correspondiente para estos anticipos.

El porcentaje que se determine de conformidad con el párrafo anterior, se aplicará sobre una base de monto que se calculará de acuerdo con lo establecido en el primer párrafo del artículo 19 de este Reglamento, para lo cual se ubicará el monto actualizado del convenio referido en el ejercicio de que se trate, valuando con los índices correspondientes a la fecha de inicio del ejercicio.

Artículo 38.- Para efectos de la amortización de los anticipos otorgados, se tomará en cuenta lo siguiente:

I. La amortización deberá efectuarse proporcionalmente con cargo a cada una de las estimaciones por trabajos ejecutados que se formulen, atendiendo dicha proporcionalidad a lo señalado en las siguientes fracciones, debiéndose liquidar, si fuera necesario, el faltante por amortizar en la estimación final de los trabajos o en la última de cada ejercicio si es el caso;

II. Para los anticipos otorgados por concepto de inicio de los trabajos, se tomará en cuenta lo siguiente:

a) Si se trata de trabajos para realizar en un solo ejercicio, el porcentaje de amortización será igual al porcentaje del anticipo otorgado;

b) Si se trata de trabajos para realizar en varios ejercicios con un solo anticipo para inicio en un porcentaje determinado sobre el monto asignado en el primer ejercicio, el porcentaje de amortización en las estimaciones de toda la obra, será el resultado de dividir la cantidad recibida por concepto de anticipo entre el importe total de los trabajos comprometidos;

c) Si se trata de trabajos para realizar en varios ejercicios con un solo anticipo para inicio en un porcentaje determinado sobre el monto total de la obra de todos los ejercicios, el porcentaje de amortización en todas las estimaciones de la obra será el resultado de dividir la cantidad recibida por concepto de anticipo entre el importe total de los trabajos;

d) Si se trata de trabajos para realizar en varios ejercicios con varios anticipos para inicio otorgados en el primero y otros ejercicios, la amortización del anticipo en el primero de ellos se cuantificará con un porcentaje igual al resultado de dividir el monto del primer anticipo otorgado entre el importe total de los trabajos. Para los anticipos de ejercicio subsecuentes, deberá adicionarse al porcentaje anterior el que resulte de dividir el monto de la o las cantidades adicionales recibidas por concepto de anticipo entre el importe de los trabajos aún no ejecutados, considerando las operaciones precisamente en la fecha en que los anticipos sean entregados al contratista, y

e) En los casos previstos en los Incisos c) y d) de este artículo, los anticipos para inicio no quedarán amortizados al final de los ejercicios, pero si hubiera atrasos en la ejecución de los trabajos imputables a la contratista, deberá procederse a completar la amortización que debiera ser según programa comprometido, en la última estimación de cada ejercicio;

III. Para el caso del anticipo para compra o fabricación de materiales o adquisición de equipos para instalarse permanentemente en obras o proyectos integrales, la amortización deberá realizarse en una proporción con un porcentaje igual en cada estimación al del anticipo otorgado. En caso de atrasos imputables al contratista respecto del programa, por ejercicios, los anticipos deberán quedar totalmente amortizados al final de cada ejercicio, por lo que las diferencias deberán igualarse en la última estimación del ejercicio correspondiente;

IV. En los supuestos señalados en las fracciones II y III de este artículo y para los efectos de la aplicación de los artículos 49 y 54 de la Ley, los porcentajes o factores de los ajustes resultantes deberán afectarse con el factor reductor del anticipo para compra de materiales y adquisición de equipos que corresponda, considerando los porcentajes de anticipos concedidos según el ejercicio de que se trate;

(REFORMADO PRIMER PÁRRAFO, G.O. 10 DE JULIO DE 2009)

V. Para la amortización de los anticipos en los casos de rescisión por causa imputable al contratista o terminación anticipada, éste reintegrará a la Administración Pública el faltante de amortizar en un plazo no mayor de veinte días hábiles contados a partir de la fecha en que le sea comunicada la rescisión o la terminación anticipada; si la rescisión o terminación anticipada es por causa imputable a la Administración Pública, como parte de la amortización se le reconocerá al contratista los materiales que tenga en obra aún sin integrar a los trabajos, concepto de obra o actividad alguna, aquéllos que estén en proceso de fabricación o se encuentren en tránsito de adquisición, todo ello con la debida comprobación mediante la exhibición correspondiente, así como instalaciones existentes en la parte no amortizada; la cuantificación monetaria se realizará conforme a los datos básicos de precios del concurso, siempre y cuando sean de calidad establecida, estén dentro de los requeridos en el contrato, no resulten sobrantes y el contratista se comprometa por escrito a entregarlos en el sitio de los trabajos. En caso de que el saldo por amortizar se regrese en dinero, este será actualizado a la fecha de reintegro con los intereses que correspondan según se ha establecido en el artículo 55 de la Ley.

En los contratos respectivos se deberá pactar que en caso de que el contratista no reintegre el saldo por amortizar en el plazo señalado, deberá pagar gastos financieros conforme a una tasa que será igual a la establecida por la Ley de Ingresos del Distrito Federal, en los casos de prórroga para el pago de crédito fiscal. Los gastos financieros se calcularán sobre el saldo no amortizado y se computarán por días calendario desde que se venció el plazo hasta la fecha en que se ponga la cantidad a disposición de la contratante. Se considerará también saldo por amortizar en anticipos, aquél en cuya última estimación de un ejercicio no se pueda recuperar en ese ejercicio la amortización debida, en cuyo caso, deberá el contratista regresar el saldo en efectivo;

VI. Deberá elaborarse por parte de la Administración Pública la contabilidad expresa de la cantidad amortizada de los anticipos así como tener previsto el presupuesto de lo que debiera tenerse amortizado para conocer en cada movimiento el saldo real pendiente de amortizar y el que debiera tenerse amortizado para en su diferencia aplicar lo señalado en la fracción anterior, y

VII. Cuando en trabajos de varios ejercicios, el contratista demuestre que tiene invertidos los anticipos, podrá no amortizarse el que debiera de acuerdo a lo establecido en las fracciones anteriores, siempre y cuando la Contraloría realice una inspección al respecto y la contratista justifique el hecho con documentación fehaciente.

Las amortizaciones consideradas en las fracciones II y III de este artículo, deberán calcularse por separado pero agregarse para deducírselas a la estimación correspondiente.

TÍTULO SEXTO
DE LA PRESENTACIÓN, SELECCIÓN, CONTRATACIÓN Y EJECUCIÓN DE LA OBRA PÚBLICA

CAPÍTULO I
DE LA PRESENTACIÓN

Artículo 39.- La integración de los costos en la formulación de propuestas, deberá considerar por separado, los costos directos, los costos indirectos, los costos de financiamiento de los trabajos, el cargo por utilidad y los cargos adicionales. El seguro para el retiro que se integra al fondo de ahorro para el retiro o sistema de ahorro para el retiro previsto en la Ley del Seguro Social, el Instituto del Fondo Nacional de la Vivienda para los Trabajadores y todos los aspectos correspondientes a prestaciones tanto de la Ley Federal del Trabajo como de la Ley del Seguro Social relacionados con salarios, se integrarán en el costo directo si es mano de obra relacionada con la ejecución de los trabajos o en el costo indirecto si se trata de salarios en la administración de obra y central de los contratistas.

En el precio unitario deberá considerarse que los trabajos sean ejecutados conforme a los términos de referencia, el programa de necesidades o al proyecto, especificaciones de construcción, alcances, unidades de medida, condicionantes de pago y normas de calidad. En el caso de precio alzado, que los trabajos sean ejecutados en el plazo establecido conforme al proyecto, las especificaciones y las normas de calidad requeridas y cuando sea necesario, probando y operando sus instalaciones.

Artículo 40.- Los precios unitarios de los conceptos solicitados, en el caso de contratos a base de precios unitarios, serán estructurados con costos directos, costos indirectos, costos de financiamiento de los trabajos, cargo por utilidad y cargos adicionales. En este caso el procedimiento de análisis de los costos directos será considerando rendimientos y costos por hora para la maquinaria, el turno de ocho horas y el salario diario equivalente a este turno para personal de mano de obra o lo que corresponda por las horas que el proponente considere necesarias trabajar por día para dar cumplimento con la restricción en tiempo planteada por la Administración Pública y la asignación de materiales puestos en obra, incluidos los desperdicios, usos y otros aspectos relativos, según sea la unidad y el concepto de trabajo de que se trate.

I. Los costos directos, que se desglosarán preferentemente en los rubros de insumos que quedarán integrados dentro del concepto de trabajo de que se trate, como son los materiales, los salarios de personal ejecutor directo del trabajo, la maquinaria y equipo de construcción, así como la herramienta y equipo de seguridad requerido para lograr el objetivo como producto del trabajo mediante un proceso de ejecución y que son los cargos aplicables a:

a) En el caso de obra: los importes por erogaciones en materiales puestos en el sitio de los trabajos, mano de obra hasta a nivel de sobrestante, herramientas, maquinaria y equipo de construcción así como la herramienta y equipo de seguridad;

b) En el caso de servicios relacionados con la obra: fundamentalmente la estructura de recursos humanos y en su caso, materiales, equipos de laboratorio, de cómputo y otros e instrumentos, requeridos para elaborar el servicio cuando estos últimos no sean relevantes, podrán a juicio de la convocante incluirlos en el costo indirecto, y

c) En el caso del proyecto integral no se describen, dado que los trabajos se deben pagar a precio alzado y se mezclan entre sí los costos sin necesidad de diferenciarlos para efecto de las propuestas de los concursantes;

II. Los costos indirectos se desglosarán en los correspondientes a la administración de oficinas centrales, a los de obra y a los de seguros y garantías; estarán representados por un porcentaje del costo directo, debiéndose adjuntar el análisis de estos costos;

III. El costo de financiamiento de los trabajos, estará determinado por los gastos que realizará el contratista en la ejecución de los trabajos, los pagos por anticipos y las estimaciones que recibirá y la tasa de interés que aplicará para el cobro o pago de intereses sobre capital disponible o prestado. En el análisis deberá presentarse el indicador económico que sirvió de base para definir la tasa de interés, el cual servirá de referencia para llevar a cabo los ajustes de costos de financiamiento. El costo estará representado por un porcentaje de los costos directos, y

IV. El cargo por utilidad, será fijado por el concursante en un solo tanto sin desglosar y como un porcentaje de los costos directos; de esta deberán considerar los participantes su compromiso por la participación de utilidades a los trabajadores, el pago del impuesto sobre la renta, los impuestos sobre nómina y demás impuestos que los contratistas deben enterar según las disposiciones legales que correspondan.

(REFORMADO, G.O. 10 DE JULIO DE 2009)

Artículo 41.- La metodología señalada en el artículo anterior no es aplicable para integrar propuestas en licitaciones para contratación a precio alzado, sea obra, servicios relacionados con la obra o proyectos integrales. Para dicha modalidad, las propuestas se presentarán desglosadas, según lo determine la Administración Pública, en actividades, partidas, etapas, o fases, con sus respectivos importes parciales y el importe total de la propuesta, incluyendo sin desglosar, costos directivos, indirectos, financiamiento, utilidad y gastos adicionales. Este concepto de precio alzado se podrá adoptar en el caso de servicios relacionados con obra pública, en donde se establecerá para el costo directo una estructura personal considerando para la ejecución todo el trabajo, separada de los recursos de equipo, instrumentos y otros que puedan requerirse para ejecutar el trabajo, a los que se agregarán expresamente los cargos por indirectos, financiamiento, utilidad y gastos adicionales, independientemente de que la asignación se pueda calendarizar para efecto de control de ejecución y pago de los servicios, atendiendo en la integración a lo que señalen las Normas de Construcción de la Administración Pública del Distrito Federal y las Políticas.

(REFORMADO, G.O. 17 DE MAYO DE 2006)

Artículo 42.- Los cargos adicionales que se agregarán a los costos directos, indirectos, financiamiento y utilidad, independientemente de que se encuentren desglosados, cuando se trate de contratación sobre la base de precios unitarios o se encuentren agregados en caso de contratación a precio alzado, comprenderán los descuentos a las estimaciones que deban efectuarse de acuerdo a las disposiciones legales aplicables y se calcularán como un porcentaje del precio unitario, según el mecanismo que se establezca para el efecto.

Las cantidades que por concepto de aportaciones voluntarias a instituciones diversas, para capacitación u otros fines análogos que el contratista determine para ser descontadas de sus estimaciones y la administración pública las entregue en forma directa a dichas instituciones, serán con cargo a la utilidad del contratista por lo que no se incluirán en cualquier otro cargo.

(REFORMADO, G.O. 10 DE JULIO DE 2009)

Artículo 43.- Para efecto de garantizar que el sobre único no ha sido abierto o violado antes de la apertura que corresponda según el artículo **39** de la Ley, se firmará a lo largo del cierre de la solapa y en los sitios en los que se encuentran las junturas del sobre y se aplicará cinta adhesiva transparente alrededor de éste, así como en las junturas y el cierre de la solapa.

Asimismo, para los efectos de lo señalado en el artículo 39, fracción I de la Ley, los concursantes y servidores públicos en el acto de presentación y apertura de las propuestas deberán rubricar los documentos que contengan los datos, programas y descripción estratégica a los que se refiere el artículo 33, apartado A, fracciones III, IV, V y IX de la Ley.

(REFORMADO, G.O. 10 DE JULIO DE 2009)

Artículo 44.- El acto de presentación y apertura del sobre único será presidido por el servidor público que designe la convocante, quien será la única autoridad facultada para aceptar o desechar cualquier proposición de las que se hubieren presentado, y se llevará a cabo en la forma que al efecto se tiene prevista en el artículo 39 de la Ley.

Para ese objeto se iniciará el primer acto en la fecha, lugar y hora señalados en las bases, para lo cual se tomará como referencia la hora del Observatorio Nacional Astronómico y servirá para fijar la entrada de los concursantes a quienes se les darán cinco minutos de tolerancia, después de lo cual se prohibirá la entrada a cualquiera de ellos. Cada interesado integrará su propuesta técnica y económica en el sobre único para que sean presentados en el orden en que lleguen; una vez iniciado el acto, los participantes serán nombrados uno a uno conforme haya sido entregado su sobre único y demás documentación requerida, verificando que no se presente condición de violación durante el proceso.

Posteriormente después de la apertura del sobre único se entregará a todos los concursantes un recibo por la garantía otorgada, notificándoles la forma y fecha para regresar ésta, así como las condiciones para el caso en que no la recogieran.

Si no se recibe proposición alguna o todas las presentadas fueren desechadas porque al abrirse se detectara que falta algún documento de los solicitados en las bases respecto de las propuestas, se declarará desierto el concurso situación que quedará asentada en el acta.

(REFORMADO, G.O. 10 DE JULIO DE 2009)

Artículo 45.- Cuando se considere la introducción de los mecanismos de precalificación previsto en la Ley, en cada caso se determinarán desde la convocatoria, las etapas en que se desarrollará el concurso, la información y documentos que deben entregarse en la fase de precalificación, así como en la fase de calificación, documentación a integrar en los sobres y los mecanismos de calificación del proceso de selección. En todos los casos en que se recurra a estas opciones, debe presentarse al Comité o Subcomité de Obras correspondiente para la aceptación del procedimiento.

Tratándose de servicios, se podrá recurrir al mecanismo de calificación basado en puntos y porcentajes.

(ADICIONADO, G.O. 10 DE JULIO DE 2009)

Artículo 45 Bis.- Las dependencias, órganos desconcentrados, delegaciones y entidades que lleven a cabo el procedimiento de calificación basado en puntos y porcentajes a que se refiere el artículo anterior, evaluarán las propuestas presentadas en dos etapas, la primera consistente en la evaluación de la calidad y el costo de la propuesta; y la segunda el puntaje final para el fallo.

I. La evaluación de la calidad se hará en función de los contenidos de la propuesta, analizando la forma en que responde a las bases del concurso y/o a los términos de referencia, de conformidad con los siguientes conceptos:

a) La experiencia del concursante en el desarrollo de servicios similares.

b) La metodología y el plan de trabajo.

c) La experiencia y capacidad del personal clave.

Se calificará cada concepto conforme a una escala de 0 a 100 puntos, que después se afectará por un porcentaje de ponderación para obtener un puntaje, dicho porcentaje de ponderación se establecerá en las bases de licitación y/o en los términos de referencia, en razón de las características y la complejidad de los servicios solicitados, debiéndose encontrar dentro de los valores de la siguiente tabla y sumar un total de 100.

Experiencia del concursante	5 a 20%
Metodología	35 a 60%
Personal clave	35 a 60%

El puntaje en materia de calidad para cada propuesta se obtendrá de sumar los productos que resulten de multiplicar la calificación que le asigne la dependencia, órgano desconcentrado, delegación o entidad convocante a cada concepto por el respectivo porcentaje de ponderación.

Ejemplo:

CONCEPTO	FACTOR DE PONDERACIÓN	EMPRESA A		EMPRESA B		EMPRESA C		EMPRESA D	
		Calif	Puntaje	Calif	Puntaje	Calif	Puntaje	Calif	Puntaje
Evaluación de la calidad									
Experiencia del concursante	10	83	8.30	92	9.20	71	7.10	94	9.40
Metodología	50	92	46.00	91	45.50	45	22.50	87	43.50
Personal clave	40	74	29.60	77	30.80	66	26.40	95	38.00
Puntuaje de calidad			83.90		85.50		56.00		90.90

Una propuesta se considerará inadecuada y será rechazada en esta etapa si no responde a importantes aspectos de las bases del concurso y/o términos de referencia y consecuentemente, no logra la calificación mínima que se establece en 70 puntos.

Acto seguido se evaluará el costo de la propuesta y se leerán en voz alta los precios propuestos.

Se asignará un puntaje de 100 a la propuesta que ofrezca el costo más bajo y puntajes inversamente proporcionales a los respectivos precios de las demás propuestas, es decir, el puntaje de costo se obtendrá de multiplicar por 100 el cociente que resulte de dividir el importe de la propuesta económica de menor costo entre el importe de la propuesta en evaluación.

Ejemplo:

CONCEPTO	EMPRESA A		EMPRESA B		EMPRESA C		EMPRESA D	
	Importe	Puntaje	Importe	Puntaje	Importe	Puntaje	Importe	Puntaje
Evaluación del costo Puntuaje de costo	5.451	100.00	7.990	68.21			6.150	88.62

II. Para obtener el puntaje final y emitir el fallo, se deberá primero ponderar los puntajes relativos a la calidad y el costo, de la forma siguiente:

El puntaje final de la calidad, se obtendrá de multiplicar el puntaje obtenido en materia técnica por el factor de ponderación que corresponda a la calidad. De igual manera, el puntaje final del costo, se obtendrá de multiplicar el puntaje obtenido en materia económica por el factor de ponderación que corresponda al costo.

El factor de ponderación de la calidad estará comprendido entre 70 y 90 por ciento; correlativamente, el factor de ponderación del costo estará entre 10 y 30 por ciento. Dichos factores de ponderación deberán sumar 100 y se establecerán en las bases de licitación y/o en los términos de referencia.

Una vez obtenidos los puntajes finales de la calidad y del costo, se sumarán y se obtendrá el puntaje final o definitivo.

Ejemplo:

CONCEPTO	EMPRESA A	EMPRESA B	EMPRESA C	EMPRESA D
	Puntaje	Puntaje	Puntaje	Puntaje
Puntaje de calidad Factor de ponderación	83.90 80	85.50 80	56.00	90.90 80
Puntaje final de calidad	**67.12**	**68.4**	**NA**	**72.72**
Puntaje de costo Factor de ponderación	100.00 20	68.21 20		88.62 20
Puntaje final de costo	**20.00**	**13.64**	**NA**	**17.72**
Puntaje final de calidad + costo	**87.12**	**82.04**		**90.44**

Se adjudicará el servicio al concursante que obtenga el puntaje final más alto, lo cual se dará a conocer en el acto de fallo.

Artículo 46.- La Administración Pública podrá cancelar o diferir una licitación cuando existan circunstancias debidamente justificadas que provoquen la extinción de la necesidad de contratar los trabajos y que de continuarse con el procedimiento de contratación, se pudiera ocasionar daños o perjuicios a la propia Administración Pública, en cuyo caso se pagarán los gastos no recuperables en que se haya incurrido para la preparación de la licitación, siempre que sean razonables, se puedan comprobar y estén relacionados con el proceso del que se trate.

CAPÍTULO II
DE LA SELECCIÓN

(REFORMADO PRIMER PÁRRAFO, G.O. 10 DE JULIO DE 2009)

Artículo 47.– Para llevar a cabo la selección de un concursante, una vez hecha la evaluación de las propuestas técnica y económica que existan; se podrá continuar con el procedimiento, siempre y cuando exista una que sea económicamente conveniente y asegure el cumplimiento del objetivo del concurso; lo que se realizará bajo la responsabilidad del titular de la dependencia, órgano desconcentrado, delegación, entidad o unidad administrativa que lleve a cabo el concurso, salvo en el caso de procedimientos de invitación restringida a cuando menos tres concursantes, en cuyo caso se requerirá de la existencia de tres propuestas económicas para llevar a cabo la selección. No serán objeto de evaluación por parte de la convocante, aquellas condiciones establecidas que tengan por objeto facilitar la presentación de las propuestas, así como agilizar los actos de la licitación; tampoco lo será cualquier otro requisito cuyo incumplimiento, por sí mismo no afecte la condición legal, técnica, económica, administrativa y financiera de las propuestas. La inobservancia por parte de los concursantes respecto de dichas condiciones o requisitos, no será motivo para desechar las propuestas para la selección del contratista. Invariablemente debe llevarse a cabo el procedimiento y la evaluación señalados en los artículos 40 y 41 de la Ley; tomando en cuenta lo siguiente:

I. Tratándose de obras, haber cumplido las condiciones de la parte técnica, además que sus costos indirectos correspondan a las erogaciones por administración central según la magnitud de su organización y que los de obra sean acordes a la administración específica requerida por la magnitud de la obra en el sitio de los trabajos; que el financiamiento corresponda a los diferentes grados de liquidez o necesidad de dinero por periodo durante la ejecución de la obra y que la utilidad planteada le permita lograr una retribución de acuerdo a la magnitud de inversión, riesgo por las desviaciones que pudieran surgir en la ejecución de los trabajos imputables a él respecto de lo planeado en la propuesta y por el nivel de conocimientos y experiencia adquiridos y que deberán ser puestos a disposición en la ejecución del trabajo solicitado, así como que su capacidad financiera como empresa le permita asumir el compromiso y llegar a un buen término con el compromiso de ejecución de la obra; de no encontrar la Administración Pública conveniente el resultado por estar las propuestas demasiado altas en sus precios respecto de los del mercado, se procederá de acuerdo a lo que señala el Artículo 43 de la Ley;

II. Tratándose de servicios relacionados con la obra pública, se estudiarán por una parte:

(REFORMADO, G.O. 17 DE MAYO DE 2006)

a) Para el caso de supervisión de obras: se deberá verificar la estrategia para llevarla a cabo, sobre todo en la parte para calificar la calidad de la obra a supervisar y que debe ejecutar el contratista, tomando en cuenta su plan de verificación de calidad en función a las normas y especificaciones del proyecto, el que deberá estar de acuerdo a la normatividad sobre los planes de calidad total y de administración integral de la calidad, analizando su propuesta para el muestreo de materiales en cuanto a su calidad de acuerdo con las Normas de Construcción de la Administración Pública del Distrito Federal y otras referencias, calificando en especial la capacidad del supervisor para determinar la relación de tamaños de muestra estadísticos para evaluar la calidad de la obra por supervisar y los niveles de confianza elegidos para los errores en las predicciones de dicha calidad, el de aplicación de las fuerzas de trabajo para la ejecución racional de los trabajos del contratista y el del uso de los equipos y maquinaria sugeridos por el contratista para llevar a cabo los trabajos. Así mismo se evaluará a las empresas supervisoras respecto de su organización interna y capacidad administrativa por lo que hace a la normatividad que permita evaluarla;

b) Para el caso de proyectos: en los que se verificará que la propuesta como proyecto, satisfaga los requerimientos de los términos de referencia y del programa de necesidades planteando por la Administración Pública, debiéndose realizar un análisis integrado entre el costo de su propuesta para la realización del proyecto, el costo de inversión por llevar a la realidad el proyecto de esa propuesta calculado con base al costo en ese momento de los insumos requeridos o con índices de costo por metro cuadrado de construcción total o por partidas y su tiempo correspondiente de ejecución y, durante el lapso de vida útil esperado del bien propuesto a construir, sus costos de operación y mantenimiento a costos constantes;

c) Para el caso de otros servicios: para cada caso se verificará además que el producto como servicio propuesto, se pueda comparar entre sí con respecto a las propuestas para determinar un indicador común que permita dilucidar, siendo aquéllas legal, técnica, económica, financiera y administrativamente aceptables, cual resulta mejor para su selección, y

III. Tratándose de proyecto integral, que las actividades estén acordes con el planteamiento de su propuesta, que la desagregación de las actividades por lo que hace al proceso de ejecución, esté en el debido justo medio de tal manera que ni estén atomizadas como para ser muy compleja su administración durante la operación del contrato, ni estén demasiado agregadas como para crear problemas de división para seguimiento, control, valuación y pago por parte de la Administración Pública, atendiendo a lo previsto en este Reglamento; que dichas actividades contemplen en sus componentes los insumos necesarios de aplicar, el precio de mercado con sus indirectos, financiamiento, utilidad y cargos adicionales, que estos correspondan a los requerimientos de su organización a nivel central y lo que deba en su caso erogar por administración de obra, cubriendo sus seguros y garantías correspondientes.

(REFORMADO, G.O. 17 DE MAYO DE 2006)

Al precio como propuesta, debe adicionarse el costo de operación y mantenimiento que durante la vida útil por períodos iguales a los de ejecución, sea necesario aplicar y que también deben establecerse en la propuesta para el objeto del proyecto integral propuesto, y con esa información, realizar un análisis integral para determinar entre los costos de inversión y sus costos de operación y mantenimiento de largo plazo, cual propuesta resulta más conveniente para la Administración Pública y proceder para llevar a cabo la selección.

(REFORMADO PRIMER PÁRRAFO, G.O. 17 DE MAYO DE 2006)

Artículo 48.- La Administración Pública para determinar las condiciones legales, técnicas, económicas, financieras y administrativas de las propuestas y efectuar el análisis comparativo y el dictamen que debe elaborarse con base en un análisis debidamente fundamentado por especialistas en la materia, tomando en cuenta las características técnicas, especialidades, grado de complejidad, y magnitud de los trabajos; considerará además:

I. En los aspectos preparatorios para el análisis comparativo de las proposiciones, fundamentalmente los siguientes aspectos:

(REFORMADO, G.O. 10 DE JULIO DE 2009)

a) Que se hayan tomado en cuenta en lo económico para el análisis, cálculo e integración de los precios unitarios en el caso de contratos a base de precios unitarios, la estructura de cédula para costo establecida en las Políticas del propio Gobierno del Distrito Federal;

b) Que los salarios del personal profesional, técnico u obrero en el costo directo correspondan a las jerarquías requeridas para ejecutar los trabajos en concurso según el mercado de fuerza de trabajo, definiendo para ello un promedio y un rango de variación según la estadística realizada o de aquélla que se tenga disponible y que los precios de los materiales sean concordantes con los vigentes en el mercado del área del Distrito Federal o del sitio externo de donde haya que traerlos en el caso de importación de los mismos, tomando también como referencia el promedio de ellos y un rango razonable de variación para efectos de ubicación en la comparación, según la estadística de mercadeo realizada o de aquélla que se tenga disponible;

c) Que en el cargo por maquinaria y equipo de construcción, se haya determinado con base en considerar el precio de adquisición y rendimiento, considerando la maquinaria y el equipo como nuevos, adecuados y acorde con las condiciones de ejecución del concepto de trabajo correspondiente, tomando en consideración los valores de adquisición de maquinaria y equipos según las condiciones actuales en el mercado al momento de realizar la propuesta, con los valores de rescate y de vida útil que corresponda según los datos del fabricante, así como las tasas de seguro y de costo del dinero por la inversión de mercado;

d) Que el monto del costo indirecto incluya los cargos por instalaciones si es el caso, servicios, sueldos y prestaciones del personal técnico y administrativo y demás cargos de naturaleza análoga, y

e) Que en el costo por financiamiento se hayan considerado los anticipos ofrecidos por parte de la convocante y su efecto importante en el financiamiento a favor de ésta.

En tales casos la Administración Pública deberá tomar en cuenta cualquier consideración que los concursantes hagan ver en sus propuestas respecto de cualquier rebaja en los insumos con relación costo de los mismos en el mercado y que han sido ya mencionados, por razón de condiciones específicas de su situación empresarial, cuestión que los concursantes deberán expresar claramente en sus motivos por escrito dentro de sus propuestas, lo cual deberá ser comprado previamente a la asignación del contrato;

II. En los aspectos preparatorios para la emisión del fallo, deberán:

a) Elaborar un dictamen, con base en el resultado del análisis comparativo entre las propuestas, que servirá como fundamento para que el titular o el servidor público en quien se haya delegado esta facultad, emita el fallo correspondiente, señalando en el dictamen mencionado, los criterios utilizados para la evaluación de las proposiciones; los lugares correspondientes a los participantes cuyas propuestas legal, técnica, económica, financiera y administrativamente hayan cumplido con los requerimientos de las bases, indicando el monto en el caso de obra o el indicador correspondiente en el caso de los servicios relacionados con la obra pública de cada una de ellas; así como una lista de las proposiciones desechadas con la descripción específica de las principales causas que originaron su exclusión;

En los procesos de evaluación, si una vez valorados los requisitos previstos por el artículo 41 de la Ley, existieran propuestas equivalentes se tomarán en cuenta los antecedentes de los licitantes respecto de contratos recientes, en cuanto a calidad, tiempo, costo y cumplimiento de sus obligaciones.

Dicho dictamen servirá como fundamento para que el titular o el servidor público en quien se haya delegado esta facultad, emita el fallo correspondiente.

b) En el caso de proyectos integrales, revisar los montos propuestos comparativamente con relación a costos e indicadores económicos y de costos según el mercado para determinarles un índice tal y como se ha señalado en el artículo anterior de este Reglamento y así realizar la evaluación, y

c) En el caso de que haya dos o más propuestas que cumplan legal, técnica, económica, financiera y administrativamente, los requerimientos de las bases, se asignará a la de monto más bajo en el caso de obra, el indicador óptimo cuando se trate de servicios relacionados con obra pública o el índice de rentabilidad mayor en el caso de proyecto integral. En caso de que todas las proposiciones fueran desechadas, se declarará desierto el concurso.

CAPÍTULO III
DE LA CONTRATACIÓN

(REFORMADO, G.O. 17 DE MAYO DE 2006)

Artículo 49.– Para efectos del penúltimo párrafo del artículo 47 de la Ley, la formalización de las asociaciones de personas físicas o morales para fines financieros o para fines de complementación técnica en la ejecución de los trabajos que se comprometan, debe realizarse mediante acta notarial en la que se establezcan los compromisos de cada participante en la asociación, tanto financiera como técnica, delimitando los compromisos de cada una, nombrando como representante al de mayor capacidad financiera, quien debe haber sido el proponente. El representante de la asociación, conforme al acta notarial, debe ser quien firme el contrato con la Administración Pública, en los plazos establecidos en el artículo 47 de la Ley. En lo sucesivo, no será necesario formar una nueva empresa para estos efectos.

Las estimaciones se formularán por parte de la persona física o moral representante de la asociación y será a nombre de ella que se generen los pagos de la Administración Pública.

(REFORMADO, G.O. 17 DE MAYO DE 2006)

Artículo 50.- Las obras públicas que la Administración Pública programe realizar por contrato en la modalidad de administración, previsto en la Ley, deben evaluarse previamente a su programación; requerirán para su ejecución la previa aprobación del Subcomité correspondiente y la anuencia del Comité de Obras respectivo.

CAPÍTULO IV
DE LA EJECUCIÓN

(REFORMADO PRIMER PÁRRAFO, G.O. 10 DE JULIO DE 2009)

Artículo 51.- La Administración Pública dará a conocer el fallo del concurso de que se trate, en el lugar, fecha y hora señalados para tal efecto; declarará cual concursante fue seleccionado para ejecutar los trabajos del concurso y le adjudicará el contrato correspondiente; acto al que serán invitadas todas las personas que hayan participado en la presentación y apertura del sobre único. Para dar constancia del fallo se instrumentará el acta correspondiente, la cual firmarán los asistentes, a quienes se les entregará copia de la misma, conteniendo además de la declaración anterior, los datos de identificación del concurso y de los trabajos objeto del mismo; lugar y fecha en que se firmará el contrato respectivo en los términos de la Ley, y la fecha de iniciación de los trabajos, así como todos aquellos datos que sean necesarios para el otorgamiento de las garantías. La omisión de la firma por parte de alguno de los concursantes no invalidará el contenido y efecto del acta.

En el supuesto de que el concursante a quien se haya adjudicado el contrato no se encuentre presente, se le notificará fehacientemente dentro de los tres días hábiles siguientes anexando copia del acta de fallo.

Artículo 52.- El concursante a quien se adjudique el contrato deberá entregar si es el caso:

Los análisis de precios que complementen los originalmente presentados según el catálogo proporcionado, con los cuales se complete la totalidad de los conceptos del trabajo a realizar; esto en caso de que haya recurrido por parte de la Administración Pública a formular del catálogo, un porcentaje de análisis de precios de concepto que resulte el representativo del trabajo por realizar, consecuencia de que si se presentara la totalidad de los mismos implicara una tardanza en la preparación de las propuestas por parte de los concursantes; si es el caso, la prestación de los análisis de precios complementarios, deberá realizarse en un plazo no mayor de diez días hábiles contados a partir de la fecha del fallo; estos análisis deberán igualarse en precio exactamente a los que se presentaron en el catálogo de conceptos del proponente y el cálculo en las matrices se realizará con la misma base de los análisis presentados en la propuesta.

El programa de ejecución de estos conceptos complementarios deberán haberse incluido en la propuesta y el proponente los deberá haber consignado por periodos según las cantidades por ejecutar e importes correspondientes una vez considerado, según el caso, el programa de suministros que la Administración Pública haya entregado a la contratista referente a materiales, maquinaria, equipos, aparatos, instrumentos y accesorios de instalación permanente; el programa resultante, deberá convenirse con la contratante previo a la firma del contrato sin variar el plazo de ejecución.

Artículo 53.- (DEROGADO, G.O. 17 DE MAYO DE 2006)

Artículo 54.- Cuando el contratista a quien se hubiere adjudicado el contrato no firmare este dentro del término previsto en la Ley o si habiéndolo firmado no constituye la garantía de cumplimiento de contrato en el plazo establecido, perderá en favor de la convocante la garantía de seriedad de su proposición.

Artículo 55.- Sin perjuicio de las condiciones específicas que se convengan en cada contrato, las que se establecerán en función de las particularidades de cada trabajo, los modelos genéricos por tipo de trabajo y características de contratación, los dará a conocer la Secretaría, debiéndose estipular en dichos modelos lo establecido en el Artículo 46 de la Ley, destacando en ellos lo siguiente:

(REFORMADA G.O. 17 DE MAYO DE 2006)

I. La autorización de la inversión para cubrir el compromiso derivado del contrato aclarando que los fondos son propios de la Administración Pública y la partida presupuestal que se afectará, así como la fecha de iniciación y terminación de los trabajos;

(REFORMADA G.O. 17 DE MAYO DE 2006)

II. Porcentajes, número y fechas de las entregas, forma de amortización de los anticipos para inicio de los trabajos, si es el caso, y para compra o producción de los materiales. En caso de trabajos a desarrollar en varios ejercicios, precisar en qué fechas deben ser entregados los anticipos, al inicio de cada ejercicio, para que sean considerados por los concursantes en su flujo de efectivo del análisis de financiamiento;

III. Forma y términos de garantizar la correcta inversión de los anticipos, el cumplimiento del contrato y en su caso convenios, aclarando que debe al final de los trabajos o al final de cada ejercicio atender a lo establecido por la Secretaría de Finanzas por lo que corresponde a la forma de justificar los anticipos no amortizados y con los que se deben haber comprado insumos a utilizar en los trabajos;

IV. Plazos, forma y lugar de pago de las estimaciones de trabajos ejecutados, así como de los ajustes de costos cuando se pacten, debiendo para el efecto, establecer con toda precisión la fecha de corte en el día del mes para el caso de estimaciones que se formulen mensualmente o las fechas de cortes dentro del mes para el caso de estimaciones que se formularán con períodos inferiores al mensual;

V. Montos de las retenciones como medidas preventivas por atrasos intermedios en el cumplimiento de los programas de trabajo y las penas convencionales que se aplicarán por día de atraso imputable al contratista, en la entrega de partes o elementos estructurales o de instalaciones, definidas e identificables de la obra terminada o para iniciar los trabajos en que intervengan otros contratistas en la misma área de trabajo, o por incumplimiento en la fecha pactada en el contrato para la terminación de los trabajos. Las penas señaladas son independientes de las que se convengan para asegurar el interés general, respecto de las obligaciones específicas de cada contrato y serán sin perjuicio de la facultad que tiene la Administración Pública para exigir el cumplimiento del contrato o rescindirlo;

VI. Los días de atraso se determinarán a partir de las fechas de terminación fijadas en el programa de ejecución, con las modificaciones acordadas por las partes según los convenios por cambio de plazo, y

VII. El concepto de ajuste de costos que deberá ser definido como opción desde las bases del concurso por la Administración Pública, será estipulado en el contrato; en caso de optar por el ajuste de costos será con uno de los procedimientos señalados en este Reglamento, el cual deberá permanecer vigente durante el ejercicio del mismo.

Artículo 56.- El contratista interesado en ceder sus derechos de cobro sobre las estimaciones por trabajos ejecutados, deberá presentar solicitud escrita en la que exponga claramente las razones para llevar a cabo dicha cesión, dirigida a la Administración Pública, la cual por escrito manifestará su aceptación o rechazo a lo solicitado y esta determinación será notificada al propio interesado.

Artículo 57.- La Administración Pública proveerá lo necesario para que se cubran al contratista:

(REFORMADA, G.O. 10 DE JULIO DE 2009)

I. El o los anticipos dentro de un plazo no mayor de diez hábiles contados a partir de la fecha en que hubiere entregado en forma satisfactoria la o las garantías correspondientes;

(REFORMADA G.O. 17 DE MAYO DE 2006)

II. Las estimaciones por trabajos ejecutados, en un plazo no mayor de veinte días hábiles, contados a partir de la fecha en que se hubieren autorizado por la residencia de obra de la dependencia, órgano desconcentrado, delegación o entidad, previa revisión por las partes y aprobación de la residencia de supervisión, fecha que se hará constar en la bitácora y en las propias estimaciones, y

III. El ajuste de costos que corresponda a los trabajos ejecutados conforme a las estimaciones correspondientes, lo que se hará dentro de un plazo no mayor de treinta días hábiles contados a partir de que la Administración Pública emita el oficio de resolución que acuerde el aumento o reducción respectivo; en caso de no cubrir dichos importes, se pagarán al contratista gastos financieros.

Para efectos del pago oportuno de las estimaciones y de los ajustes de costos, la Administración Pública desarrollará un diagrama logístico de seguimiento para establecer un procedimiento administrativo de pago de las mismas, en que los trámites necesarios de realizar con sus tiempos correspondientes, sean tales que permitan radicar los documentos de pago en la Tesorería del Distrito Federal, con el tiempo necesario de antelación al vencimiento del plazo o plazos señalados.

Los servidores públicos de las áreas técnicas y administrativas que prevean, autoricen o efectúen los pagos en la Administración Pública, serán responsables en su ámbito de competencia del estricto cumplimiento de los plazos referidos en este artículo, y deberán establecer y observar los procedimientos, forma y términos previstos para los trámites correspondientes, para evitar caer en retrasos en los pagos a los contratistas, en caso contrario serán responsables en los términos de la Ley en la Materia.

(REFORMADO, G.O. 10 DE JULIO DE 2009)

Artículo 58.- Para los efectos del reintegro en dinero a que hace referencia el segundo párrafo del artículo 55 de la Ley, los intereses por concepto de pagos en exceso dados al contratista, deberán de entregarse a la unidad administrativa correspondiente de la dependencia, delegación u órgano desconcentrado, para que a su vez los enteren a la Secretaría de Finanzas, en el caso de las entidades el reintegro se hará a la unidad administrativa que corresponda.

Artículo 59.- Las estimaciones se deberán formular con una periodicidad no mayor de un mes y comprenderán los trabajos realizados en el periodo hasta la fecha de corte que fije la Administración Pública, para tal efecto:

I. El contratista deberá entregar a la residencia de supervisión sea externa o interna, la estimación acompañada de la documentación de soporte correspondiente dentro de los cuatro días hábiles siguientes a la fecha de corte; dicha residencia de supervisión dentro de los cinco días hábiles siguientes deberá revisar, y en su caso, aprobar la estimación, y

II. En el supuesto de que surjan diferencias técnicas o numéricas, las partes tendrán dos días hábiles contados a partir del vencimiento del plazo señalado para la revisión, el que servirá para conciliar dichas diferencias, y en su caso, firmar la estimación correspondiente y pasarla a la residencia de obra de la Administración Pública para su autorización e incorporación al proceso de pago.

(REFORMADO, G.O. 10 DE JULIO DE 2009)

De no ser posible conciliar todas las diferencias en dicho plazo, las no conciliadas serán eliminadas de la estimación presentada, corregirse ésta, aprobarse y autorizarse, para que corra el proceso de pago de la parte aceptada y se proceda simultáneamente a resolver las diferencias y de lo que resulte, se puedan considerar e incorporar sus importes correspondientes en la siguiente o siguientes estimaciones. Esta última fecha será la que se tome de referencia para el pago de la estimación. Estas fechas serán anotadas en la bitácora por la residencia de supervisión, además de llevar el control y seguimiento.

Para efectos de control entre los pasos en la presentación y cobro de estimaciones, deberá elaborarse una hoja de seguimiento con tiempos, responsables y firmas, con tres copias de la misma las que se entregarán al contratista, al supervisor de los trabajos y al residente de obra de la Administración Pública.

El contratista deberá presentar las estimaciones respetando las fechas de corte fijadas en el contrato, de no hacerlo se le aplicarán las penas que se establezcan en el contrato.

Artículo 60.– Las estimaciones por trabajos ejecutados serán independientes entre sí y no podrán correlacionarse para efectos de pago, por lo tanto, cualquier tipificación o secuencia establecida entre ellas será sólo para efecto de control administrativo.

(REFORMADO, G.O. 17 DE MAYO DE 2006)

Artículo 61.– La dependencia, órgano desconcentrado, delegación o entidad a través del titular de la Unidad Técnico-Operativo responsable de ejecutar la obra pública de que se trate, designará por escrito y con anticipación al inicio de los trabajos al servidor público que fungirá como residente de obra, cuyas funciones serán las siguientes:

I. Previo al inicio de los trabajos, en su caso, conocer el sitio de realización de los mismos y verificar su congruencia con el proyecto a ejecutar, así como verificar que la residencia de supervisión se establezca con anterioridad al inicio de la obra, proyecto integral o servicios que requieran supervisión;

II. Notificar por escrito al contratista de la obra pública, la designación del residente de supervisión interna o externa, y anotar en la bitácora de obra dicha designación;

III. Proporcionar a la residencia de supervisión interna o externa, previo al inicio de los trabajos a supervisar, la información vigente relativa a los proyectos arquitectónicos y de ingeniería, especificaciones de calidad de los materiales y especificaciones generales y particulares de construcción, catálogo de conceptos y sus alcances, programas de ejecución de los trabajos, de suministros, y de utilización de mano de obra y maquinaria; en su caso, términos de referencia y alcances de servicios; así como dictámenes, licencias y permisos que se requieran, para vigilar que se cumplan con los términos y condiciones en que fueron expedidos;

IV. Vigilar y controlar la ejecución de la obra pública, así como informar periódicamente al superior jerárquico al respecto;

V. Instruir a la residencia de supervisión interna o externa o al contratista de obra pública a través de la bitácora, las acciones necesarias para la correcta ejecución de los trabajos;

VI. Resolver oportunamente las consultas, dudas o aclaraciones que presente la residencia de supervisión interna o externa sobre los aspectos técnicos para la realización de los trabajos;

VII. Establecer y dar seguimiento al control presupuestal de la obra;

VIII. Vigilar que la bitácora se lleve conforme las Políticas Administrativas, Bases y Lineamientos en Materia de Obra Pública y demás normativa aplicable;

IX. Constatar que la realización de la obra se lleve en tiempo y forma conforme al programa de avance físico financiero;

(REFORMADA, G.O. 10 DE JULIO DE 2009)

X. Autorizar las estimaciones aprobadas por la supervisión interna o externa para trámite de pago, respecto de la obra pública contratada, previa revisión de la documentación que acredite la procedencia del pago;

(REFORMADA, G.O. 10 DE JULIO DE 2009)

XI. En caso que en el desarrollo de la obra o de los servicios se generen conceptos de trabajos extraordinarios, vigilar que éstos hayan sido los instruidos y se encuentren ordenados en la bitácora; así como vigilar que se registren en la bitácora, cuando proceda, los rendimientos de materiales, mano de obra, equipos y maquinaria, conforme a las Políticas;

XII. Proponer en tiempo y forma la celebración de convenios, respecto de cualquier modificación a los contratos de obra pública o, en su caso, de supervisión externa;

XIII. Cuando el proyecto requiera de cambios estructurales, arquitectónicos, funcionales o de proceso, recabar por escrito las instrucciones correspondientes ante su superior jerárquico y proponer, en su caso, los convenios necesarios;

XIV. Proponer cuando proceda, las suspensiones temporales de los trabajos, las terminaciones anticipadas o las rescisiones de los contratos de obra pública, a los servidores públicos que correspondan;

XV. Verificar la correcta conclusión de los trabajos del contratista de obra pública en coordinación con la supervisión interna o externa, participar en la entrega-recepción de los mismos e integrar el expediente de finiquito;

XVI. Cuando la residencia de supervisión sea externa, el residente de obra debe, además:

a) Dar apertura y custodiar la bitácora del contrato de la supervisión externa para asentar las instrucciones necesarias, así como las solicitudes y consultas que ésta le formule y sus correspondientes respuestas;

b) Vigilar que las actividades de la supervisión externa se efectúen de acuerdo a los señalamientos de la normativa vigente, al contrato y a sus términos de referencia;

c) Aprobar y autorizar las estimaciones del contrato de supervisión externa, previa verificación de la ejecución de los alcances de los conceptos del catálogo del contrato; integrando el expediente que acredite la procedencia del pago;

d) En caso que, en el desarrollo de los servicios de supervisión contratados se generen conceptos de trabajos extraordinarios, ordenarlos y registrarlos en la bitácora de supervisión externa;

e) Validar la entrega-recepción de los servicios de supervisión externa e integrar el expediente de finiquito del contrato de los servicios de supervisión.

XVII. Las demás que le correspondan conforme a las Normas de Construcción de la Administración Pública del Distrito Federal.

(REFORMADO, G.O. 17 DE MAYO DE 2006)

Artículo 62.- Las dependencias, órganos desconcentrados, delegaciones y entidades establecerán anticipadamente al inicio de las obras, de los proyectos integrales y en su caso de aquellos servicios que requieran supervisión, la residencia de supervisión, que será la responsable directa de la supervisión, vigilancia, inspección control, revisión y valuación de los trabajos efectuados por la contratista de la obra pública de que se trate.

Para los efectos del párrafo anterior, la dependencia, órgano desconcentrado, delegación o entidad, a través del titular de la Unidad Administrativa de Apoyo Técnico Operativo responsable de ejecutar la obra pública de que se trate, designará por escrito, al servidor público que será responsable de la residencia de supervisión interna; o bien, la contratista de supervisión designará de su personal al responsable, lo notificará por escrito a la contratista de obra y lo anotará en la bitácora correspondiente.

La residencia de supervisión interna o externa, representará en los términos previstos en las Normas de Construcción de la Administración Pública del Distrito Federal, directamente a la Administración Pública ante el o los contratistas y terceros en asuntos relacionados con la ejecución de los trabajos o derivados de ellos, en donde se ejecuten las obras o trabajos a supervisar.

La residencia de supervisión tendrá a su cargo:

I. Verificar que el sitio de los trabajos presente congruencia con el proyecto a ejecutar, solicitando en su caso las aclaraciones a la residencia de obra;

II. Recabar y revisar de manera periódica toda la información relativa al contrato a supervisar constatando la vigencia de dicha información para que le permita desarrollar correctamente sus funciones;

III. Verificar detalladamente que los trabajos a supervisar se realicen conforme a lo pactado en los contratos correspondientes, en cuanto a calidad, apego al proyecto, a los términos de referencia en su caso, a los tiempos de ejecución de los mismos, a los presupuestos autorizados y a lo acordado por las partes según dispone el artículo 53 de la Ley o a los convenios, o a las órdenes de la residencia de obra mediante la bitácora o a los oficios notificados, atendiendo siempre a los alcances establecidos en los términos de referencia o a los específicamente notificados para realizar por parte de la residencia de obra de la Administración Pública;

IV. Vigilar en el caso de obras, que los planos y especificaciones de los trabajos, cuando sucedan cambios durante la ejecución de los mismos, estén debidamente actualizados y autorizados y consten en los expedientes respectivos;

V. Vigilar que el contratista cumpla con las condiciones de seguridad e higiene en la obra;

(REFORMADA, G.O. 10 DE JULIO DE 2009)

VI. Llevar la bitácora del contratista de obra pública en los términos indicados en las Políticas. Esta bitácora deberá permanecer bajo su custodia;

(REFORMADA, G.O. 10 DE JULIO DE 2009)

VII. Registrar en la bitácora los conceptos de trabajos extraordinarios que surjan durante el desarrollo de los trabajos y en los casos previstos en las Políticas, registrar los rendimientos de materiales, mano de obra, equipos y maquinaria;

VIII. Transmitir al contratista de obra pública por medio de la bitácora, las instrucciones recibidas del residente de obra;

IX. Revisar, avalar, aprobar y firmar las estimaciones de los trabajos ejecutados y presentarlas al residente de obra para su autorización y trámite de pago, y en caso que surjan diferencias, conciliarlas con el contratista de obra pública, llevando su control de fechas;

X. Verificar que las estimaciones cuenten con los números generadores y demás elementos de soporte para su pago correspondiente, cotejándolos con el proyecto ejecutivo y alcances de los conceptos de trabajo del catálogo respectivo;

XI. Organizar, integrar y custodiar el archivo de la obra pública hasta su entrega a la residencia de obra;

XII. Rendir informes a la residencia de obra con la periodicidad que ésta le determine, respecto del cumplimiento del contratista, en los aspectos legales, técnicos, económicos, de programación, financieros y administrativos o cuando sea necesario, por eventos excepcionales;

XIII. Constatar la terminación de las etapas intermedias y final de los trabajos;

XIV. Presentar a la residencia de obra, al término del contrato de la obra pública supervisada o del contrato de supervisión, según corresponda, un informe final sobre los aspectos legales, técnicos, económicos, financieros y administrativos, así como de cumplimiento de programas, calidad de los trabajos ejecutados y situaciones en general importantes surgidas durante la realización de los mismos;

XV. Participar en la entrega-recepción del contratista de la obra pública e integración del expediente de finiquito;

XVI. Cuando la supervisión se realice por contrato, ésta tendrá además las funciones que en el mismo se determinen; y

XVII. Las demás que le correspondan conforme a las Normas de Construcción de la Administración Pública del Distrito Federal.

Artículo 63.- El contratista será el único responsable de la ejecución de los trabajos y deberá sujetarse a todos los reglamentos y ordenamientos de las autoridades competentes en materia de construcción y afines, así como a los de seguridad y uso de la vía pública. Las responsabilidades y los daños y perjuicios que resulten por su inobservancia, serán a cargo del contratista.

(ADICIONADO, G.O. 17 DE MAYO DE 2006)

Para determinar en las bases, el monto de la póliza y el contrato de seguro de responsabilidad civil por daños a terceros, a que se refiere el último párrafo del artículo 47 de la Ley, las dependencias, órganos desconcentrados, delegaciones y entidades contratantes deben considerar los elementos de la obra para determinar dicho monto, tales como magnitud de la obra, monto del contrato, temporalidad para la realización de los trabajos, características técnicas y entorno donde se realizarán los trabajos y del suelo, así como los aspectos de carácter técnico que determinen el grado de dificultad, entre otros.

(ADICIONADO, G.O. 17 DE MAYO DE 2006)

La vigencia de la póliza y del contrato de seguro, abarcará desde el periodo de ejecución de los trabajos, hasta la recepción formal de los mismos por la dependencia, órgano desconcentrado, delegación o entidad; con independencia de la garantía por vicios ocultos, cuya vigencia y duración se sujetará a lo que establece el artículo 36 del presente Reglamento.

(REFORMADO, G.O. 17 DE MAYO DE 2006)

Artículo 64.- La Administración Pública constatará la terminación de los trabajos realizados:

a) Por contrato ya sea con base en precios unitarios, a precio alzado o por administración, dentro de los términos y plazos establecidos para tal efecto en el contrato; debe instrumentar acta de recepción en la que conste este hecho, misma que contendrá como mínimo:

I. Nombre de los asistentes y el carácter con el que intervengan en el acto;

II. Nombre del técnico responsable por parte de la Administración Pública y, en su caso, el del contratista;

III. Descripción de los trabajos que se reciben;

V. (sic) Fecha real de terminación de los trabajos;

V. Relación de las estimaciones o de gastos aprobados hasta el momento de la recepción, monto ejercido hasta ese momento quedando pendientes los correspondientes hasta la liquidación final y saldos a favor o en contra de las partes, y

VI. En caso de trabajos por contratos, las garantías que continuarán vigentes y la fecha de su cancelación.

Se debe comunicar, en un plazo de diez días hábiles previos a la fecha en que se instrumente el acta de recepción, al contratista, así como a la Contraloría a fin de que ésta, si lo estima conveniente, nombre su representante para que asista al acto; el acta se instrumentará con o sin su comparecencia.

La recepción de las obras por parte de la Administración Pública se hará bajo su exclusiva responsabilidad. No se recibirá obra alguna sin cumplir plenamente con el requisito de que la contratista haya entregado la fianza de vicios ocultos, defectos u otras responsabilidades.

b) En el caso de trabajos ejecutados con personal y recursos interiores de la propia Administración Pública, se debe instrumentar un acta en que se hagan constar las condiciones de la terminación de los trabajos que se agregará al expediente que debe abrirse para seguimiento de circunstancias en la realización de los mismos. Para la instrumentación de dicha acta, se debe invitar a personal que represente a la Contraloría.

Tratándose de obras referidas en el Artículo 76 A de este Reglamento, no se levantará el acta a que se refiere el párrafo anterior y su terminación se informará en los informes de Avance Programático-Presupuestal y en la Cuenta Pública.

El personal de la Administración Pública que haya efectuado las obras, firmará la orden de trabajo para dejar constancia de la ejecución de las mismas. Las dependencias, delegaciones, órganos desconcentrados y entidades, verificarán que las obras se encuentren ejecutadas y la operación correcta de los equipos de que se trate, con el apoyo de las pruebas que indiquen las normas y las especificaciones aplicables.

(REFORMADO PRIMER PÁRRAFO, G.O. 10 DE JULIO DE 2009)

Artículo 65.- El ajuste de costos por variaciones económicas medidas a través de la inflación o deflación, se aplicará cuando dichas variaciones representen un incremento o decremento superior al tres por ciento de los costos de los trabajos no ejecutados, mediante cualquiera de los procedimientos que se señalan en las fracciones I, II, y III de este artículo, previamente fijado en el contrato, tomando para el cálculo del ajuste de costos los relativos publicados por el Banco de México señalados como Índices Nacionales de Precios Productor con Petróleo, o realizando mercadeo en el caso que indica la Ley, según la metodología establecida en las Políticas.

I. Revisar el efecto del incremento o decremento de los costos en la matriz de cada uno de los conceptos de cada contrato por separado, para obtener el ajuste;

II. Revisar un grupo de costos, que multiplicados por sus correspondientes cantidades de trabajo por ejecutar, representen cuando menos el ochenta por ciento del monto total faltante del contrato. En este caso se tomarán los importes de mayor a menor hasta acumular cuando menos ese ochenta por ciento mencionado;

En los procedimientos anteriores, la revisión será promovida por la Administración Pública o a solicitud escrita del contratista, la que se deberá acompañar de la documentación comprobatoria necesaria que acredite el incremento o reducción, misma que se deberá presentar dentro de un plazo que no excederá de cuarenta días hábiles siguientes a la fecha de publicación de los relativos de precios aplicables al ajuste de costos que solicite; la Administración Pública dentro de los veinte días hábiles siguientes a la recepción de la solicitud, con base a la documentación aportada por el contratista, resolverá por escrito lo que corresponda, y

III. En el caso de las obras, agrupadas por tipo, en las que se tenga establecida la proporción en que intervienen los insumos por rubro, en el total del costo directo de las mismas, el ajuste respectivo podrá determinarse mediante la actualización de los costos de los insumos que intervienen en dichas proporciones, oyendo a la Cámara Nacional de la Industria que corresponda, según el tipo de obras por ajustar en sus costos.

En este supuesto, la Administración Pública podrá optar por el procedimiento anterior cuando así convenga, para lo cual, deberá agrupar aquellas obras que por sus características contengan conceptos de trabajos similares y consecuentemente sea aplicable el procedimiento mencionado. Los ajustes se determinarán para cada grupo de obras y se aplicarán exclusivamente para los contratos cuyas obras estén dentro de dichos grupos, y no se requerirá que el contratista presente la documentación justificatoria.

El contratista solicitará el ajuste de costos en un lapso no mayor a cuarenta días hábiles posteriores a la publicación de los índices de relativos mencionados, y de no cumplir con ello, perderá el derecho de cobro del ajuste respectivo a la obra ejecutada en el período correspondiente.

(REFORMADO, G.O. 10 DE JULIO DE 2009)

Artículo 66.- Cuando las dependencias, órganos desconcentrados, delegaciones o entidades recurran a modificaciones de programa, en la ejecución de los trabajos, cambios en las cantidades de trabajo comprometidas, variaciones de proyecto u otros, que originen afectación en la composición de los precios unitarios de contrato, como rendimientos tanto de maquinaria como de mano de obra o precios de los insumos, las partes procederán a estudiar la nueva composición atendiendo a lo establecido en las Políticas, respetando lo referente a plazos para presentación de propuestas de análisis de los nuevos precios unitarios y para dar respuesta a las mismas.

Artículo 67.- Cuando por causas imputables a la contratista, se induzca a una modificación en el programa, que afecte los intereses de la contrate, se estará a lo pactado en el contrato original, tanto en lo que hace a retrasos intermedios a la programación, como a lo que se refiere a retrasos en la entrega de los trabajos respecto de la fecha pactada para entrega de los mismos. Si por causas imputables a la contratante, o por caso fortuito o de fuerza mayor se inducen suspenciones (sic) temporales que lleven a modificaciones de programa mismos que no se puedan predecir, se instrumentarán las órdenes de trabajo para la modificación de éstos los cuales servirán de soporte para seguir pegando los trabajos ejecutados al contratista y una vez terminados éstos, se convertirán los acuerdos en un convenio modificatorio o especial según sea el caso, en el que se integren las modificaciones según las órdenes de trabajo en conjunto. En este caso se aplicarán los criterios de ajustes de costos establecidos en los artículos 53 y 54 de la Ley.

(REFORMADO, G.O. 10 DE JULIO DE 2009)

Artículo 68.- Cuando durante la ejecución de los trabajos se requiera la realización de cantidades de obra o conceptos de trabajo adicionales a los previstos originalmente, siempre y cuando estos correspondan a la misma naturaleza de la obra, la Administración Pública podrá autorizar el pago de las estimaciones de los trabajos ejecutados, previamente a la celebración de los convenios respectivos que establece el artículo 56 de la Ley, vigilando siempre que los pagos por esos conceptos de trabajos adicionales no rebasen el presupuesto autorizado en el contrato. A este respecto se atenderá al mecanismo de aplicación de presupuesto que se establezca precisamente en las Políticas.

(REFORMADO, G.O. 10 DE JULIO DE 2009)

Artículo 69.- El convenio de liquidación podrá ser autorizado por el titular de la dependencia, el del órgano desconcentrado, el de la delegación o por el órgano de gobierno de la entidad de que se trate. El monto de estos convenios en ningún caso podrá ser superior al cinco por ciento adicional del monto original contratado.

(REFORMADO, G.O. 10 DE JULIO DE 2009)

Artículo 70.- Los plazos que tiene el contratista para la presentación de precios unitarios modificados o fuera de catálogo del contrato cuando las Políticas, señalen que es éste el que debe presentarlos, será de treinta días hábiles para su entrega; de lo contrario, la Administración Pública podrá determinarlos, de acuerdo con lo señalado en las Normas de Construcción de la Administración Pública del Distrito Federal. Cuando la contratante deba presentar el análisis, lo hará en un plazo máximo de veinte días hábiles. En cualquiera de los casos, las respuestas a las solicitudes no deberán ser posteriores a los quince días hábiles de la presentación de las solicitudes respectivas; de lo contrario se ajustará a lo establecido en la Ley de Procedimiento Administrativo del Distrito Federal.

(REFORMADO PRIMER PÁRRAFO, G.O. 10 DE JULIO DE 2009)

Artículo 71.- Los titulares de las dependencias, órganos desconcentrados, delegaciones y entidades, son los facultados para decretar la suspensión, terminación anticipada y rescisión administrativa de los contratos de obra pública, dicha atribución podrá delegarse en los titulares de las Unidades Administrativas ejecutoras de la obra pública, en uno u otro caso, se ajustarán a lo siguiente:

I. La suspensión sólo podrá darse por causas de interés general, caso fortuito y fuerza mayor, debiéndose emitir un dictamen que la sustente y comunicándola por escrito a los contratistas, debiendo levantarse acta circunstanciada en la que se haga constar el estado que guardan los trabajos en ese momento.

Como consecuencia de la suspensión, también se suspenderán los efectos del contrato, por el tiempo que dure la misma.

Los contratistas podrán por las mismas causas suspender los trabajos, debiendo dar aviso por escrito de inmediato a la Administración Pública, a fin de que ésta en un plazo de 20 días hábiles resuelva respecto de la procedencia de la suspensión, avisando por escrito al contratista, y en su caso tratar de solucionar las causas de la suspensión.

Una vez desaparecidas las causas de la suspensión, las partes podrán celebrar convenio a fin de reprogramar los trabajos en caso de que proceda conforme a la Ley, debiendo levantarse acta circunstanciada en la que se haga constar el estado que guardan los trabajos hasta esa fecha;

II. La terminación anticipada de los contratos de obra pública, sólo procederá por causas de interés general, caso fortuito o fuerza mayor y cuando la Administración Pública lo considere conveniente a sus intereses, debiendo comunicarlo al contratista por escrito, a fin de que interrumpa los trabajos y acuda a finiquitar el contrato respectivo.

Los contratistas únicamente podrán solicitar la terminación anticipada de los contratos cuando previamente hubiere existido una suspensión debidamente justificada. Dicha solicitud de terminación deberá efectuarse por escrito a la Administración Pública, la cual en un plazo de 20 días hábiles deberá manifestarse al respecto, comunicando por escrito al contratista su determinación.

En los casos en que sea la Administración Pública la que determine la terminación anticipada por causas de interés general, pagará al contratista los trabajos efectuados, así como los gastos no recuperables, los materiales y equipos adquiridos en bodega o en proceso de fabricación y demás conceptos que deban considerarse, siempre que estén debidamente comprobados y se relacionen directamente con el contrato de que se trate.

(REFORMADO, G.O. 10 DE JULIO DE 2009)

En caso de existir anticipos pendientes de amortizar, deberá reintegrarlos a la Administración Pública, en los términos establecidos en la fracción V del artículo 38 de este Reglamento;

(REFORMADA, G.O. 10 DE JULIO DE 2009)

III. En caso de rescisión administrativa del contrato por causas imputables al contratista, la Administración Pública le notificará a éste del inicio del procedimiento de rescisión, otorgándole un plazo de 5 días hábiles para que manifieste lo que a su derecho convenga, además, podrá interrumpir los trabajos instrumentando para tal efecto un acta circunstanciada del estado en que se encuentra la obra, con o sin presencia del contratista, y podrá tomar posesión de la obra para hacerse cargo del inmueble y de las instalaciones respectivas.

En caso de decretarse en definitiva la rescisión, se procederá a hacer efectivas las garantías y se abstendrá de cubrir los importes resultantes de trabajos ejecutados aún no pagados, hasta que se integre la liquidación correspondiente, lo que deberá efectuarse dentro de los treinta días hábiles siguientes a la fecha de notificación de la rescisión. En dicha liquidación deberán tomarse en cuenta los materiales y equipos adquiridos o en proceso de fabricación, los faltantes de amortizar de anticipos, el sobre costo de los trabajos aún no ejecutados, así como lo relativo a la recuperación de los materiales y equipos, que en su caso, le hayan sido entregados.

(REFORMADO, G.O. 28 DE FEBRERO DE 2002)

Artículo 72.- En todos los casos de suspensión, terminación anticipada y rescisión administrativa de contratos de obra pública, la Administración Pública deberá emitir resolución debidamente fundada y motivada señalando las causas que dieron origen a la determinación, debiendo comunicarlo por escrito a los contratistas.

De los casos anteriores se dará aviso a la Secretaría de Finanzas y a la Contraloría General de la Administración Pública del Distrito Federal; a la Secretaría sólo se le comunicarán las resoluciones de rescisión administrativa, todo lo anterior a mas tardar el último día hábil de cada mes; mediante un informe que se referirá a los actos llevados a cabo en el mes calendario inmediato anterior.

Lo previsto en este artículo es sin perjuicio de que los contratistas se inconformen ante la autoridad correspondiente en los términos que señala la Ley.

Artículo 73.- En los casos de suspensión definitiva de los trabajos que se efectúen con personal de la estructura de su organización, la Administración Pública deberá levantar acta circunstanciada, donde se haga constar el estado que estos guardan y se asentarán las causas que motivaron la suspensión.

(REFORMADO, G.O. 17 DE MAYO DE 2006)

Artículo 74.- Los plazos para verificación de los trabajos terminados por parte de la Administración Pública así como para llevar a cabo y documentar la entrega-recepción, se analizarán previamente a su establecimiento en el contrato, tomando en consideración que la liquidación o el acto de finiquito son acciones que corresponden a etapas diferentes y que en algunos casos según programa de entrega-recepción, ésta podrá planearse para que sea posterior a la liquidación o para que sea realizada previa a la liquidación, dejándose siempre el acto de finiquito para el final. Para tal efecto, el aviso de terminación de los trabajos por parte de los contratistas debe hacerse dentro de los diez días hábiles anteriores a la fecha de terminación de los mismos, debiendo entregarse con la solicitud para la recepción de obra, la garantía de vicios ocultos, defectos y otras responsabilidades por el monto especificado en cada contrato y convenio.

La Secretaría podrá requerir en cualquier momento la información y documentación relativa al costo final de la obra de que se trate.

CAPÍTULO V
DE LAS EXCEPCIONES

(REFORMADO, G.O. 17 DE MAYO DE 2006)

Artículo 75.- Para efectos de la fracción XVI del artículo 63 de la Ley, las obras de emergencia se adjudicarán directamente, sin la aprobación del comité o subcomité respectivo, conforme siguiente procedimiento:

I. Se contratará al contratista que cuente con la disponibilidad inmediata en cuanto a requerimiento de los insumos necesarios y que pueda proceder enseguida a la ejecución de los trabajos según la emergencia de que se trate;

II. Las formalidades administrativas inherentes a la obra de que se trate, se irán instrumentando conforme lo permitan el desarrollo de los trabajos y la emergencia;

III. Se llevará el registro de los recursos invertidos por el contratista en el proceso de ejecución de los trabajos de emergencia, información que servirá para la integración de los precios; y

IV. Una vez concluidos los trabajos, se deben determinar los conceptos de trabajo, cantidades de obra desarrolladas y precios correspondientes, así como los importes por cada concepto según su cantidad de obra ejecutada y el monto total, para proceder a formular el convenio modificatorio o especial para pago ajustado a la realidad de cantidades de obras y precios.

(ADICIONADO, G.O. 17 DE MAYO DE 2006)

Artículo 75-A.- Para el caso de adjudicaciones directas cuyo importe del contrato se encuentre dentro de los montos que indica el Decreto de Presupuesto de Egresos del Distrito Federal que corresponda, el catálogo de conceptos a aplicar, provendrá del Tabulador General de Precios Unitarios, en los términos que en el mismo se establezcan.

(ADICIONADO, G.O. 17 DE MAYO DE 2006)

Artículo 75-B.- Las adjudicaciones directas que resulten de la aplicación de las excepciones indicadas en el artículo 63 de la Ley y cuyo importe sea superior a los montos establecidos en el Decreto de Presupuesto de Egresos del Distrito Federal que corresponda, excepto los casos previstos en las fracciones III, VI, XIV y XVI, se sujetarán a lo siguiente:

I. Conforme al dictamen indicado en el artículo 61 de la Ley, las dependencias, órganos desconcentrados, delegaciones y entidades elegirán a la persona física o moral que disponga de la capacidad técnica, legal, financiera y administrativa de disponibilidad inmediata para la planeación y presupuestación de los trabajos; le solicitarán la cotización de los trabajos por ejecutar, ya sea a precios unitarios o a precio alzado, para lo cual deben proporcionarle los antecedentes que se requieran, tales como: estudios previos, proyecto ejecutivo, especificaciones, términos de referencia, modelo de contrato, catálogo de conceptos con cantidades de obra y sus respectivos alcances y correspondencia en su caso con las Normas de Construcción de la Administración Pública del Distrito Federal, los plazos de ejecución de los trabajos, los anticipos por otorgar, así como la forma de presentación de la cotización, incluyendo formatos tipo;

(REFORMADA, G.O. 10 DE JULIO DE 2009)

II. Las dependencias, órganos desconcentrados, delegaciones y entidades revisarán el presupuesto que presente la persona física o moral adjudicada, incluyendo las matrices de análisis, verificando que se hayan estructurado conforme a la metodología indicada en las Políticas, y que los precios y por lo tanto la cotización se mantengan dentro del mercado;

(REFORMADA, G.O. 10 DE JULIO DE 2009)

III. Una vez revisada la cotización, las dependencias, órganos desconcentrados, delegaciones y entidades, procederán bajo su responsabilidad a la formalización del contrato respectivo, incluyendo en éste, una cláusula que estipule la intervención de la Dirección de Ingeniería de Costos dependiente de la Coordinación Técnica de la Secretaría, conforme lo señalado al respecto en las Políticas; y

(REFORMADA, G.O. 10 DE JULIO DE 2009)

IV. Previo al pago del 50% del contrato respectivo, las dependencias, órganos desconcentrados, delegaciones y entidades, enviarán el presupuesto a la Dirección de Ingeniería de Costos dependiente de la Coordinación Técnica de la Secretaría, la que llevará a cabo una revisión selectiva de los precios unitarios que lo integran, conforme a la documentación que se le envíe y emitirá su dictamen, en un plazo no mayor a 10 días hábiles.

(ADICIONADO, G.O. 17 DE MAYO DE 2006)

Artículo 75-C.- Para los casos de excepción previstos en las fracciones III, VI y XIV del artículo 63 de la Ley, se procederá conforme a lo siguiente

I. Para determinar las diferencias porcentuales que señala la fracción III, se calcularán, en primer término, los presupuestos de la obra pendiente por ejecutar, utilizando los precios propuestos por cada concursante aceptado; con esos importes se procederá a obtener el porcentaje diferencial, respecto de los precios propuestos por el contratista al que se le hubiera rescindido el contrato original;

II. La contratación que prevé la fracción VI, se realizará aplicando los Tabuladores Generales de Precios Unitarios del Gobierno del Distrito Federal;

(REFORMADA, G.O. 10 DE JULIO DE 2009)

III. Para el caso de la fracción XIV, se debe establecer la solicitud de estudio del presupuesto correspondiente ante la Dirección de Ingeniería de Costos dependiente de la Coordinación Técnica de la Secretaría, acompañada de los términos de referencia y alcances del servicio que contengan la información suficiente para determinar los costos y recursos que sean necesarios, la cual emitirá su dictamen sobre el estudio de referencia dentro de un término de 15 días hábiles posteriores a la solicitud.

CAPÍTULO VI
DE LOS TRABAJOS CON PERSONAL DE LA ESTRUCTURA DE ORGANIZACIÓN INTERNA

(REFORMADO, G.O. 17 DE MAYO DE 2006)

Artículo 76.- En los casos de ejecución de obra pública con personal de la estructura de su organización, la Administración Pública, además de verificar que se dispongan de los elementos necesarios para tal efecto, debe:

I. Utilizar la mano de obra local complementaria que se requiera, mediante contratación por obra determinada;

II. En el alquiler del equipo y maquinaria de construcción complementaria; prever la modalidad que induzca a la economía de los costos por administración, financiamiento y utilidad de los proveedores;

III. Procurar la contratación de los equipos, instrumentos, elementos prefabricados terminados y materiales que se requieran, instalados, montados, colocados o aplicados;

IV. Utilizar los servicios de fletes y acarreos complementarios que se requieran, cuando no se disponga de vehículos adecuados para el efecto, en cuyo caso de preferencia se adquirirán los materiales puestos en el sitio de los trabajos, y

V. Solicitar al área administrativa correspondiente los datos de la póliza y el contrato de responsabilidad civil por daños a terceros.

En la ejecución de la obra, bajo ninguna circunstancia podrán participar terceros como contratistas en la modalidad de obra pública, sean personas físicas o morales, sean cuales fueran las condiciones particulares, naturaleza jurídica o modalidades que estos adopten, incluidos los sindicatos, asociaciones, sociedades civiles y demás organizaciones o instituciones similares.

Para que se pueda proceder a ejecutar trabajos con esta modalidad debe existir una orden de trabajo expedida por el servidor público que para tal efecto autorice el titular de la dependencia, órgano desconcentrado, delegación o entidad de que se trate.

La orden de trabajo a que hace referencia el párrafo anterior, que ha de servir para la ejecución de las obras con estructura de la organización, debe contener como mínimo, la mención de los datos relativos a la autorización de la inversión respectiva; el importe estimado de la obra pública y monto a disponer para el ejercicio correspondiente; o el que se vaya a requerir para el caso de la presupuestación de obras por ejercicio; la descripción general de la obra pública por hacer y las fechas de iniciación y terminación de los trabajos específicos.

(ADICIONADO, G.O. 17 DE MAYO DE 2006)

Artículo 76 A.- La obra pública consistente en instalaciones, conservación, reparación, mantenimiento, demolición, trabajos de localización, rehabilitación, preservación, reacondicionamiento, estudios y cualquier otra de naturaleza análoga, requerirá únicamente cumplir con lo siguiente:

I. Disponibilidad en el presupuesto de la dependencia, órgano desconcentrado, delegación o entidad que corresponda, o autorización de la Secretaría de Finanzas para el caso de no contar con saldo disponible en su presupuesto;

II. Programas y actividades institucionales autorizadas en su Programa Operativo Anual respectivo de la Unidad Ejecutora de Gasto;

III. Términos de referencia, los planos o croquis de los trabajos a realizar, y;

IV. Las especificaciones técnicas y Normas de Construcción de la Administración Pública del Distrito Federal que emita la Secretaría y resulten aplicables.

Tratándose de obras para mantenimiento correctivo en infraestructura, en razón de su emergencia, como pueden ser el bacheo, la reparación de fugas en instalaciones hidráulicas, u otras de naturaleza análogas, no será necesario cumplir con lo dispuesto en la fracción III de este precepto sino de una orden de trabajo la cual debe ser por el total de los mismos, sin detallar las obras correspondientes.

Artículo 77.- Los programas de ejecución, de empleo de recursos humanos y de utilización de maquinaria y equipo de construcción de cada una de las obras públicas que se realicen con personal de la estructura de organización interna, deberán elaborarse conforme a lo señalado en el Artículo 13 de este Reglamento y en el caso de la residencia de supervisión que no podrá ser contratada, sino que también se realizará con personal de la estructura de organización interna, deberá cumplir las mismas condiciones a que se refiere el Artículo 62 de este Reglamento, y será la responsable directamente de la ejecución, supervisión, vigilancia, control y revisión de los trabajos.

(REFORMADO PRIMER PÁRRAFO, G.O. 17 DE MAYO DE 2006)

Artículo 78.- El presupuesto de cada uno de los trabajos que se realicen con personal de la estructura interna, será el que resulte de aplicar a las cantidades de trabajo del catálogo de conceptos, los costos unitarios analizados y calculados con base en las normas de construcción, especificaciones y procedimientos previstos en el proyecto, tomando como referencia el tabulador de precios unitarios de la Administración Pública. Dicho presupuesto se integrará además con los siguientes importes:

I. De los equipos, mecanismos y accesorios de instalación permanentes los cuales incluirán los fletes, maniobras, almacenaje y demás servicios que se requieran para transportarlos al sitio de los trabajos;

II. De las instalaciones de apoyo necesarias para la ejecución de los trabajos y en su caso, de su desmantelamiento, así como los fletes y acarreos de la maquinaria y equipo de construcción y los seguros correspondientes;

III. De las construcciones e instalaciones provisionales destinadas a servicios administrativos, médicos, recreativos, sanitarios y de capacitación, campamento y comedores que se construyan en el sitio de la obra, así como del mobiliario y equipo necesario para éstas, y

IV. De los sueldos, salarios, viáticos o cualquier otra remuneración que reciba el personal técnico, administrativo y de servicios encargados directamente en la ejecución de los trabajos, de conformidad con el programa de empleo de los recursos humanos.

En el presupuesto a que se refiere a este artículo no podrán incluirse cargos por conceptos imprevistos ni erogaciones adicionales diversas a las señaladas.

CAPÍTULO VII
DE LOS SERVICIOS RELACIONADOS CON LA OBRA PÚBLICA

Artículo 79.- La contratación de los servicios relacionados con la obra pública se sujetará a las provisiones señaladas en la Ley, independientemente del procedimiento que en cada caso se determine, con las limitaciones señaladas en el artículo siguiente.

(REFORMADO, G.O. 17 DE MAYO DE 2006)

Artículo 80.- Los contratos de servicios relacionados con la obra pública a que se refiere el Artículo 3°, Apartado B de la Ley, sólo se podrán celebrar cuando en las unidades responsables de la Administración Pública no se cuente cuantitativa o cualitativamente con los elementos, instalaciones y personal para llevarlos a cabo.

No se contratarán servicios relacionados con la obra pública para la supervisión de la ejecución de trabajos de un proyecto de obra realizado con personal de la estructura de la organización de la dependencia, órgano desconcentrado, delegación o entidad de que se trate.

CAPÍTULO VIII
DE LAS OBRAS PÚBLICAS POR CONTRATO POR ADMINISTRACIÓN

Artículo 81.- Los contratos de obra pública por administración deberán sujetarse a lo siguiente:

I. Se restringirán a los casos a que se refiera a trabajos en que no sea posible determinar específicamente y con anticipación a su ejecución, cuáles serán los conceptos de trabajo susceptible de realizar, los alcances del trabajo, sus unidades de medición y otros, en cuyo caso, se requerirá de una supervisión exhaustiva para que el contratista en la ejecución de los trabajos sea verificado en cuanto a los trabajos precisamente desarrollados, los elementos utilizados, materiales y piezas ocupados, equipamiento y personal empleados, los cuales deberán estar debidamente contabilizados y sustentados con la documentación correspondiente y para que en función de esto se pueda fijar la base para el cálculo de la administración y de allí el pago total, y

II. Se optará en aquellos contratos cuyo antecedente sea una licitación pública, que impliquen trabajos de magnitud importante en los que surjan trabajos no considerados en el contrato original y en que por conveniencia de la Administración Pública sea adecuado tanto en el aspecto administrativo como en el de llevar a cabo el control que se requiera en el trabajo extraordinario específico de que se trate.

En todos los casos en el alcance solicitado para el trabajo realizado por la supervisión, se establecerá que no solamente llevará el registro y la contabilidad de los recursos asignados, sino que esa obligación fundamental, el orientar y coordinar con la ejecutora de los trabajos, la forma de asignar los recursos con un enfoque de optimización de los mismos para disminuirlos al mínimo costo y lograr para la Administración Pública hacer una inversión mínima.

El indirecto que se considere deberá ser previamente estudiado por parte de la Administración Pública y acordado con la ejecutora de los trabajos.

TRANSITORIOS

Primero.- El presente Reglamento entrará en vigor a partir del día 1° de enero del año 2000.

Segundo.- Publíquese el presente Reglamento en la Gaceta Oficial del Distrito Federal.

Tercero.- La solicitudes del registro de concursantes ya presentadas o que se presenten dentro de los treinta días posteriores a la entrada en vigor del Reglamento no estarán sujetas al término para resolverlas previsto en el Artículo 24 del mismo, sin embargo tal plazo no excederá de ciento ochenta días hábiles, contados a partir de su presentación.

Cuarto.- En tanto se expiden las políticas administrativas, bases y lineamientos para las materias a que se refiere la Ley y el presente Reglamento, lo cual no excederá de ciento ochenta días hábiles de la entrada en vigor del presente Reglamento, se seguirán aplicando en lo que no se contraponga con este Reglamento, lo señalado en las reglas generales para la contratación y ejecución de obras públicas y de servicios relacionados con las mismas para las dependencias y entidades de la Administración Pública Federal, así como las circulares operativas emitidas por la Secretaría para el efecto.

Quinto.- Se derogan todas aquellas disposiciones jurídicas y administrativas que hayan sido expedidas con anterioridad a la entrada en vigor del presente Reglamento, en lo que se oponga o contravengan al mismo.

Dado en la Residencia del Jefe de Gobierno del Distrito Federal, en la Ciudad de México a los nueve días del mes de noviembre de mil novecientos noventa y nueve.- **LA JEFA DE GOBIERNO, ROSARIO ROBLES BERLANGA.- FIRMA.- EL SECRETARIO DE GOBIERNO, LEONEL GODOY RANGLE.- FIRMA.- EL SECRETARIO DE DESARROLLO URBANO Y VIVIENDA, ROBERTO EIBENSCHUTZ HARTMAN.- FIRMA.- EL SECRETARIO DE OBRAS Y SERVICIOS, CÉSAR BUENROSTRO HERNÁNDEZ.- FIRMA.- EL SECRETARIO DE FINANZAS, ARMANDO LÓPEZ FERNÁNDEZ.- FIRMA.- EL SECRETARIO DEL MEDIO AMBIENTE, ALEJANDRO ENCINAS RODRÍGUEZ.- FIRMA.- EL SECRETARIO DE DESARROLLO ECONÓMICO, FRANCISCO CANO ESCALANTE.- FIRMA.- LA SECRETARIA DE DESARROLLO SOCIAL, CLARA JUSIDMAN RAPOPORT.- FIRMA.- EL SECRETA-**

RIO DE SALUD, ARMANDO CORDERA PASTOR.- FIRMA.- EL SECRETARIO DE TRANSPORTES Y VIALIDAD, A. JOEL ORTEGA CUEVAS.- FIRMA.- EL SECRETARIO DE SEGURIDAD PÚBLICA, ALEJANDRO GERTZ MANERO.- FIRMA.- EL SECRETARIO DE TURISMO, AGUSTÍN ARROYO LEGASPI.- FIRMA.

***ACCESO GRATIS** a la Lectura en la Nube + Actualizaciones*

Para visualizar el libro electrónico en la nube de lectura envíe junto a su nombre y apellidos una fotografía del código de barras situado en la contraportada del libro y otra del ticket de compra a la dirección:

ebooktirant@tirant.com

En un máximo de 72 horas laborables le enviaremos el código de acceso con sus instrucciones.